REDEFINING GLOBAL STRATEGY

决胜于半全球化时代

〔印〕潘卡基·格玛沃特 著

郑宪强 潘超云 译

商务印书馆

2010年·北京

Pankaj Ghemawat
REDEFINING GLOBAL STRATEGY
Crossing Borders in a World Where Differences Still Matter

Original work copyright © Harvard Business Publishing Corporation
Published by arrangement with Harvard Business School Press.

图书在版编目(CIP) 数据

决胜于半全球化时代/〔印〕格玛沃特著；郑宪强，潘超云译.—北京：商务印书馆，2010
ISBN 978-7-100-06518-4

Ⅰ.决… Ⅱ.①格…②郑…③潘… Ⅲ.企业管理—经济发展战略—研究 Ⅳ.F272

中国版本图书馆 CIP 数据核字(2009)第 006850 号

所有权利保留。
未经许可，不得以任何方式使用。

决胜于半全球化时代
〔印〕潘卡基·格玛沃特 著
郑宪强 潘超云 译

商 务 印 书 馆 出 版
(北京王府井大街36号 邮政编码 100710)
商 务 印 书 馆 发 行
北京瑞古冠中印刷厂印刷
ISBN 978-7-100-06518-4

2010年3月第1版　　开本 700×1000　1/16
2010年3月北京第1次印刷　印张 20¾

定价：45.00元

商务印书馆—哈佛商学院出版公司经管图书翻译出版咨询委员会

（以姓氏笔画为序）

方晓光　　盖洛普(中国)咨询有限公司副董事长
王建铆　　中欧国际工商学院案例研究中心主任
卢昌崇　　东北财经大学工商管理学院院长
刘持金　　泛太平洋管理研究中心董事长
李维安　　南开大学商学院院长
陈国青　　清华大学经管学院常务副院长
陈欣章　　哈佛商学院出版公司国际部总经理
陈　儒　　中银国际基金管理公司执行总裁
忻　榕　　哈佛《商业评论》首任主编、总策划
赵曙明　　南京大学商学院院长
涂　平　　北京大学光华管理学院副院长
徐二明　　中国人民大学商学院院长
徐子健　　对外经济贸易大学副校长
David Goehring　哈佛商学院出版社社长

致中国读者

  哈佛商学院经管图书简体中文版的出版使我十分高兴。2003年冬天，中国出版界朋友的到访，给我留下十分深刻的印象。当时，我们谈了许多，我向他们全面介绍了哈佛商学院和哈佛商学院出版公司，也安排他们去了我们的课堂。从与他们的交谈中，我了解到中国出版集团旗下的商务印书馆，是一个历史悠久、使命感很强的出版机构。后来，我从我的母亲那里了解到更多的情况。她告诉我，商务印书馆很有名，她在中学、大学里念过的书，大多都是由商务印书馆出版的。联想到与中国出版界朋友们的交流，我对商务印书馆产生了由衷的敬意，并为后来我们达成合作协议、成为战略合作伙伴而深感自豪。

  哈佛商学院是一所具有高度使命感的商学院，以培养杰出商界领袖为宗旨。作为哈佛商学院的四大部门之一，哈佛商学院出版公司延续着哈佛商学院的使命，致力于改善管理实践。迄今，我们已出版了大量具有突破性管理理念的图书，我们的许多作者都是世界著名的职业经理人和学者，这些图书在美国乃至全球都已产生了重大影响。我相信这些优秀的管理图书，通过商务印书馆的翻译出版，也会服务于中国的职业经理人和中国的管理实践。

20多年前,我结束了学生生涯,离开哈佛商学院的校园走向社会。哈佛商学院的出版物给了我很多知识和力量,对我的职业生涯产生过许多重要影响。我希望中国的读者也喜欢这些图书,并将从中获取的知识运用于自己的职业发展和管理实践。过去哈佛商学院的出版物曾给了我许多帮助,今天,作为哈佛商学院出版公司的首席执行官,我有一种更强烈的使命感,即出版更多更好的读物,以服务于包括中国读者在内的职业经理人。

在这么短的时间内,翻译出版这一系列图书,不是一件容易的事情。我对所有参与这项翻译出版工作的商务印书馆的工作人员,以及我们的译者,表示诚挚的谢意。没有他们的努力,这一切都是不可能的。

哈佛商学院出版公司总裁兼首席执行官

万季美

序言	i
致谢	v
引言	1

第一部分 差异化世界的价值

第一章 半全球化与战略 ... 9
- 预言在现在 ... 10
- 预言在不远的将来 ... 14
- 可口可乐公司的案例 ... 19
- 由此及彼 ... 29
- 结论 ... 36

第二章 国家间的差异 ... 39
- 距离的两难困境 ... 40
- 认真对待距离 ... 43
- 国家层面上的CAGE框架 ... 47
- 一个国家层面上的例子：从美国的视角看印度与中国 ... 53
- 行业层面上的CAGE框架 ... 56
- 具体应用指南 ... 62
- 结论 ... 71

第三章 全球价值的创造 ……………………………………… 73
企业为什么要全球化？ …………………………………… 74
西迈克斯：通过在水泥行业的跨国扩张创造价值 …… 77
增值计分卡 ………………………………………………… 89
增值计分卡的组成 ………………………………………… 95
增值计分卡的未尽之言 …………………………………… 112
结　论 ……………………………………………………… 120

第二部分　全球化价值创造战略

第四章 适应战略 …………………………………………… 125
大型家电行业 ……………………………………………… 126
实施适应战略的方法及子方法 …………………………… 136
改变 ………………………………………………………… 137
专注：减少改变的需要 …………………………………… 141
外部本土化：减轻改变的负担 …………………………… 145
设计：降低改变的成本 …………………………………… 149
创新：提升改变的效果 …………………………………… 153
适应战略分析 ……………………………………………… 157
适应战略管理 ……………………………………………… 159
结　论 ……………………………………………………… 165

第五章　集群战略 ·· 167
区域化的现实 ·· 168
丰田的区域化战略 ·· 171
区域化战略原型 ·· 173
从区域化到集群 ·· 189
集群分析 ·· 193
集群管理 ·· 197
结　论 ·· 202

第六章　套利战略 ·· 205
套利的绝对重要性 ·· 206
CAGE 模型与套利 ·· 210
套利策略的种类：印度医药产品的案例 ······················ 218
套利分析 ·· 224
套利管理 ·· 233
结　论 ·· 238

第七章　管理差异 ·· 241
重新定义全球战略的必要性 ································ 242
3A 战略三角形和战略制定：一个竞争计划案例 ··············· 260
三条组织原则 ·· 263
结　论 ·· 266

第八章　迈向美好的未来	269
全球化的预言	269
路径探索	271
现在开始制定战略	275
注释	283
作者介绍	311
译后记	313

序　言

我第一次结识潘卡基·格玛沃特是在1978年9月,那时我正想找一个有才能的在校生帮忙为当时刚刚诞生的哈佛谈判项目开发一个课程。潘卡基·格玛沃特凭借着他的国际化视角以及天赋和好奇心脱颖而出。与之共事的一年坚定了我的一个直觉,那就是他一定能做出一番大事。

整整六年时间,我饶有兴趣地目睹了格玛沃特在哈佛度过了他的本科阶段又取得了博士学位。当他决定在取得博士学位之后从事咨询业时,我十分高兴。更让我欣喜的是,在他23岁那年被迈克尔·波特教授录用,成为了哈佛商学院教职员工中的一员。经过不断努力,他成为在哈佛商学院有被承认的任期记录的最年轻的教授,研究那些在持续经营和竞争力上有杰出表现的实体,尤其是写了《承诺》一书——这是他的著作中我最喜欢的一本。当然,那是有这本书之前的事了。

《决胜于半全球化时代》是在对一些跨国公司全球战略长达十年的深入研究基础上完成的。《哈佛商业评论》上的一组论文为研究给出了结论,其中有两篇是近年来发表的:"跨国领导者适用的区域战略"("Regional Strategies for Global Leadership",2005年12月)和"管理分歧——全球战略的核心挑战"("Managing Difference：The Central

序言

Challenge in Global Strategy"）。前者获得了《哈佛商业评论》当年最佳论文奖，后者被作为2007年3月的领衔论文发表。但是，只有在这本书中格玛沃特详细阐述和探索了他核心主张的内涵——边界问题。他说，我们所处的时代并不是一个完全或者近似完全的全球化时代，也许用"半全球化"这个词可能会更合适。

格玛沃特关于半全球化的观念与当今盛行的"无边界化世界和扁平世界的理论"相悖，在扁平的世界里人们可以不受地域限制地找到工作和机遇。托马斯·弗里德曼（Thomas Friedman）——"扁平世界"观点最著名的倡导者——认为，"扁平"主要是由技术引发的。而比弗里德曼著书立说还早20年的特德·莱维特（Ted Levitt）则认为，"扁平"是需求方影响力的结果，即人们品味的不断趋同。当然，这个含义宽广的观念还存在其他一些解释。但是，所有这些观点都很自然地导致了对企业规模和放之四海而皆准的企业战略的强调。

格玛沃特并不同意这些观点。在我的印象中，他就像伽利略面对宗教裁判所一样，义无反顾地宣布：地球的确是绕着太阳转的！换句话说，扁平的世界可能在字面上看起来对一些人很有吸引力，但是广泛的案例观察和分析表明：国家之间文化的、政治的、地理的鸿沟仍然很大，足以在很大程度上影响全球战略。

如果格玛沃特的研究到此为止了，那么他仅仅提醒了我们：世界是很复杂的，战略性领导很困难。但是实际上，他的兴趣在于呈现给读者一个有争论余地的确实有效的有关全球战略的研究成果。因此，《决胜于半全球化时代》提供给读者一个论证连续、论据有力的框架，让读者考虑在边界仍然存在的情况下如何行事，如何评价跨国商业活动。并且，可能更为重要的是，书中还给出了一系列处理这些差异的战略，这些战略比那些放之四海而皆准的战略要高明得多。

这些战略之所以格外吸引我，可能是因为在我从事咨询工作的20

年间目睹了许多公司恰恰是因为混淆了战略与规模而失败。战略,既是一个词又是一门学问,来源于波斯人与希腊人之间的马拉松(Marathon)战役和萨拉米斯(Salamis)战役,是可以抗衡规模优势的艺术和科学。战略意味着在有些时候,可以以少胜多,以寡敌众。

格玛沃特所提出的半全球化的概念不仅符合广义的战略定义,还给我们提供了推进成功的全球化的工具。作为潘西亚(Panthea)咨询公司的创始人和BAH(Booz Allen Hamiltom)公司的资深行政顾问,我很自豪我的两个公司已经认识到了这些思想的价值。这些思想从一开始就被BAH热情地引进,我们希望它们可以帮助我们更好地理解世界,更好地改造世界。

——尼科斯·默克基安尼斯(Nikos Mourkogiannis)

致　　谢

在这本书的背后,是我个人的一段人生历程:从印度的一个小城市,到了美国的印第安纳州,后又返回了印度,然后去了英国剑桥、美国的马萨诸塞州,最近又去了巴塞罗那。从专业上来讲,我在20世纪80年代中期开始利用本书中的一些观点工作,那时我刚进入哈佛商学院教师团队不久,我与我的论文指导老师之一——迈克·斯彭斯(Mike Spence)教授合写了一篇关于全球战略的分析文章。

我的兴趣是在工作中用跨国的视角研究战略问题。由于20世纪90年代中期我和迈克尔·波特承担了为印度工业联盟做关于印度竞争力的研究的任务,这种兴趣被进一步地激发了。此后不久,我有幸在哈佛商学院接手了迈克尔·吉野(Mike Yoshino)的全球战略与管理课程,这使我有机会将研究、课程开发以及为业界人士写一些关于这一主题的东西这三者同步进行。十年美好时光中的大部分时间几乎都被我用来关注与全球化和全球战略有关的话题。这段历程的成果包括50篇案例研究和文件、这本专著、各式各样的支持材料(如有关全球化的CD)、我的网站(上面列有我的工作成果,其中大部分都标注了日期)和正在进行中的几个项目的资料。

我要特别感谢哈佛商学院。十年来,在吉姆·克拉克(Kim Clark)院

致谢

长(2005年6月30日退休。——译者注)和杰伊·莱特(Jay Light,现任院长)院长的领导下,哈佛商学院一直慷慨地支持本项目的研究。乔迪·卡纳尔斯(Jordi Canals)院长领导下的西班牙IESE商学院是一个不错的地方,在那里我完成了本书的终稿。我还深深受惠于《哈佛商业评论》,其中汤姆·斯图尔特(Tom Stewart)和戴维·钱皮恩(David Champion)等人帮助我实现了建立和维持与实业界人士沟通的愿望。当然,我还要感谢哈佛商学院出版社对于本书所做的工作,特别要感谢梅琳达·梅里诺(Melinda Merino)和布赖恩·苏特(Brian Surette)所给的建议。感谢我的代理人海伦·瑞斯(Helen Rees)对我的指导,感谢杰夫·克鲁科夏克(Jeff Cruikshank)帮助我在本书复杂的思想中理清头绪。

其他与本书内容有关的应该被感谢的人真是数不胜数:众多同人,曾经会见过的数百名管理者,与我一起工作使我一直不断思索本书所讨论的概念的数千名学生。另外,我研究过的许多优秀文献也让我受益匪浅,在这里就不一一列举了。我还要特别感谢以下人士:斯蒂文·奥特曼(Steve Altman)、阿玛尔·拜得(Amar Bhide)、迪克·卡乌斯(Dick Caves)、汤姆·哈乌特(Tom Hout)、唐·莱萨德(Don Lessard)、安妮塔·麦加恩(Anita McGahan)、尼科斯·默克基安尼斯(Nikos Mourkogiannis)、简·欧德维(Jan Oosterveld)、理查德·罗林森(Richard Rawlinson)、戴尼斯·瑞博格(Denise Rehberg)、乔丹·斯杰尔(Jordan Siegel)和劳瑞·斯彼卫(Lori Spivey),他们热心地阅读了本书并提出了中肯的建议。我在哈佛的长期助手莎莉琳·斯特科特(Sharilyn Steketee)研究并通读了本书中的许多章节,并整理了大量的原始稿件。感谢凯恩·马克(Ken Mark)和毕尤勒·索泽(Beulah D'Souza)对本书研究工作的帮助。最后也是最重要的,我要感谢你——我的妻子阿努拉达·麦卓·格玛沃特(Anuradha Mitra Ghemawat)——因为你无私的奉献和许多许多。

引　　言

我第一次的国际案例写作经历发生在上世纪90年代,我参观了一个位于印度旁遮普邦的百事可乐工厂,这个地方一直饱受战乱之苦。时值一场冲突不大的内战,在这种政治环境下,许多工人都参战了,每天上班时随身带着AK47步枪。于是,百事公司颁布了一项规定:上班时枪可以寄存,下班再返还。"要绝对保证工厂内没有枪。"百事的人事经理态度坚决地说。这让我意识到跨国公司管理不可避免地要面对巨大的差异。

随着这些年对全球化和全球战略的研究,我对跨国差异的敏锐感觉也不断形成。因此,本书没有关注世界市场的规模或是幻想一个没有边界的世界,而是选择提醒管理者:如果他们的公司想在国外取得成功,他们需要在制定和评价战略问题上关注国家间一直存在的差异。并且,本书还提供给他们必要的理论指引和工具来完成目标。

为了证明这种全球化的观点,也就是我所称之为半全球化的观点,我将用足球做比喻进行说明。[1] 美国的读者可能会有些失望,因为在我的印象中他们宁愿把足球称为"英式足球",而这一点也巧好说明国家间的差异。虽然喜欢足球被认为是一种世界现象——联合国前秘书长科菲·安南就曾经表示过对国际足联的羡慕,因为它的成员国比联合国的

引言

还要多——但是足球迷的分布并不均匀,因为尽管足球有广泛的吸引力,然而美国却对它一直不感冒。[2]

据说足球起源于中世纪的英国,村民聚在一起踢猪膀胱球,距今已有很长的历史。随着大英帝国的辉煌时代的到来,足球在全世界广为传播。但是由于两次世界大战之间当权者限制球员在国际间流动,这项活动的全球化开始进入低谷。

二战之后一段岁月,国际间的竞争不断升级,也体现在了对世界杯的争夺上。20世纪50年代后期到60年代中期,皇家马德里作为欧洲第一个伟大的俱乐部,拥有来自不同国家的球员。[3]但是直到80年代后期,西欧联赛一直限制外籍球员的数量,要求每队只能有一至三名外援;与此同时,东欧则限制自己球员的流出。当时不断加剧的国际竞争并没有取代本土竞争,皇家马德里队和FC巴塞罗那队之间的比赛就像西班牙内战再现一样。我在巴塞罗那生活时曾看过他们的比赛。我可以证明,直到现在为止两队仍然如此。

到20世纪90年代,影响球员流动的禁令大部分都被取消了,然而这只是对俱乐部而言并非适用于国家。东欧和其他较贫穷国家的经济压力迫使这些国家的球员流动禁令被取消,许多当地俱乐部奉行球员出口导向的战略,一些以培养出口球员为目的的足球学校应运而生。从需求角度来说,1995年欧洲法庭颁布的一项法令取消了对欧洲俱乐部引进外国球员数量的限制。1999年切尔西足球俱乐部成为自英国有英超联赛以来,第一个比赛时上场球员全部是外援的俱乐部。[4]2004至2005年间,据估计该球队上场首发阵容中约45%是外籍球员,[5]这种情况也同样出现在其他欧洲俱乐部中。但是对于国家与国家间比赛的世界杯,国际足联仍然限定球员只能代表他们的国籍所在国出战。

球员跨国流动政策的不同导致了不同的结果。球员在俱乐部之间的自由流动使得国家和地区级的荣誉和成功集中到几个最富有的俱乐部手中。⁶ 例如在欧洲冠军联赛最近 20 年里获得过前八名殊荣的球队的数量不断减少。同时德勤会计师事务所最近的报告表明,由于富有的俱乐部拥有好的球员,很大程度上确保了更有价值的足球转播权,⁷ 这使得欧洲的 20 个顶尖俱乐部收益大增。2005—2006 赛季,皇家马德里赚了 3.73 亿美元,成为最赚钱的俱乐部。有趣的是,其收入上的丰收不仅是因为其在国内如鱼得水,还因为其凭借自己超豪华的全明星阵容(包括贝克汉姆和罗纳尔多)在全世界经营。(然而,这似乎要在足球场上付出一些代价。经过一段期间的令人尴尬的糟糕比赛,在本书写作过程中,皇家马德里已经开始重新组建自己更年轻的阵容了。)

然而,上面讲到的成功越来越向少数球队聚集的情况,并没有出现在世界杯上。由于效力于欧洲俱乐部锻炼了外籍球员的能力,越来越多的经济不发达国家成为世界杯的有力争夺者。因此最近的五届世界杯中,1/4 决赛都各有特点,平均有两支队伍以前从来没有跻身前八。这些后来居上者并没有带来大的比分差距:从进入 1/4 决赛起,场均进球差为一个,而二战后的前五届世界杯,场均进球差为两个。很明显,同俱乐部相比,没有球员自由跨国流动导致了迥然的结果。

然而,足球上国家间地位平等性的增加并不意味着国家间的所有差异都消失了,对于国际足联官方排名数据的分析充分说明了这一点。总的来说,有拉丁文化渊源的大国排名高一些,其他有关的因素还包括国家地处温和气候地带、人均收入较高(按同一标准折算)等。⁸

资本的跨国流动和人员流动一样值得我们深思熟虑。近些年数个英超俱乐部被外国投资者收购(如俄罗斯富豪罗曼·阿布拉莫维奇购买了切尔西队)。但是外资投资巴西俱乐部就明显不成功。这让人回想起关于位于达拉斯的 HMTF(Hicks, Muse, Tate & Furst)公司的一个让人难过的故事。该公司在 1999 年决定投资巴西足球。正如它的一个公司合伙人所说:很难想象在巴西还有更好的投资领域,把美国所有的篮球

引言

迷、橄榄球迷、棒球迷和曲棍球迷全加在一起也没有巴西的足球迷多。[9] 按照这种粗略的计算，HMTF取得了圣保罗最好的俱乐部科林蒂安（Corinthians）俱乐部的商业交易控制权。遵照一个十年期的合同，公司在第一年对该队投资超过6 000万美金。

不幸的是，巴西的俱乐部联赛充斥着腐败，政治色彩又极浓，就像一出好看的巴西戏剧。虽然科林蒂安赢得了2000年世俱杯冠军，但是随后就江河日下，球迷们开始极力反对俱乐部买卖主力球员，改变球衣颜色，增加广告。2003年受当地合伙人盗用资金的牵连，HMTF被起诉，差不多同一时间，另外两家投资巴西足球的外资机构也遭此命运。

对于全球化和全球战略，关于足球的讨论告诉我们什么？什么是本书讨论的焦点？

➢ 足球在全世界的发展进程反映出许多经济全球化的特征：在第一次世界大战前曾经达到一个高峰，随后在两次世界大战期间衰退，在二战结束后开始复苏。在多种因素的影响下，这种东山再起创造了新的高度。即便如此，足球仍然没有攻占下世界最大的运动市场——美国，这说明：即使我们已经站在历史最高峰，但是从很多角度看，全球化仍然是不均衡、不完全的。第一章将把这些源自足球的理论应用于全球化的大背景下。

➢ 迄今为止美国还不接受足球，只是各国间的差异具有持久重要性的一个体现。而拉丁文化、合适的温度和经济发展水平等因素在解释一些国家取得国际足联较高排名的原因时所起的作用也体现了这种差异的重要性。另外，在世界杯上而非俱乐部间限制球员跨国流动，以及英国的俱乐部而非巴西的俱乐部有良好的外商投资记录，说明了管理和制度因素的一贯重要性。上述一系列因素组成了一个有助于我们思考跨国差异的框架——CAGE框架，强调各国之间文化（cultural）、行政

(administrative)、地理(geographic)和经济(economic)的差异,我们将在第二章进行论述。

▶ HMTF 公司投资巴西的故事证明了,评价跨国战略时可能存在的最大偏见就是:盲目强调大规模,不能正确认识国家间的固有差异。第三章将讨论"增加价值计分卡"(ADDING Value Scorecard)——一种用来评价跨国战略的有效性常规模型,这种方法不只关注公司规模和规模经济。

▶ 足球俱乐部采用的一些战略展示出一系列对付地区差异的方法。我将这些方法称之为 3A 战略〔适应(adaptation)、集群(aggregation)、套利(arbitrage)〕。为了适应不同的地方,许多俱乐部一直注意培养自己适应当地特性。但是也有其他一些俱乐部进行跨国集群(例如皇家马德里队就在全球进行营销)。还有一些经济条件不好的国家专门为发达国家培养足球运动员,也就是说,较穷国家的俱乐部在套利。套利至少在跨国投资、专业要素生产和足球领域中很常见,如巴基斯坦东北部城市锡亚尔科特(Sialkot)作为一个著名的世界工厂,已有一百年的历史,直到现在仍为世界提供大量的产品。[10] 适应差异的适应战略、克服差异的集群战略,以及利用差异的套利战略分别是第四、五、六章的重点。第七章是其前三章的综合:它分析了处理差异时可以组合采用和搭配采用 3A 战略中各战略的程度,以及运用它们需要具备的不同条件。

▶ 最后要说明的是,对于足球的讨论仅局限于到 2006 年年底为止,我们不能不考虑变化的存在。例如,国际足联主席塞普·布拉特(Sepp Blatter)一直对那些富有的欧洲俱乐部具有优势颇有微词,对俱乐部之间相互倒卖球员不满,并将其比喻成农奴制度。[11] 同样,对于全球化也一直存在一些负面的声音,引发了关于全球化是否应该到此为止或者全球化步伐是否应该倒退的讨论。运用前几章得出的观点,第八章将讨论读者应如何看待这种争论,在现阶段你的公司应如何为更美好的明

引言

天开创新路。

重新回顾一下：对于全球战略来讲，本书的与众不同之处就在于它关注国家间的差异。这种思想致力于帮助跨国公司认识世界的本来面貌从而获得利润，而非想当然地与理想主义者站在同一阵营。为完成此目标，本书可以表述为三个 R。首先是可读性（readable）：因为本书观点统一，划分清晰，每章都提供概要，并且运用大量的案例（附加案例请参见我的网站：http://www.ghemawat.org）。其次是针对性（relevant）：本书适用于商业决策者，因为本书是针对他们的需要而撰写的（可能也会有行政管理决策者或其他希望了解全球化的人对本书感兴趣），通过关注创造价值和获取价值确保本书的讨论贴近现实。同时易于使用也被认为是很重要的，位于世界不同地方的各国公司都可以按照本书内容通过自身实践自行定制其所需要的模型。第三是严谨性（rigorous）：本书在所涉及的领域力求严谨，包括国际经济、工业组织、商业战略、国际贸易等领域，并谨慎对待与从业人士之间的广泛交流。

REDEFINING GLOBAL STRATEGY

第一部分 差异化
世界的价值

第一部分

第一章概括论述了当今世界半全球化的现状：许多案例表明，跨国一体化的水平正逐步提高，屡屡刷新纪录，但是距离完全一体化还很远，并且这种情况在几十年内都不会改变。接着，本章会进一步解释，为什么半全球化对于内容各异的跨国战略起着至关重要的决定作用，以及为什么放弃全球一体化思维对挽救企业的低迷业绩是一剂良方。

第二章列出了在经济全球化时代国家边界仍然起作用的原因，并将这些原因分成文化、行政、地理和经济四类差异（CAGE框架）。这种分类框架通常在行业领域很常见，因为不同的差异对各行业有不同的重要性。但是对于大多数行业来说，每个国家的历史都暗含着一些东西，隐藏了可以分析这个国家的更多的可以被人解读的信息。

第三章讨论了既然国家间存在差异，为什么企业还要在客观条件允许的情况下跨国发展。本章介绍了一种计分卡，用于记录价值的创造，其中包括人尽皆知的规模组成要素和规模经济的内容，但是并不局限于此。本章还提供了一些分析的指导意见和一个特殊问题列表，包括问题和答案，目的在于增加本书的现实意义，解决跨国战略如何在存在国家差异的情况下增加企业价值的问题。这些跨国战略本身是本书第二部分的话题。

第一章 半全球化与战略

市场的全球化时代已悄然而至,接踵而来的是跨国贸易濒临末路,跨国公司亦厄运难逃……跨国公司经营业务遍及多国,其调整自己在各国的产品和生产工艺的成本相对较高。因此,跨国公司将固而不变……结果,其在每个市场都会以相同的方式销售相同的产品。

——特德·莱维特,"市场的全球化",1983年

在特德·莱维特大胆提出上述观点的20多年之后,有关市场全球化讨论的热情已经转向了生产的全球化。[1]但是人们关于全球将实现一体化的愿景却一直没有改变。这个愿景引起了人们对后启示文学流派(启示文学是一种圣经文学,内容涉及天地秘密的揭示以及神对世界未来的计划和预言,后启示文学流派就是在此基础上发展起来的。——译者注)描绘的世界一体化战略的关注,这些战略无疑具有放之四海而皆准的特点,即用一种战略就可以适用于全世界的市场。这就是为什么莱维特的将企业全球战略定义为世界一体化战略的观点经久不衰的原因。[2]

尽管如此,对于哈佛商学院新同事莱维特的全球化战略定义,我却不敢苟同,并歉意地认为那个定义一直都是错误的。在本书中,我重新

第一章

定义了全球化战略，并用其来描述更广泛意义上的各种可能的战略组合。我认为，各国之间的差异比我们通常所认为的要大。因此，我不赞同那些以完全的全球一体化为前提的战略，因为它们往往过多地强调国际标准化和数量扩张而忽视了各国之间的差异。当然，利用各国之间的相同之处很重要，但解决各国之间存在的差异也同样重要。就中短期而言，有效的跨国战略要同时考虑各国之间的相同之处与差异，亦即我所谓之半全球化的现实。本书的首要目标就是要拓展我们对半全球化世界中跨国战略的认识。

本章首先确立了这样一种观点，即半全球化实际上是目前及未来世界的真实状态。本观点的确立源于某些随机数据，因为正如已故纽约州民主党参议员丹尼尔·帕特里克·莫尼汉（Daniel Patrick Moynihan）所言：我们都拥有属于自己的观点，但却没有属于我们自己的事实。随即本章以大型跨国公司可口可乐公司为例，阐释了公司战略的内涵。在莱维特的论文发表前后，可口可乐公司就开始实施了类似于其所提出的那种全球战略，不过该战略所带来的问题旋即浮出水面。时至千禧年，可口可乐公司仍困难重重、举步维艰。直到最近，可口可乐公司才开始调整其战略方向。其他公司也许可以以可口可乐公司的经验教训为鉴，或者自己在实践中不断摸索，得到关于半全球化艰难路途的相同教训。

预言在现在

从国会图书馆藏书目录上，我们可以看到有关全球化的书籍让人目不暇接，其中于2000至2004年间出版的就有5 000本之多，而与之相比，整个20世纪90年代出版的还不足500本。事实上，自20世纪90年代至2003年为止的期间，与全球化有关的书籍每18个月就会增加两倍多，其增长速度已经超过了著名的摩尔定律（鉴于半导体制造工业的高速发展,作为Intel公司创始人之一的戈顿·摩尔认为,集成电路芯片上所集成的电路的数目,每隔18个月就会翻一番。——译者注)

在这种书籍泛滥的情况下,一些有关全球化的著作脱颖而出。它们之所以能引起人们的广泛关注,原因在于它们为人们描绘了一幅"全球化预言"的愿景。这些著作常常表现出学者们所称之为启示性论点的一般特征:情绪感染而非理性吸引,依赖预测和激发符号(比如将一切都视为一种提供启示的符号),强调创造"新"人,以及(或许是最重要的)彰显独特性,哗众取宠。3《地球扁平化》(The Flattening of the Earth)就是这种描述全球化预言的著作之中的佼佼者。4因此,在最近一次电视采访中,我被问及(非常认真地)的第一个问题就是,我为什么仍然认为地球是圆的!5除此之外,人们还提出了其他全球化预言的愿景:距离消失,历史终结,或者如莱维特所愿,偏好趋同。在这种背景下,有些作者将这种预言看成一件好事,它规避了古代那种离间人们的种族部落纷争,或者说提供了一个向地球上所有人推销相同东西的机会。其他作者则将其看成一件坏事:全球化过程的结果将会使所有人都食用相同的快餐。不过,他们通常都认为(或预测)会出现几乎完全的国际化。

这也正是我断然不敢苟同之处,比起质疑这种观点,我更质疑他们所引用的数据。大多数国内的或跨国的经济活动依然要受到本国的影响。

比如,我们可以自问,全球固定资产总额中外国直接投资(FDI)的比重有多大(换言之,全世界的被投资资产中,有多少是由本国之外的公司来投资的)。你或许听过"投资无边界"之类的夸夸其谈,然而事实上就近三年(2003—2005)的数据来看,FDI所占固定资产增量总额的比率每年还不足10%,也就是说每1美元的投资资本中FDI所占的比重还不到10美分,甚至可能更小——因为许多FDI投向了并购,这种投资并不会产生资本支出增量。即使企业并购浪潮将FDI对总固定资产的

第一章

形成的贡献率提高至10%以上,这一比率也从来没有达到过20%。[6]

FDI并不是一个不具代表性、孤立的例子。图1-1汇总了十个领域的国际化数据。从图中可以看出,这些领域的国际化水平都集中在10%左右(这也正好是这十个领域的平均水平),而不是100%。[7]从数值上来看,图中最下端贸易占GDP的比例是最大的例外,但是若扣除重复计算的因素,该比重很可能会降至20%左右。[8]所以,在没有掌握具体信息的情况下,若一定要我猜测某些活动的国际化水平的话,那么我会估计这个数字很有可能接近10%,而非100%!我将其称为"10%假定"。

图1-1 10%假定

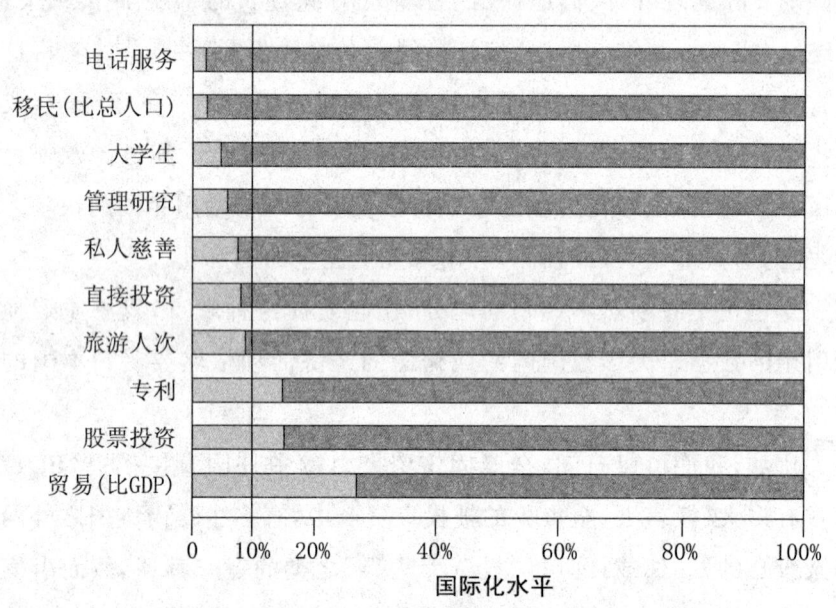

注:各种比例的计算方法解释如下。**电话服务**:总通话分钟数中国际通话分钟数的比例;**移民(比总人口)**:长期国际移民存量占全球总人口的比例;**大学生**:外国学生占OECD(经济合作与发展组织)国家大学招生总数的比例;**管理研究**:跨国研究论文数量占总论文数量的比例;**私人慈善**:美国私人捐赠中的国际部分比例;**直接投资**:对外直接投资额占全球固定资产形成总额的比例;**游客人次**:游客总人次中国际游客人次的比

例;**专利**:OECD居民专利中国际合作的比例;**股票投资**:美国投资者所持有的股票中国外股票的比例;**贸易(比 GDP)**:全球商品和非要素服务的出口量占全球 GDP 的比例。

资料来源:本图所涉及数据基本上都是 2004 年的数据,除非特别指明年份。电话服务数据来源于 2001 年国际电信联盟的电信数据库,尽管截至写作本书时的最近几年这一比例大幅下降。长期国际移民存量的估计数据来自 UNESCO,International Organization for Migration,World Migration 2005;Costs and Benefits of International Migration(Geneva:International Organization for Migration,June 2005)。大学生中国外学生数量的数据来自 OECD,其中大学生和国外学生也仅限于 OECD 国家内部的学生,墨西哥和卢森堡不在计算之列;可参见 *OECD Education Online Database*(English) in OECD Statistics version 3.0。管理研究数据摘自 Steve Werner,"Recent Developments in International Management Research:A Review of 20 Top Management Journals,"*Journal of Management* 28(2002):277-305。私人慈善捐赠中国际捐赠比例的(粗略)估计值仅限于美国,数据由美国慈善顾问机构日内瓦国际(Geneva Global)提供。直接投资的国际化数据是用 FDI 数额除以固定资产形成总额计算而来的,贸易(商品和非要素服务)国际化数据是用 FDI 除以 GDP 计算出来的,其中所涉及的数据都来自联合国贸易和发展会议(UNCTAD)每年所发布的《世界投资报告》(*World Investment Report*)。游客人次数据是根据世界旅游观光协会(the World Tourism and Travel Council)2000 年的估计数据估算的。专利数据摘自 OECD,*Science,Technology and Industry Scoreboard 2005*。股票投资数据为下文报告和分析的美国投资者所持有股票的数据:Bong-Chan Kho,Rene M. Stulz,and Francis E. Warnock,"Financial Globalization,Governance,and the Evolution of the Home Bias,"working paper(June 2006),见社会科学研究网 http://ssrn.com/abstract=911595。

尽管有 10%假定,我更倾向于用半全球化而不是"10%全球化"来讨论问题。原因之一是 10%不能体现出全球化的日新月异。在未来几十年中,我估计图 1-1 中许多领域的国际化水平很有可能会提高,其平均水平也会(缓慢)上升。其次,如果许多领域的国际化水平创出了新纪录,那么国际活动所引发的关注程度就可能超过其当前占总经济活动的比重,这也意味着国际活动正变得日益重要,它的迅速增长将会使其驶向未知领域。第三,企业对国际化所表现出来的兴趣可能也超过了普遍意义上的国际化水平,因为与其他部门的跨国合作相比,企业进行国际

第一章

化有其特有的优势(同时也有其劣势)。因此,那些规模较大的公司的国际化水平要远远高于10%的水平。例如,100家最大的非金融公司中平均有一半的销售量、资产以及员工都在海外。[9]除此之外,许多规模较小的公司也在努力提高其国际化水平。

图1-1中的数据以及我已出版的学术著作中更详细、更系统地讨论的关于跨国市场一体化的其他数据的意义不在于我们应当忽略跨国问题,而在于我们应当以半全球化的视角来分析这些数据。[10]依此视角,有关全球化预言的各种观点中最令人惊奇的方面便是他们的全球化观点或多或少都有夸大的成分。

预言在不远的将来

对于我的上述观点,有一个很显而易见的反驳:就算现在世界不是"扁平的",将来也会是。[11]

对付这种反驳,我们应着眼于事态发展的趋势而不应着眼于某一时点一体化的程度。结论很有趣:如果只考虑少数因素的话,数年前,一体化就已达到它空前的高度。例如,粗略的计算表明,对比2005年,1900年全世界国家间长期移民的数量要更高一些(1900年的数据是早期移民的最高纪录)。[12]

在其他领域,全球化新纪录正不断被刷新。但这些仅是近期才发生的,并且经历了长时间的停滞和倒退。例如,FDI作为GDP的一个比率,在一战前达到了一个最高点,但是直到1990年才再次恢复到这个水平。实际上,一些经济学家认为,近几个世纪以来世界上最辉煌的发展就是在两次世界大战中衰退了的国际化,FDI仅是其中一个显著的例子而已。[13]

最后我们要知道,有一些一战前的世界一体化指标,足以媲美甚至

半全球化与战略

超越二战后的相应数据。国际贸易额占 GDP 的比重就是最好的一个例子:这一数据直到 20 世纪 60 年代才超过一战前的水平,1979 年第一次达到 20%,此后的 25 年间逐渐增长到了 27%。按照这一增速推断,国际贸易对 GDP 的比率到 2030 年不会超过 35%。这已经是史无前例的了,但是与"预言"还差得很远。[14]

在进行推断时考虑一下隐藏在发展趋势后面的动力会很有用处。我们要考虑两个一直被"预言"强调为全球一体化决定力量的因素:[15] 技术进步,特别是通信技术的进步,以及可以使更多的国家参与到世界经济中来的政策的变动。

我们必须要问的问题是:这两个重要的力量真会把我们推向一体化的未来世界吗?

先进的通信技术

技术的进步似乎是全球化预言最常引用的驱动力。[16] 由于近一个世纪的快速发展,交通特别是通信技术最吸引人的眼球。例如,从美国纽约打 3 分钟电话到英国伦敦的通信费用已经由 1930 年的 350 美元降到 1999 年的 40 美分,而现在如果用互联网连接,费用几乎可以忽略不计。而互联网也是众多新式连接方式中的一种,是通信和计算机数字化结合的产物,要比普通电话服务器快好几倍。通信进步的速度引发了众多的预言,弗朗西丝·凯恩科若斯(Frances Cairncross)的《距离已逝》(Death of Distance)就是此类书中的佼佼者:

> 新的思想将传播得更快,飞越国界。贫穷的国家将有更快捷的方式得到信息,以往这些信息被发达国家限制并且传播得很慢,致使贫穷国家很难发展成工业化国家,但是一旦情况改变,这些国家会发展得更好。无所不知的选民会知道以前只有少数政客才知道的机密。小公司将提供以往只有大公司才能

第一章

提供的服务。在所有的领域,通信革命都带有深刻的民主与解放性质,将重新划分大与小、富贵与贫穷的界限。[17]

在凯恩科若斯的观点里有一个似乎言之有理的核心,即科技和标准使远距离的沟通与合作得以实现,这一点很重要。根据凯恩科若斯的推断,具体提供某些服务的地方并非公司所在的地方的情况很有可能会大量存在。

不论如何,仅根据先进的通信技术便从上述的核心跳跃到声称"距离已逝",这完全是一种夸大。让我们重新审视一下互联网。互联网交流的国际化是不可能被精确衡量的,特别是考虑到个人用户的巨大存量。但是我所能给出的关于互联网国际化水平的最好估计是,稍低于20%,也就是在10%的二倍以内的一个数字。[18]按照变化趋势而不是变化水平来看,国际份额特别是总通信量的份额一直在下降而非增长,这其中有很多原因,包括从个人对个人信息流量的激增到美国可选择的替代新产品(最近的例子是可用于国际间转换的网络集线器)的发展。

对于作为例子的被关注的行业应该有基于合理数据的更明确的表述。比如,IT服务业就经常被作为证明技术导致全球化的例子。按照是考察所有的潜在市场还是考察很快便可进入的市场划分,分别有总计2%或11%的工作是离岸业务。[19]或者可以再举一个更以网络为中心的例子,能够帮助解释国家间的屏障并证明它们的作用。我们来看看谷歌(Google)公司。

谷歌公司以可以使用超过一百种语言支持工作而自豪,部分由于这个原因,近来该公司被评定为顶级的全球网站。然而在其创始人之一的塞尔吉·布林(Sergey Brin)的祖籍俄罗斯,谷歌公司在2006年仅有28%的用户使用率,而在该数据上当地的市场领导者Yandex公司达到64%,Rambler公司达到53%。这两大竞争者在网站搜索广告连接业务上能占到俄罗斯市场份额的91%。[20]俄罗斯谷歌公司的问题部分是由于人类语言的复杂性:俄语名词有三种"性"、六种"格",动词很不规则,单词的意思视其结尾的不同和上下文关系而变化。此外,本地竞争者能够更好地适应当地环境,比如建立通过传统的银行规避信用卡坏账损失的支付机制,实施支持在线支付的基础设施建设。虽然自 2003 年起谷歌公司已经将自己的业绩提高了一倍,但是仍然需要实实在在地立足俄罗斯市场,雇用当地员工,强调本地化的重要性。

众所周知的谷歌公司在中国与当地监管机构辛苦周旋的事情,从另一个侧面反映出国家差异仍然存在的原因:对于创建一个封闭的国家网络并用国内法律(还有日益先进的互联网地理鉴别技术的支持)来保证其实现,各国政府机构越来越轻车熟路。许多专家把法国政府 2000 年成功限制雅虎销售"纳粹大事记(Nazi memorabilia)"作为此类事件重要的法律上的先例。而在政府干涉中引起最大经济后果的是 2006 年美国禁止在线赌博。

有关互联网在国家间所有障碍的内容,将在一本副书名为《无区分世界的错觉》(*Illusions of a Borderless World*)中有一定篇幅的讨论,其中指出:"过去我们一直称为全球化的网络正变为单个国家的自有物。"21 第二章将用更普遍的视角来看待跨国经济活动的障碍,并通过用于思考国家间差异的 CAGE 距离框架将这些障碍挑选出来并进行分类。

政策开放

第二个值得关注的世界一体化动力是大量的政策变动,这让许多国家走出冷战,更广泛地参与到国际经济的大潮中。对于这种政策的变动及其内涵,经济学家杰弗里·萨克斯(Jeffrey Sachs)和安德鲁·沃纳(Andrew Warner)给出了一些经过认真调查的描述(虽然仍然是"预言性"的):

第一章

从1970年到1995年，特别是近10年，出现了在历史上从未有过的制度上的融洽和经济上的一体化。虽然在20世纪70年代和80年代经济一体化也不断发展，但是一体化程度的骤然加快是从20世纪90年代才开始的。到1995年，一个占统治地位的全球经济体系开始显现。[22]

的确，这种政策开放很重要。但是把它看成是天翻地覆的巨变是不正确的。要知道一体化仍然是相对受限的。政策是由我们善变的人类制定的，自然可以被出人意料地逆转。因此，弗朗西斯·福山（Francis Fukuyama）的《历史的结尾》（End of History）今天看起来可能十分古怪，书中设想自由民主和被科技驱动的资本主义最终战胜了其他意识形态。[23]尤其在"9·11"事件发生以后，塞缪尔·亨廷顿（Samuel Huntington）的《文明的冲突》（Clash of Civilization）好像看上去更有预见性。[24]

但是即便你继续关注经济层面，正如萨克斯和沃纳所做的那样，你也会很快发现有关政策开放不可逆转性的反证。以市场友好和政策开放定论的所谓的"与华盛顿一致政策"，在蓬勃发展中遭遇了亚洲金融危机，随后便展开了激烈的冲突，例如大部分拉丁美洲开始转向"新民粹主义政策"（民粹主义本意是一种人民不满现状的意识形态，所以民粹主义的特质就是反政府、反权威、反主流势力，有时也有反资本主义、反富裕阶级的含义，其思想含义很复杂，有褒义解释也有贬义解释。——译者注）。这一点我们可以在一些论文，诸如"与华盛顿一致政策消亡了吗？"（"Is the Washington Consensus Dead"）中看到。如果关注结果层面，退出"收敛俱乐部"（按照缩小同发达工业国家的生产力和结构差距的标准定义）的国家（包括拉丁美洲国家、非洲沿海国家、独联体国家）的数量，要比加入这个"俱乐部"的国家的数量更让人印象深刻。[25]此外，在多边层面上，2006年夏天围绕着贸易对话的多哈和谈悬而未决，就是一个不好的征兆。《经济学家》刊登了封面标题为"全球化的未来"一文并将其描述为搁浅的残骸。[26]此外,近年来的跨国并购浪潮在更大的范围内激起了比20世纪90年代并购潮时更多的保护主义行为。

当然,这种情感在近几十年曾多次发生转变,将来也可能还会转变。关于可能的变化结果我们将在第八章进一步讨论。这里面对的问题是,政策有可能会重新转向对全球化有利的局面,而且我们有相应的最近发生在两次世界大战间的真实例子。但是我们要认识到:真正深入的国际经济一体化不可能与国家的独立自主共存。[27]

所以,虽然说推动世界一体化的技术驱动力是不可撤销的,但是对于政策驱动力我们不能这么说。政策驱动力不过是关于完全的世界一体化"预言"的一个不可靠的依据。

为什么人们无视"半全球化"的真相却笃信全球化到了现在这种程度?探究这一问题是很有趣的。让·德·拉方丹(Jean de la Fontaine)有这样一句名言:"每个人都更容易轻信他们所害怕或渴望的事情。"这其中至少可以解释一些人的行为:害怕世界被跨国公司掌控的妄想狂;自命不凡的当权精英,他们又各有特点,有的是可以参加达沃斯年会的成功人士,有的是可以在世界呼风唤雨制定世界商业规则的全球商业巨头;亦步亦趋的极度缺乏安全感的人;天真地幻想世界大同的乌托邦主义者;等等。但是花费更多时间研究这个问题就有点像H.L.门肯(H. L. Mencken)描述的"逛动物园":很缠人,却没有效率。所以,是时候把问题转向公司和它们的全球战略了,下面我们将全程追踪一个关于可口可乐公司的有趣的故事。

可口可乐公司的案例

即使是成功地在世界占有一席之地的具有丰富经验的公司,也可能掉入"预言"的陷阱,将自己置于危险之地。一个特别具有警示性的案例

第一章

是,可口可乐公司——一个在国际上比其他任何公司都有地位的公司,一个拥有世界上最具价值品牌的公司——在海外获得的利润远多于它在自己国家的利润。直到20世纪90年代,可口可乐还一直被当做全球管理的典范,但是此后,它经历了不体面的失败,一直到现在仍在恢复中。让我们认识一下在历届CEO管理下的可口可乐。

背景资料

可口可乐公司,创立于1886年,1902年第一次走出美国本土打入古巴市场,同年它最大的竞争对手百事可乐公司成立。到1929年,当百事可乐开始它第一次国外探险时(在加拿大),可口可乐已经在全世界76个国家开展了销售。二战期间,保证美军海外供应软饮料的政策奠定了可口可乐公司的国际地位。可口可乐被批准豁免战时食糖配给,在全世界建立了63个灌装车间。在罗伯特·伍德拉夫(Robert Woodruff)的领导下,二战后可口可乐公司的全球推进仍然继续进行。从20世纪20年代初到80年代初一直领导着公司的罗伯特·伍德拉夫,公开承认自己是一个"殖民者":"可口可乐公司要征服世界上所有的国家,我们认为我们必须要把可口可乐的旗帜插在世界的每一片土地上,即使是基督教还没有传播到的地方。可口可乐注定要在地球上永远流传。"[28]

但是即便有这种必胜的信念(就是已经提到的"可乐殖民主义"),可口可乐公司在这个时期的战略一直是多地区化的。公司的各个地方机构或多或少是被独立管理的。公司的主要目标是建立一个由一千多个灌装工厂组成的世界网络,这些工厂雇用的员工是母公司用工的50倍,并且承担了可口可乐内部系统的大部分工作。

罗伯托·戈伊苏埃塔:强调统一性

1981年,罗伯托·戈伊苏埃塔(Roberto Goizueta)接手可口可乐,他继续走伍德拉夫的国际市场之路,但是却转变了在这些市场上的管理方法。在他的任期,可口可乐确定了积极走全球化道路的方针。公司的战略反映了戈伊苏埃塔的观点,即美国市场与其他国家市场之间唯一的重大区别就是公司在海外市场的平均市场占有率更低。正如他关于这一点在一次讲演中所提到的:"比起其他液体,现在的美国人消费了更多的软饮料,包括普通的自来水。如果我们充分利用我们的机会,总有一天,用不了等到我们进入下一个世纪,我们就会看到相同的浪潮席卷一个又一个市场。"[29]

认为各国之间非常相似的核心理念支持这样一个全新的全球战略:它更强调国际化增长、规模经济、无国界、普遍性、集权和标准化:

➢ 狂热的增长:虽然在20世纪80年代中期,美国的增长总量缓慢,但是戈伊苏埃塔坚持它的历史性目标,大力强调开展非美国业务是完成目标的办法。他在不同的国家推行同样的思维,认为美国以外的国家是扩张机遇的海洋。例如,在戈伊苏埃塔任CEO的最后几年,可口可乐公司在美国(占世界总人口的5%)平均卖出30加仑/人,而在其他国家则为平均3.5加仑/人。空间巨大!

➢ 规模经济:戈伊苏埃塔还坚信,不断增长的无边界的规模经济,会将市场份额集中到可口可乐手中。正如他去世前不久在对公司的灌装厂的演讲中所解释的,"我们一直拥有世界上最流行的品牌。实际上在全世界五个顶级的软饮料品牌中我们拥有四个……我认为这是一个巨大的领先。我不能想象会有公司能取代我们处于更领先的位置……"[30]戈伊苏埃塔战略中的这一部分也被当做一种宣称"世界是相同的"的信念在全世界流传。

➢ 无国界:1996年,戈伊苏埃塔宣布:"过去在我们公司组织结构中常用的'国外的'和'国内的'这种称谓,以后将不再使用。现在,就从我

第一章

们公司的美国总部开始,让我们的公司成为真正的全球化公司。"[31] 按照这一论断,他正式把美国的组织融入到过去一直是国际化组织的公司中,虽然在后来的实践中美国本土业务仍然是独立的实体。但是关键在于,假定相信跨国公司在海内外的机构都是相似的,那么这种组织变动将具有更完美的概念上的意义,因为有区别地经营美国本土公司和其他海外公司可能会造成重置,并且起到不好的作用(会让大家普遍认为设置了无用的部门)。

➤ 到处建厂:戈伊苏埃塔继承了一个已经在160个国家经营的跨国公司,但是到他去世时,这个数字已经达到200个。有些扩张之举是经过深思熟虑的,比如说在柏林墙倒塌后进入东欧国家市场。但是也有一些扩张之举,就没有经过审慎的市场分析而仅凭狂热扩张的信念。在苏联从阿富汗撤军后,尽管该国仍旧处于一片混乱之中,可口可乐还是迫不及待地赶在百事可乐之前,在1991年成为第一个卷土重回阿富汗市场的软饮料公司。[32]

➤ 集权和标准化:为了达到上述目标,戈伊苏埃塔致力于推行在程度上前所未有的集权和标准化。很多分公司被合并,地区集团的总部设在亚特兰大。在标准化控制所有市场活动的思想下,同时也是在不断加强的总部统一领导的努力下,寻找消费者、个性服务、电视广告和其他营销活动被刀锋创意公司(Edge Creative)——可口可乐的全球广告代理商——统一代理。与此同时,公司还指定了几个所谓的"中流砥柱"灌装厂,可口可乐对其掌控了20%—49%不等的股权,这可以让公司更多地以一种国际视角来参与决策,而以前这些决策一直由那些更独立的灌装厂来制定。

强调统一性和标准化,很明显会导致公司偏好使用放之四海而皆准的"万能"战略。但是那个时候,很少有人对此提出质疑。可口可乐被

《财富》杂志评为1995年和1996年美国最值得钦佩的公司,1997年再次当选。客观地讲,在戈伊苏埃塔任职的16年,可口可乐的市场价值由40亿美元飙升到1 400亿美元。但是,这些令人瞩目的成就仅反映了可口可乐自身的强大实力和戈伊苏埃塔利用这些实力的勤勉(还有在此阶段后期一些关于买进、卖出灌注机的创造性的决策),而不是因为那个基本无用的"万能"战略。而从他的继任者后来所承受的艰辛来看,这种战略的效用完全是被高估了。

道格拉斯·艾夫斯特:因循旧制

1997年,戈伊苏埃塔毫无征兆地去世了,他的首席财务官道格拉斯·艾夫斯特(Douglas Ivester)成为了继任者。这位 CEO 策划了收购灌装厂随后再将灌装厂卖给可口可乐关联公司的战略,将交易所得记录为营业收入,用于掩盖来自于一体化管理获利能力的压力。艾夫斯特继承了戈伊苏埃塔的无限国际扩张的思想:他写给公司股东第一封信的标题是《一个处于婴儿期的公司》,其中一个部分的标题是"为什么10亿美元(可口可乐的日营业额)仅仅是一个开始?一个470亿美元营业额的展望"。[33]艾夫斯特还执著于戈伊苏埃塔战略的其他内容。当一个记者询问他可口可乐公司是否会改变它的方向,艾夫斯特的回答是,"不向左转,也不向右转"。

然而,艾夫斯特因循守旧的战略很快遇到了障碍,这些障碍相互之间都有联系。几乎从他搬到中心办公室那天起,国际经济就开始下滑,两个可口可乐最大的国外市场(巴西和日本)的经济急速衰退。前面提到过的亚洲金融危机在1998年呈现出加剧态势。到1999年,其在俄罗斯的业务量也萎缩了50%。[34]那些之前因为可口可乐的触角遍布全球而判断其具有高价值的分析家,现在又由于可乐公司在全球"摊子"铺得过大而下调了对它的评级。

第一章

虽然艾夫斯特已经调整了收入增长目标,但是他短视地认为这种增长不足是短期的,并且拒绝减少由戈伊苏埃塔制定和实施的7%—8%的总量增长目标。但是到了1999年底,由于这部分原因和其他因素,包括可口可乐与政府(特别是欧洲政府)及其他灌装厂关系的恶化,公司的股票市值从历史顶峰一路滑落到700亿美元。欧盟的管理人员对于可口可乐公司直接在其总公司的授意下企图收购Orangina和吉百利—玉泉(Cadbury Schweppes)公司并且拖延治理在法国和比利时的污染问题十分不满,这导致双方关系进一步紧张。许多灌装厂也发现,可口可乐公司过于专横。在很多地方,这些灌装厂一直饱受利润的压力,特别是由于可口可乐的增长率受到压力,因而要求它们满负荷地运转,使它们大受苦头。而最终让他们忍无可忍的事件是艾夫斯特企图将浓缩汁的价格强行提高7.6%,以维持其业绩。于是,他们向董事会施加了巨大的压力要求解雇艾夫斯特——在董事会他们总是有自己的渠道。最终,艾夫斯特被解雇了。

道格拉斯·达夫特:承认差异

艾夫斯特的继任者是道格拉斯·达夫特(Douglas Daft),他在继任之前是可口可乐公司中东和远东区的负责人。达夫特在位期间深刻认识到,赢得世界的方法是把战略决策权交给各地方的管理者。他在2000年1月写道:"没有人满世界找喝的,他们渴了会到本地的零售商那里买一瓶本地产的可乐。"[35] 2000年3月,在一份报纸中他用一篇题为"因地制宜"("Think Local, Act Local")的文章,详细阐述了这一理论:

> 本世纪行将结束,世界已经改变,但是我们没有。世界需要我们具有更大的灵活性、快速响应能力和地区敏感性,然而我们却在不断地将决策权集中,将工作标准化,这与我们传统的多地区管理方法有很大差异。如果我们在地区工作的同事

们想出一个对当地来说是很正确的想法或战略,并且它符合我们基本的价值观、政策、完整性和质量标准,那么他们就有权力也有责任在工作中实施它。[36]

让各地方感觉良好,这可不是花言巧语的空谈。对于如何管理可口可乐公司,达夫特来了一个180度大逆转。为了重新部署更贴近地区市场的决策,他解雇了6 000名员工——其中大多数是在亚特兰大的总部,并进行了大刀阔斧的组织改革及其他一些活动。可能唯一让人感到惊讶的决定就是他宣布可口可乐公司不会再做全球性的广告了,这使得顶尖的市场营销人才大量流失。取而代之的是,广告预算和广告创意将由地方经理全权决定,他们自然十分高兴但同时也有些措手不及。结果,最终的效果比推行规模经济时期的更差。从裸奔的人横穿过海滩(意大利的广告),到坐着轮椅的祖母由于孙女没买可口可乐从家庭聚会中离家出走(美国的广告——真是美国广告界的污点),大量的地方制作的广告充斥着荧屏。而且公司整体的推广理念也不断夭折:"乐享"仅持续了15个月,"生活的味道不错"仅5个月(而相对比,"永恒"从1993年一直流行到2000年)。

有了这些桎梏的束缚,公司销量增长率下降也就不让人感到奇怪了。2000—2001年度增长率仅有3.8%,而在上任领导人艾夫斯特管理下的1998—1999年度,这一数据还是5.4%。

在一个传统上一直十分重视增长的企业,这种结果是不可接受的。2002年3月,《华尔街日报》报道:"再没有人把'因地制宜'当灵咒念了,亚特兰大又一次犯了对市场失察的错误。"于是,众多亚特兰大的市场营销人员被重新改造成统领地区市场团队的精英,他们要为众多的核心品牌和代理机构制定战略,重新展示他们市场营销的才能,帮助地区市场分享最成功的经验。但是重建总部统领能力及其他控制力的努力收效甚微,因为招聘和聚集所需要的人才要比解雇他们需要更多的时间。在

第一章

这期间,广告效果仍然很糟。结果,2002—2003 年度的增长率仅恢复到 4.7%,远低于 5%—6% 的长期增长目标,公司的股价也持续低迷。2004 年 2 月,可口可乐宣布了达夫特辞职的消息。

内维尔·艾斯戴尔:同时管理"异"与"同"

可口可乐在公司内外积极寻找达夫特的接班人,最终他们选定了可口可乐一个已经退休的经理内维尔·艾斯戴尔(Neville Isdell)。2004 年 5 月,艾斯戴尔被正式任命。有关于艾斯戴尔领导下的可口可乐的故事,到现在为止并没有结束,但是他最初两年对公司的变革与他公开表述的观点很一致,他认为:他的上一任把"钟摆荡得太远了"。通过不断地恢复总部的统领能力和重新集中进行市场营销,特别是强调更大、更广范围的广告理念,艾斯戴尔已经扭转了达夫特一手造成的极端"地区化"局面。然而,很明显,这种对"地区化"的否认并没有让可口可乐重新回到戈伊苏埃塔和艾夫斯特——强调极端标准化的"放之四海而皆准"战略——的做法上:

➢ 狂热的增长已经退去,因为艾斯戴尔把可口可乐的长期销量增长率目标降低为 3%—4%。这种变化得到了股票分析家的积极回应,他们认为以前达夫特提出的 5%—6% 的目标不可信。

➢ 规模经济和收购一些已有的碳酸饮料品牌不再是公司的主要目标。现在公司的主要目标是创新,特别是在非碳酸饮料上。

➢ 无国界已经过时。早在 2006 年,艾斯戴尔重新恢复了一个戈伊苏埃塔在十年前便取消的职位——北美区外全球业务主管。其目的不仅是为了提高在海外投资的可能性,而且对认识地区间的差异特点及本区域的挑战也具有现实意义。有种观念认为,对于一个像可口可乐这样国际化的公司,本土和国外之间没较大差别,而艾斯戴尔的这种做法是对这种观念的一个重大挑战。

➤ 到处建厂还没有被完全抛弃,但是艾斯戴尔对于"先寻找哪里对于我们更有利,然后再在那里建厂"的强调表达出了资源分配决策上的细微差异。

➤ 集权和标准化变得更加适度。比起戈伊苏埃塔和艾夫斯特时期,地方的主管有了更大的权力,对不同的国家可口可乐公司的战略也各有不同。特别是在中国和印度,可乐的价格更低,本土原料、现代化的灌装操作及对配送和物流的加强降低了成本,尤其是在农村。更值得关注的是,现在的可口可乐更强调变化。

关于最后一点,值得我们进一步讨论。近几年,可口可乐的总部好像已经意识到:不应该在所有的市场都采用同样的方法。

公平地讲,这种认识确实应该回溯到达夫特,他说过:"我没有说应该把每一个市场都当做北美和澳大利亚的影子。与我们已经拥有的市场相比,在我们最有发展前景的市场上,消费者期望从我们这里得到的可能不同,甚至是非常不同。"[37]

但是可口可乐的不幸在于,达夫特过于强调百花齐放。这种方法自然而然引人怀疑:凭什么说这种方式可以让总体可以大于部分和?首先,如果各个跨国分公司的相似性不能带来一丝好处,那么如此不同的各国公司怎么会在一个总公司内共存呢?

相反,在艾斯戴尔领导下,可口可乐公司把在某一个市场上很起作用的经验移植到其他市场上,重新思索在其他市场上如何用它来提高竞争力。在某种程度上,这确实为提高跨国公司价值提供了空间。关于这一点,最著名的就是可口可乐公司通过它在日本的所学(参见"可口可乐在日本")领会到怎样才能不依靠可乐类饮料还能在其他国家的市场上生存。例如,在美国这一点就很重要,因为肥胖已经为人们所关注;在中

第一章

国也是,而且那里不仅因为肥胖抵制可乐,还因为人们讨厌喝黑色的饮品。并且,现在的新趋势是重视建立非可乐饮料的国际大品牌,而不像以前仅把非可乐饮料当成地方的附属品。

可口可乐在日本

可口可乐公司进入日本市场缘于第二次世界大战之后美国掌控了日本,美军也在那里驻扎。因此,可口可乐在日本占有决定性的市场份额,日本市场成为可口可乐最赚钱的主要市场,其产生的利润比可口可乐在亚洲其他市场与中东市场所得利润之和还多。但是可口可乐公司在日本的主导地位并非因为可乐类饮料。在日本的销售额中,可乐仅占一小部分,大部分销售额和利润来源于听装咖啡和其他两百多种综合饮料,比如说 Real Gold——一种有解酒疗效的饮料、Love Body——一种含有日本人相信可以丰胸的物质的茶饮料。[a] 日本市场上花样繁多的产品反映出这里的人们对可乐的喜爱很有限,他们需要更多类型的饮料来装满街边的贩售机,这种流行风尚使得可口可乐每年都要推出一百多种新产品。对于如此大的变化水平,总部并不总是很欢迎。实际上,据说在日本卖得最好的产品——佐治亚咖啡在生产之初遭到了来自总部的强烈反对,因此它的名字被用来讽刺总部的所作所为。但是由于日本公司的获利甚多,总部并没有追究这件事。

结果,日本可口可乐公司逐步展现了自己的产品开发才能和同时控制多个品牌的能力。在艾斯戴尔的领导下,像日本一样,可口可乐公司已经开始解构"总饮料公司"的模式,并且学会如何在其他地方也不依靠可乐类饮料。

[a]. 关于可口可乐在日本的产品情况的信息主要源自下面这篇文章:Dean Foust,"Queen of Pop," *BusinessWeek*,7 Augst 2006,44–51.

总之，在艾斯戴尔的领导下，可口可乐公司的战略可以被认为是：试图为其跨国竞争寻求一种全新和改进之道，而不是满足于在戈伊苏埃塔和艾夫斯特的"极端集权和标准化"与达夫特的"极端分权和地方化"中间找平衡。如果在战略上仅仅寻求折中，那么公司的绩效可能也仅是前两者的折中，不会有突破。新的战略实施得如何仍然有待观察，但是至少可口可乐不会再在两个极端之间荡秋千了。现在，它正试着将"秋千"抛到一边，用既不忽略国家间差异也不执著于其整体性的方法运行着——也就是说，可口可乐公司认识到了"半全球化"的事实。

由此及彼

是时候把可口可乐的案例向外扩展了。首先，我们将讨论为什么其他公司可能也会像可口可乐公司在戈伊苏埃塔和艾夫斯特领导时期一样，受到"放之四海而皆准"的万能战略的影响。然后，根据可口可乐在达夫特时代陷入"地方化"困境所给出的提示，分析这种战略带来更多的长远问题的可能性。最后，我们会将艾斯戴尔的战略作为通往第三条跨国竞争之路的跳板并得出我们的结论，这所谓的第三条路并不是极端的"放之四海而皆准"的全球化战略和狭隘的区域多样化战略之间的一条中庸之路。

巨大的偏颇

可口可乐公司的故事，虽然很曲折但绝不是唯一的。其他有关过度膨胀而后又萎缩的例子比比皆是。处于日新月异环境中的沃达丰（Vodafone），就曾在很短的时间内经历过同样的过度发展后又萎缩的循环。像其在欧洲本土一样，沃达丰在美国和日本也有着相当的市场地

第一章

位,但是移动电话标准的差异让公司实现规模经济的企图完全落空。同时,在戴姆勒—克莱斯勒(DaimlerChrysler)合并的第十个年头上,关于分道扬镳的话题总是不绝于耳(现在他们双方的合并已经解体。——译者注)。无论最终的结果是什么,最初想要的结果很明显没能实现。

从这些案例中获得一些真知灼见的一个办法就是,联系戈伊苏埃塔和艾夫斯特时期可口可乐公司的失误,在更大的范围内分析这些偏颇,认真地找出国家间的不同。

➤ **狂热的增长**:即使是可口可乐这样的国际化大公司,对于海外的了解可能也仅仅是本国的1/10。至于其他公司,其对国内和国外的了解程度差异就更大了。在对国外不了解的情况下使用"无国界"战略,特别是还有一些公司在本国市场饱和后意图出国发展,这些自然都会引起对国外市场的狂热投资。一些投资顾问更是助长了这种狂热情绪(例如,投资银行家们就对这种交易很感兴趣)。[38]当我写这本书的时候,我看到一个专业做战略的咨询公司增加了做全球标准的"全球战略审计"的收费。在北极(the North Pole)公司有一个标语,很好地概括了做这种审计的目的,那就是增长。

➤ **规模经济**:可口可乐不会平白无故地对规模经济痴迷,这是没有认真对待国家间差异的必然结果。就像很久以前没有认识到差异性的布鲁斯·科格特(Bruce Kogut)所说的,"当我们从国内来到一个国际化的环境时,什么是最大的不同……",答案是"唯一不同的是,世界更大了,因此所有与这种大规模业务相关的经济也必然受到影响"。[39]实际上,对规模经济的痴迷确实存在,而且有愈演愈烈的趋势。法里博兹·加达(Fariborz Ghadar)和我做的调查表明,超过3/4的管理者认为跨国公司规模的增长会导致销售商行业聚集度的提高。然而我们收集的数据已经显示,从平均数据上看,在18个全球性行业或正在实现全球化的行业里并没有出现这种提高。⁴⁰需要顺便提及的是,在我们的样本之外的软饮料行业确实显示出一种聚集度的提高,但这是唯一的例外。这说明其他行业信奉规模经济是个大错误。

➤ 无国界:很少有公司像戈伊苏埃塔领导下的可口可乐公司那样,宣布自己没有总部基地。但是确实有很多管理者认为真正的全球化公司就应该向着无国界的目标努力。他们冒着可能会非常失望的风险,因为外国的公司好像不可能摆脱他们外国的属性(详看第二章:外国属性的劣势)。对于像可口可乐这样似乎是美国代名词的公司,这的确是一个不折不扣的真理,尤其是在那些极度讨厌美国的国家。但是即使是那些来自于一直保持低调国际形象国家的公司也会遇到这样的问题:在丹麦的一家报纸刊登了先知穆罕默德的漫画后,中东国家开始抵制丹麦的产品。

➤ 到处建厂:很少有公司像可口可乐公司一样无处不在,但是仍然有许多公司表现得很急躁,因为它们认为真正的全球公司就应该活跃在所有的地方,但它们还没有做到。对于可以接纳"典型"跨国公司运作的国家数量的夸大的估计,进一步增强了人们对"无国界"理念的信奉。通常,美国的跨国公司仅在一个或两个国家运作,而且如果仅在一个国家,那么60%会是在加拿大,这一点似乎让管理界人士十分惊讶。⁴¹因此,由顶尖的战略顾问公司做出的"全球战略审计"在全球拓展框架的内容中更关注"何时跨国投资",而不是"在哪投资"。在这一点上,管理者们又一次得到了坏的建议。

➤ 集权和标准化:最后,如果你(作为一个公司的领导人)变得对"国界不起作用"的思想确信无疑,那么因为种种原因——从规模经济到完全不理解外国环境——你很可能就会把公司在国内使用的战略直接用到国外的竞争中。很多在国内取得成功的公司陆陆续续开始在国外发展,并且它们都十分迷恋自己原有的商业模式,这更加大了过度认可

第一章

"一致性"战略的可能性。而且,就算这种偏颇遭到了不友好现实的否定,也不足以将它全盘推翻。比如说可口可乐,尽管来自于市场的压力迫使它不断把品牌数量从 1960 年最初的几种增加到今天 400 多种,尽管它最获利的市场是在海外(日本),然而这些仍然不影响戈伊苏埃塔和艾夫斯特领导时期的可口可乐一直注重"集权和标准化"。

所以,虽然很明显在各方面可口可乐都非常与众不同,但是那些"普通"的公司同样会犯选择"放之四海而皆准"战略的错误。一些案例表明,可能有更多的现实的原因诱使它们这么做。

不幸的后果

正当可口可乐公司沉浸在戈伊苏埃塔和艾夫斯特的"放之四海而皆准"战略不能自拔之时,形势却在达夫特就任 CEO 的最初两年中从一个极端滑向了另一个极端。换句话说,可口可乐公司确实费时费力地制定了一个新战略,并用它发现了存在的问题,给出了纠正问题的良方,但是这个"纠正问题的良方"却矫枉过正了。

一个对于这种矫枉过正的解释是从情感角度出发的:如果你满腔热情地信奉全球化,并且已经失去理性,那么"全球化胡话"(globaloney)——在半个多世纪前克莱尔·布斯·卢斯(Clare Booth Luce)对温德尔·威尔凯(Wendell Wilkie)的"一个世界"观点的嘲讽——就是很自然的反应。

而另外一个解释是从政治的角度出发的:每当战略发生变革时,会出现什么现象?是人们开始翻旧账!自从总部到处都是满头稻草的老农之后(这是有人对达夫特领导下的可口可乐的戏谑),人们可以很容易就看出总部的能力已经被削弱,尽管那时地方还没有做好替代的准备。

因为上述两个及一些其他的原因,许多公司和可口可乐公司一样引火上身:它们先是被全球标准化误导,随后又急速转向极端的分权战略。

还有些公司则在绝望中彻底结束了所有的海外业务。这是为什么呢？原因之一是，它们不具备可口可乐公司所享有的那种巨大的跨国优势。其中的一些优势是一直举世公认的：可口可乐是世界上最有价值的品牌，主要相关产品可标准化生产，且处于稳定的行业中。其他的一些优势包括：比美国本土业务利润更为丰厚的海外业务，有利于标准化生产的强大的灌装厂网络，地理布局广阔且均衡——可口可乐是《财富》500强企业中为数不多的在三大区（南美、欧洲、亚太地区）均有不低于20%营业额的公司之一。

因为没有这些保障和实力，所以普通的公司可能会犯比可口可乐更大的错误，同时也更没有能力从错误中恢复过来。为了检验贵公司可能犯类似错误的倾向，请回答下面栏中的问题："诊断——贵公司对'全球化'的笃信程度"。

诊断——贵公司对"全球化"的笃信程度

下列那一条符合贵公司对全球化及全球战略的理解？在每一条后选择最相符的打钩。

	是	否
1. 全球化正使整个世界变成（近乎）完全的跨国界一体化世界。	☐	☐
2. 全球扩张是大势所趋，而不是可以选择的。	☐	☐
3. 全球化为我们提供了无限的发展机遇。	☐	☐
4. 全球化让产业更集中。	☐	☐
5. 真正的全球公司是没有国籍的。	☐	☐
6. 真正的全球公司应该在全世界参与竞争。	☐	☐
7. 全球战略主要是利用各个国家的一致性。	☐	☐

第一章

评分标准：每一次选择"是"就为你的公司加一分，然后把所有的得分加总。结果可以简化为代表美国本土安全管理危险信号的颜色代码。如果分数是0—1分，全球化的笃信程度很低（绿色）；如果分数是2—4分，危险度提升（黄色）；如果分数是5—7分，则极端危险（红色）。为了进一步解释分数，我将向读者介绍具体讨论这些内容的章节：

- 第1项已经在本章的前一部分做了介绍，在第二章还会被进一步分析。
- 第2项会在第三章被进一步讨论和纠正。
- 第3—7项，按照顺序已经在本章介绍可口可乐的战略时被讨论，第二章和第三章将对其做进一步解释。

文字游戏与亡羊补牢

抨击错误的观念和规避上述灾难所面临的挑战总是会因为一些蛊惑人心的措辞而变得更为艰巨。一个鲜活的例子便是（假装）顺应当时的变革潮流提出的一个标语——"心怀世界，立足地方"（Think global，act local）。这种文字游戏在不同的人眼里意味着不同的含义，可以说没有任何意义。因此戈伊苏埃塔可以用它来解释他在可口可乐贯彻的极端标准化和集权战略，尤其是在营销方面；而相信"心怀世界，地方营销"（Think Globally, Market Locally）的贝恩公司（Bain & Company）的总裁奥瑞特·格戴斯（Orit Gadiesh）却坚持品牌管理要"地方化、地方化、还是地方化"，这与戈伊苏埃塔的战略截然不同。[42] 所以"心怀世界，立足地方"的一个问题在于：它可以支持从极端地方化到极端标准化的所有战略，因此没有明确的内容。

"心怀世界，立足地方"的第二个问题在于：它认为制定全球战略就是在极端的地方个性化与极端的全球标准化中间寻求一个平衡。但是问题是,这两个极端之间没有足够的跨度充当连续统一体的两个边界,不足以构成一个战略的连续统一体。我们可以这样看,如果全球的市场是彼此毫无瓜葛,可以完全被区分的话,那么可能所有的国家都会使用简单的单国方法制定战略;而如果全球市场是一个整体的话,全世界就等同于一个大国家,因此单国的方法仍然足以胜任。因此,在这两种极端中间并不存在可以帮助制定应对海外复杂性战略的最佳参考点。

图1-2更清晰地表达了这一点,它说明全球化的中间水平即半全球化,会让人们在很多领域内发现公司的全球战略可能不同于仅在单一国家运行的公司战略。换句话说,本章开篇处对"半全球化"的经验之谈要比当时它所表现出来的更重要。"半全球化"把企业特殊的全球经营发展变成真正意义上的"战略"。

图1-2 独特的全球战略内容

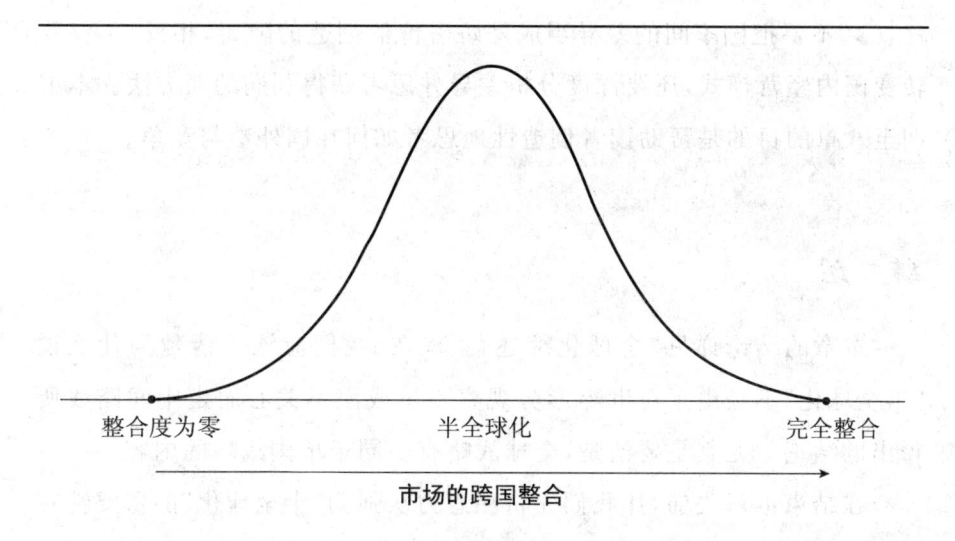

整合度为零　　　　　半全球化　　　　　完全整合

市场的跨国整合

机遇虽然很吸引人,但并不是唾手可得的。本书对此运用了一种分层的处理方法,并且从建立一些新的基础开始。因此,下一章会更加关注本质的问题,并在此基础上用跨国的经济活动来解释为什么国界仍然

第一章

影响至深。比起漠不关心的读者来说,抱有怀疑态度的读者数量可能更多,为了让这些读者更加信服,同时也是因为我曾经由于语义含混对"心怀世界,立足地方"进行过批评,因此此处对于一些章节预备了专门的推荐:

➢ 断定在你所处的行业中是什么导致了国家间的巨大差异——在文化、行政、地理和经济方面——是个关键问题,在这些差异中寻找不同之处:区分在这些关键点上哪些国家与你们公司总部所在国更相近,而哪些相差较远。这是第二章的内容。

➢ 不对利润进行预估,而是从比例和规模上分析不断增长的利润,或是干脆审慎地假设利润为零,同时还要透过总量、增长量和规模经济数据看到用来评价备选投资国经济价值的全部数据。这是第三章的内容。

➢ 不要把国家间的差异当成是妨碍价值创造的障碍,相反,不仅要转变国内经营模式,还要深度分析差异并思考获得利润的新方法。本书四至八章的目的是帮助读者创造性地思考如何在国外参与竞争。

结　论

本章的结论详见"全球化综述"。现在,我们应该很清楚为什么说"半全球化"不是由于对世界形势观察不足或漠不关心而走中间路线所得出的结论。尤其是要清楚,全球战略有不同于单国战略的内容。

在结束本章之前,让我们先将注意力从强调"半全球化"的重要性转换到认真地对待"半全球化"意味着什么上,这一点是非常有必要的。尤其是,我们要注意到"半全球化"观点是一种对于地方化行为和跨国间相互作用行为的综合认识,并且将国家间交往的障碍和桥梁考虑在内,而非仅将注意力集中到二者中的一个。换句话说,认真地对待"半全球化"就可以得出结论:企业制定决策的标准既不是"各自为政"也不是"一刀切"。取而代之的是,我们必须领悟到企业所处的真实世界位于"一个(孤立的)国家"与"一个(完整的)世界"之间。领悟到这一点并非易事,但是由此得到的回馈颇丰,包括制定战略的敏锐感觉。因此,"半全球化"既是一种挑战,同时也是对人们思想的一种解放。

全球化综述

➢ 世界的真实状况是"半全球化"。

➢ 在数十年内世界仍将维持"半全球化"的状态。

➢ "半全球化"的观点可以帮助企业抵制源于全球化预言的各种错误,它们包括:狂热增长、大规模标准化、无国界、盲目将触角伸向全世界和用一种办法就企图管理所有的国外企业。

➢ "半全球化"为解释跨国战略有区别于单一国家战略的内容提供了依据。

第二章　国家间的差异

CAGE 距离模型

没有陌生的国土，只有陌生的旅行者。
——罗伯特·路易斯·史蒂文森，《锡尔瓦多蹲坐的人》，1883年

第一章已经着重指出了真实世界的半全球化状态，在这个世界中，国界依然十分重要。本章将继续深入探究导致半全球化现象的原因，其中较明显的解释是各国之间存在着较大的差异，其次是如何思考这些差异。本章没有将差异与相似绝对对立化，而是给差异分级。其具体方法是，根据各国在一系列文化、行政（政治）、地理和经济（CAGE）因素之间的差异，来定义各国之间的差异程度。如此一来，CAGE模型就不仅有助于识别特定情景下各国之间存在的主要差异，而且根据模型中的关键因素，该模型还可以将那些差异较小的国家与那些差异较大的国家区分开来，进而可以考察它们之间的差异之中又有什么不同。

本章首先给出了有关谷歌和沃尔玛的两个案例，以此来解释CAGE距离模型中各因素的影响，然后根据系统证据总结表明，距离的多个维度在半全球化中依然起着很大作用。为了更好理解各国之间的差异，本章将这个系统证据巧妙地延伸到了CAGE模型中，站在美国的

第二章

视角上,通过对中国与印度的分析阐释了这个系统证据。随后,本章讨论了各国之间不同类型距离所带来的结果是如何受到行业特征的影响的。结果表明,CAGE模型通常只能适用于同一行业的比较分析,而不适用于跨行业的对比分析。最后,本章评论了CAGE模型的上述几个应用。除此之外,在本书第二部分有关全球化战略与具体战术的讨论中,也涉及了CAGE模型。

距离的两难困境

第一章所讨论的谷歌在俄罗斯和中国陷入困境的例子,已经多多少少谈及了CAGE距离模型中的所有要素:

➤ **文化距离**:谷歌在俄罗斯最大的问题似乎与俄语这一相对复杂的语言有关。

➤ **行政距离**:谷歌在中国与当地监管机构打交道时所遇到的问题反映了中国行政与政策体系与谷歌的母国——美国之间的差异。

➤ **地理距离**:虽然谷歌的产品都可以数字化,但是它从远隔千山万水的地方去适应俄罗斯的情况仍困难重重,而不得不在俄罗斯设立办事处。

➤ **经济距离**:俄罗斯支付系统落后,相对于俄罗斯本地竞争者而言,这也是谷歌在俄罗斯经营的另一个障碍。

如果再举一个整体上经营非常成功,但仍遭遇大量距离上的困难的公司的例子,我们可以考虑一下沃尔玛这家全世界销售额最大的企业。暂且不论其近期在劳动力和非市场方面的纠纷与困难,沃尔玛在其美国本土的收入可谓是少之又少。根据美国人口调查局的统计,2005年,沃尔玛在美国本土的销售收入为 2 400 亿美元，占美国零售额（除汽车之外）近 10%的比例。同年，沃尔玛的国际销售额为 600 亿美元，尽管远远小于本土，然而其总额和增长速度却都远超其他任何一家国际零售商。但是，沃尔玛国际零售的利润率却大大低于其在美国本土销售的利润率，这是为什么呢？

虽然其中原因很多，可在这里我留意到：沃尔玛没有考虑到广义的距离因素。数年前，沃尔玛的 CEO 李·斯科特（Lee Scott）曾被问及沃尔玛的国际前景，他当时回答道："当我们离开阿肯色州到像阿拉巴马州（距离阿肯色州 600 英里）这样的地方时，人们说我们会陷入困境，会需要费些周折。我们甚至聘用了一个人专门负责处理阿肯色州和阿拉巴马州之间的文化差异。后来，我们又被告知我们的方法在新泽西州或纽约是不会成功的。"[1]

李·斯科特言中之意很明了：尽管存在种种猜疑，我们的经营模式在本国却运转良好，所以它同样也会在国外取得成功。其言外之意是，沃尔玛可以将其核心经营模式从美国移植到国外，而且其在与美国相似的国家会比在那些与美国差异较大的国家运营得更好。

我们看一看沃尔玛在 2004 年主要国际市场中的赢利水平。图 2-1 中的数据表明，九个国家中只有四个国家的沃尔玛在当年会计利润为正，它们分别是墨西哥、加拿大、英国和波多黎各。[2]更有趣的是，这些赢利国家往往在文化、行政、地理和经济方面与美国相似，而其他不赢利国家则不然。

> 加拿大、英国这两个赢利国家与美国使用同样的语言，而其他非赢利国家没有一个说英语；加拿大、英国和美国三国具有殖民地—殖民者的纽带关系。

> 与非赢利国家不同的是，两个赢利国家加拿大和墨西哥与美国

第二章

拥有地域贸易合作伙伴关系,隶属于"北美自由贸易协定(the North American Free Trade Agreement,NAFTA)",没有一个其他非赢利国家在此之列。而第三个赢利"国家"波多黎各,按照沃尔玛的划分,是被官方认定的未被包含在内的美国领土。

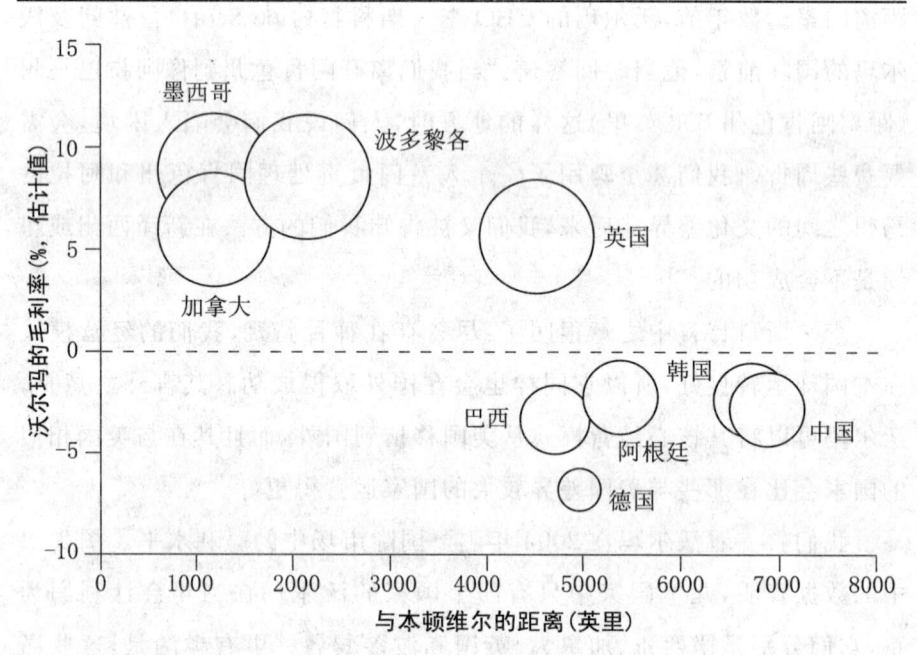

图2-1 2004年沃尔玛国际在各国的毛利率

资料来源:根据沃尔玛、墨西哥沃尔玛及中国商务部(2005年2月11日)的档案资料,BBVA、Retail Forward和Management Venture等公司的估计以及下面的文章绘制:Pankaj Ghemawat and Ken Mark,"Wal-Mart's International Expansion,"Case 9-705-486(Boston:Harvard Business Scholl,2005) exhibit 7。虽然这仅是一年的数据,且包含了一些推测在里面,但沃尔玛最终退出了两个图示的亏损国家——韩国和德国,足以表示这些数据的实用性。

注:圆面积的大小按照沃尔玛在不同市场的收入比例确定。

➢ 比起五个不赢利国家的首都,四个赢利国家首都的地理位置更

国家间的差异

靠近沃尔玛在阿肯色州本顿维尔(Bentonville)的总部;此外,加拿大和墨西哥与美国还同处于一个大陆。

➤ 经济的差异似乎也起着作用:虽然相关数据的数量还很有限,但是好像沃尔玛很难在非常贫穷的国家取得好的业绩。

在给出上述两个表明距离对业绩有消极作用的例子后,有必要补充说明一下:距离不总是不利的。例如,沃尔玛由于在中国购买低成本商品节约了更多的钱,这要比从它的国际供应网购买还要便宜——这就是利用了距离。这个例子和更广泛存在的套利战略(就是利用距离,而不是把距离当成需要调整或只能忍受的不利因素)将在第六章有大篇幅的讨论。至此我们所讨论的关于距离的话题旨在说明:距离确实应该被认真对待。

认真对待距离

更多系统的数据证实了距离可以起到很大作用。相关的证据十分庞大但却不为人所注意,其中包括许多关于地理位置作用的文献。但是,大量的文献都是关于近距离国家间的相互作用的(例如关于聚集经济的文献)。这些工作确实证明了地区差异存在广泛的重要性,但这仅仅是寻求对那些位置各异但彼此相似地区进行更合理分类的一个开端。为了更好地描述空间(和其他方面的)距离对经济的影响有多大,讨论所谓国际经济方面的"万有引力模型"会是一个理想的开端。

数字告诉我们什么?

国际经济学家借用牛顿的万有引力定律来描述国际经济间的相互作用。[3]因此,那种最简单的"国际贸易万有引力模型"意味着两个国家间

第二章

的贸易与它们的经济规模(各国的单方面特征)正相关,与它们之间的地理距离(国家间的共有特征)负相关。换句话说,正如人们所期盼的,在经济规模较大的一些国家之间必将产生更多的贸易,而它们之间的距离过大又将阻碍这种贸易。更为复杂一些的万有引力模型又在此基础上加入了一些非地理性的距离和除经济规模外的国家单方面特征。将这些模型套用到国际间的经济作用数据上,到底是想告诉我们关于我们所生活的世界的什么信息呢?

让我们首先关注国际贸易。合适的"万有引力模型"可以解释国家间贸易总量1/2或2/3的变化,作为经济模型这已经相当好了。纵观许多此类研究,我们发现经济规模增长1%将导致贸易总量0.7%—0.8%的增长。地理距离的影响效果则完全相反,并且相比之下要更大一些:两国(首都)之间的距离每增加1%通常会导致两国贸易额下降1%。换句话说,如果两个国家相距一千英里,其他条件都一样,那么它们之间的贸易量会是相距五千英里的两个国家之间贸易量的五倍。

其他跟距离有关的变量的作用可能更大。图2-2从这个角度总结了一些关于双边贸易的统计分析结果〔由拉吉夫·马里克(Rajiv Mallick)与我共同完成〕。[4]此图主要是说明具备表中所列的所有五个共同特征的两个国家,预计要达到其他条件相同但一个共同特征都不具备的两个国家之间贸易额的29倍(1.42×1.47×2.88×2.14×2.25)。

这种估计的象征意义远大于它的精确性,但是它所能够强调的结果却不亚于真实的案例。例如,加拿大虽然勉强挤进世界十大经济体之列,但是它与美国的双边贸易量却是世界最大的。两国地理位置上的临近是原因之一;此外,图中所列的五个共同特征中加拿大与美国具备四个,这也是原因。世界上还没有哪个国家具有如此条件。[5]

但是,加拿大与美国之间的贸易数据也恰好提醒我们注意到:经济的融合与经济完全一体化之间的距离还很远。事实上,对于美加贸易,经济学家真正迷惑的不是为什么两国贸易如此频繁,而是为什么两国没能进行更多的交易。为了找到答案,我们参考了更多的贸易数据。1988年,在加入 NAFTA 前,加拿大国内各省间的商品贸易水平据估计是其与美国同规模同距离地区的20倍。换句话说,"国内偏好"根深蒂固。而到了20世纪90年代中期,NAFTA 把"国内与国际贸易比"——所谓的"国内偏好度"——由 20∶1 降低到 10∶1,自此之后一直萎缩,但是现在比率仍高于 5∶1。需要说明的是,这一比率仅是针对商品贸易;对于服务贸易来讲,这一比率仍然很大。[6]

图 2-2 在双边贸易上国家之间共同点的作用

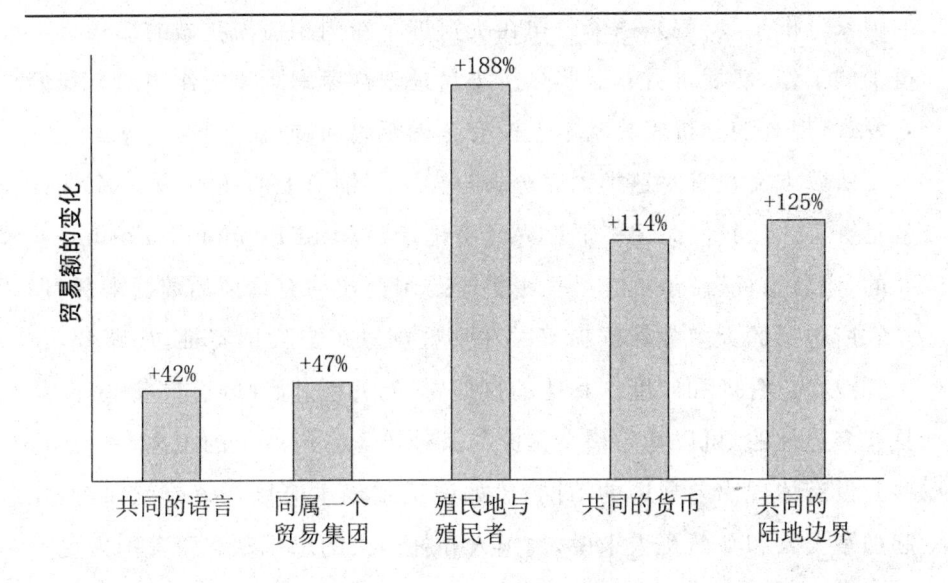

共同的语言	同属一个贸易集团	殖民地与殖民者	共同的货币	共同的陆地边界
+42%	+47%	+188%	+114%	+125%

(纵轴:贸易额的变化)

资料来源:Pankaj Ghemawat and Rajiv Mallick, "The Industry-Level Structure of International Trade Networks:A Gravity-Based Approach," working paper, Harvard Business School, Boston, February 2003.

因此,即便是对于无论从各方面看都很接近的两个国家,国家间的界限仍然明显。再强调一遍:我们生活在一个"半全球化"的世界里。

第二章

除了国际贸易,其他与国际经济交往相关的数据也证实了距离的重要性,无论是地理距离还是非地理距离。所以,人们已经注意到距离在对外直接投资、股票交易、专利使用和电子商务交易中的巨大消极作用——尽管距离对它们的影响程度因其交易形式不同而有大有小。[7]另外,一项对19个独立统计研究所做的分析表明,并不像上文加拿大和美国的案例那样,从总体上讲,在20世纪距离仍然很重要,它的重要性并没有降低。[8]

国家分析框架

上述证据表明,距离的作用可能很大。因此,让我们考察一下现有的国家分析工具,就是一个公司在决定进军新国家前需要做的那些必不可少的工作,然后再看看这些分析工具是怎样考虑距离的作用的。我们会发现,现有的分析工具基本上没有考虑距离问题!

所以本文没有对这类国家分析框架进行细节上的评述,举一个例子就足够了。[9]让我们关注一下世界经济论坛(World Economic Forum)发布的"竞争指标"。虽然它是一个关于跨国公司的有价值的数据来源,但是它所包括的大多数数据项仅关注那些国家单方面的特征,如财务、技术、劳动力、管理和制度。其他的数据项,如关税、隐性的进口壁垒等,是具有多边性的,可以衡量一个国家与其他国家在行政上的距离。但是这些并没有体现出差异中的不同,比如说沃尔玛本应该在事前就知道:比起加拿大人和墨西哥人来说,德国人和韩国人的思想观念跟美国人更有差距——看到图2-1描绘的情况后沃尔玛不得不退出了这两个市场。要想事先熟知这些,我们就应从双边的角度衡量距离。

"竞争力指标"可以很好地代表其他被广泛用于国家分析的方法,这种方法认为可以依据相同的准绳,单方面地一个国家接着一个国家地分析。可是,采用这种方法的问题在于:各国本应该被当成镶在同一张网上的相互之间距离不等的节点,而该方法却把国家当成互不关联的目标。在常见的单边和多边的国家特征中加入对能体现这种差异的距离的双边分析是用于国家分析的"CAGE模型"的一大特色。

需要注意的是:双边分析建立在本国与其他被分析国的差异的基础上,就是说,双边分析是定位于本国总部视角上的分析。第一章为设立跨国公司基地的类型,并为推翻无国界谬论提供了部分理论基础。从经验上来说,清楚地分辨出一个跨国公司的总部并不是什么难事,而且在近几十年内可能已经变得更简单,因此虽然在少数几个案例中这成了一个问题,但这并不妨碍我们继续剩余的讨论。[10] 通常情况下,对实现"公司出身地应该会影响跨国目的地"这一思想而言,跨国公司总部或其他某些活动基地至关重要。

国家层面上的 CAGE 框架

正如我们所看到的,CAGE 框架是由四个重要的距离要素的首字母组成:文化、行政、地理和经济。这四个要素对距离的影响通常是交织在一起的。例如,很难想象会有两个国家在行政上过分密切,除非二者在文化、地理和经济上也同样亲近无间。但是区分四个要素也是十分必要的,因为它们各有侧重,而且存在不同的挑战和机遇。此外,这四个要素还提供了一个有用的方法。利用这种方法,我们可以对某些特定国家在跨国往来活动中的单方影响进行归类,也可以对某对儿特定国家特有的双边影响进行归类。多个国家之间的多边影响也是如此。表 2-1 总结了这些影响,下文我们将分别对其进行讨论。不过,为了体现双边影响的新颖性以及万有引力模型的作用,我们将主要讨论两个国家间的双边影响。

在制定跨国战略时关注除地理差异外的其他因素的思想并不是什

第二章

么新理论。早在 30 年前就有这样的思想：要想进入国际市场，应先从"精神上"离你最近——"由于对文化和商业的理解和领悟不同而产生的国家之间的距离"最小——的国家开始。[11] 但是 CAGE 模型对距离有更宽泛的认识，而且有更坚实的实践基础。

表 2-1 国家层的 CAGE 框架

	文化距离	行政距离	地理距离	经济距离
一对儿国家（双边）	➤不同语言 ➤不同种族；缺少民族或社会网络 ➤不同宗教 ➤缺乏信任 ➤不同价值观、规范和性情	➤无殖民关系 ➤没有共享的区域贸易区 ➤无共同货币 ➤政治对抗	➤空间距离 ➤国土不相邻 ➤时区不同 ➤气候和致病环境不同	➤贫富差异 ➤其他成本和质量差异： • 自然资源 • 金融资源 • 人力资源 • 基础设施 • 信息（知识）
国家（单边或多边）	➤与外界隔绝 ➤传统主义	➤非市场经济或封闭经济 ➤本土偏好程度 ➤无国际组织会员资格 ➤制度不健全；腐败	➤内陆地理环境 ➤内部不能通航 ➤地理面积 ➤地理偏远程度 ➤交通或通信网络较薄弱	➤经济规模 ➤人均收入低

文化距离

此处提到的文化指的是，在一个社会中由于人们相互交往产生的社会特征，这种特征不由（法律制定者和执行者的）政权所决定。国家间文化的差异通常会导致彼此经济交往的减少。其中语言的影响可能最为明显，见表 2-2 的第一项。还有来自其他领域的证明：比如说著名的国际失误，弗兰克·柏杜（Frank Perdue）的鸡肉广告结束语"只有硬汉才能饲养出这么嫩的鸡"（It takes a tough man to make a tender chicken）被翻译成西班牙语相当于"只有硬起来的男人才能把鸡搞得如此温柔"。实际上,类似的由于外国语引起的麻烦在市场营销的过失簿上总占有一席之地。[12]

其他可以被系统地衡量且妨碍国家间经济交往的文化差异还包括种族与宗教差异、缺乏信任和平均主义的变异(即由于滥用市场和政治手段而形成的社会排他性)。[13]还有一些文化特征非常特别(例如喜欢某种特定的颜色),甚至非常微妙,就连受它们支配的那些人也说不清楚。

表2-2 印度 VS. 中国:美国公司的视角

	文化引力	行政引力	地理引力	经济引力
印度	➢英语语言 ➢西化精英	➢同一殖民者 ➢同一法系 ➢政治友好 ➢长期风险较低		➢专业化劳动力 ➢利润率 ➢企业战略及升级 ➢软性基础设施
中国	➢语言和种族同质性 ➢海外华人	➢经商便利	➢较靠近美国西海岸 ➢较好的港口及其他基础设施 ➢东亚生产网络	➢较大的市场 ➢较高的收益 ➢劳动力要素和生产力 ➢容易获取资金 ➢供应链 ➢作为出口桥梁的外国公司

除了表现为文化差异的国际双边特征,单边的文化特征也会影响跨国经济活动。因此,具有特殊文化或较传统的国家会在国际贸易和国际投资方面相对闭塞,也就是说比其他国家更孤立,这一点很好理解。

两个国家交往频繁可能会导致它们对两国之间的文化差异不敏感。这种交往增加了两国之间的相互了解,"种植"了支持国际经济活动需要的制度和组织,使双方间文化的适应变得更加容易。广义地讲,两国在

第二章

价值、标准、倾向和一些单方面的独特特征上的差异,与语言、种族、宗教等方面的差异相比,似乎更容易被适应。

行政距离

行政特征包括法律、政策和制度,它们是政治发展进程中的代表性产物,由政府制定和执行;还包括国家间的国际关系(包括国际协议和国际组织),前提条件是这些关系被订立和支持它们的国家所认可。

行政和政治特征因为反映国际经济活动(包括具有殖民关系,同属于一个地区贸易集团,以及使用同一货币)而被"万有引力模型"所强调。图2-2的统计数据表明殖民者—殖民地关系能将双方间的贸易额增加近三倍,即使这种关系早在很久以前就断绝了。原因有很多,从对彼此文化的熟识到具有相同的法律体系。就FDI来说,考虑到系统数据的局限性,引用具体的例子可能更能说明问题。在1997至2001年间,随着欧洲大规模的区域经济一体化进入第二阶段,西班牙激增的FDI中近一半投向了拉丁美洲——是世界FDI投向拉丁美洲比例的十倍。这一点清楚地反映出:早在19世纪就终结了的殖民者—殖民地关系所导致的两国在行政(和文化)上的共性,在重要性上要远远大于两国在规模和地理位置上的距离。

优先贸易协定和通用的流通货币也可以促进国际贸易,如果二者能够同时满足,甚至比殖民关系对贸易的影响力度还要大(仍见图2-2)。近半个世纪以来,欧盟的一体化可能是致力于拉近贸易伙伴国间行政距离的最好例子。相应地,如果两国的关系不好就会增加它们之间的行政距离。印度和巴基斯坦虽然具有相同的殖民历史,还处于同一个大陆,使用相同的语言,但是两国之间长期的历史关系意味着两国的官方贸易额要比用"万有引力模型"推算的两国之间贸易额的1/10还低。由于受到诸如迪拜海港世界公司被迫放弃五个已经到手的美国港口枢纽设施这样紧张局势的压力,来自于中东方面的投资开始远离美国。

上述两个例子表明,通过国家单方面的作为,行政距离就会被增大或减少。事实上,国际贸易中的一些障碍是由个别政府的政策所造成的。在某些情况下,有些公司遇到的最大困难往往来自于国内。例如,来自于经济合作与发展组织(OECD)成员国的公司,就既要应对国内对贿赂的明令禁止,又要严格遵守相关的健康、安全和环境标准,这些都会影响它们的国际运作。但是,通常都是目标国政府对外资设定种种障碍,如配额,对FDI的约束和限制,以及以补贴和政策倾斜的形式向国内企业提供帮助等。

上述所有例子都体现了国家政府是有足够能力影响结果的。但是如果目标国家制度基础设施很薄弱也会妨碍跨国经济活动。例如,许多公司都会避免在充斥着腐败、无法律保障或是社会动荡的国家做生意。(一些证据表明,这些消极的当地环境如果不加制止,会比其他显而易见的行政限制对贸易产生更大的抑制作用。)相反,如果一个国家的制度基础设施很完善,那它与世界融合的程度就会很高。

地理距离

虽然也存在一些人类的干预,但是可以影响国家经济活动的地理条件大都是源于大自然的安排。作为CAGE框架的一部分,很多人听到世界距离首先想到的就是它。人们通常很关注有形距离,因为人常识认为,在其他条件不变的情况下,一个国家离自己越远,在那做生意就越难。

但是地理距离远非两地(比方说两国首都)之间的有形距离那么简单。其他的地理因素也必须被考虑进来,包括是否在同一大陆以及时差和气候的差异;从单方面看,还包括有无海洋,地形如何,国内到边境的距离等。〔这让我想起加拿大前总理威廉·麦肯齐·金(William

第二章

MacKenzie King)的抱怨之词:"我们什么地理环境都有。"此外,人造的"地理"条件也应该被考虑在内,比如国家的交通和通信基础设施,虽然它们更多地被当做经济特征。

有形距离的影响值得被格外关注。较长的有形距离所带来的最显著影响就是提高实际交通成本。当然比起 FDI 来说,距离对国际贸易影响更大,这就是为什么随着距离的增大更多的人放弃国际贸易而选择在外国直接投资的原因。但是"万有引力模型"也指出:随着距离的增大,FDI 也在减少——这将有形距离提升通信成本和交通成本这一事实显现无疑。在那个关于谷歌的例子里,谷歌公司为了提升对当地的反应速度和了解程度,不得不在俄罗斯设立了办事处。

还觉得不够深入?那就在思索地理因素对跨国经济活动的影响时,把"信息地理"和"交通地理"也考虑在内吧。

经济距离

经济距离是指影响跨国经济活动的国家间经济机制方面的差异,有别于前面提到的文化、行政和地理因素。在这一点上,"万有引力模型"不仅关注经济规模(经济规模越大,对外贸易总量越大,但贸易在 GDP 中所占的比例越小),而且还关注人均收入。富有的国家总是会比穷一些的国家进行更多的跨国经济活动(相对于它们的经济规模)。而且人均 GDP、国际贸易和投资额三项中任意两项的正相关关系都表明:富有国家的大多数贸易是同其他富有国家发生的。

当然,较高的人均收入意味着较高的劳动力成本。这两项指标都既可以直接来分析,也可以依据一定的标准分解后进行分析,例如依据不同的技术水平或受训种类。用于生产的其他要素的成本和质量也可以按照这种方法分析,包括土地、自然资源、资金和更高级的"人造"资源(如基础设施和知识)。

最后应说明的是，"富对富"和"富对穷"两种贸易通常与不同经济职能的绩效相关（尽管不是完全相关）。特别是，富国与穷国发生贸易通常是出于"套利"的原因，即一个公司决定是购买还是出卖并不以国内市场为依据，而是看国外需求，从国际获得利润。尽管文化、行政和地理方面的差异也可以成为套利的基础，但经济方面的套利尤其重要，第六章会对此进行讨论。所以这一点提醒我们：虽然总体上距离对跨国经济活动起阻碍作用，但在某些特殊情况下，它还是能起到积极作用的。

一个国家层面上的例子：从美国的视角看印度与中国

让我们用CAGE模型来检验一个我时常被问及的现实的例子：美国公司是如何比较看待印度和中国的。[14]详细的总结见下文及表2-2。

文化因素：印度的文化根源更接近于美国，这一点从印度人能够更加熟练地使用英语可以看出。印度人口中能够使用英语的大约有1亿—3亿，就算按照最低水平估计也要比中国懂英语的人数多。但是人们普遍认为，中国的优势主要在于海外侨民的规模及从商的倾向。虽然印度到美国的侨民近来也开始增多，尤其是受教育程度更高，但更多的人从事的是技术领域的工作。

两个国家的单方面文化特征会对贸易产生什么样的影响，对此还没有什么清晰的结论。在语言和民族上中国更具有同质性，但是这一点是有利于发展还是更易导致封闭自守仍存在争论。虽然在印度的很多地方，阶级性和等级制的社会结构应受到谴责，但是已经西方化的印度精英应该还是能够巩固印美之间的经济关系的。

行政因素：共同作为英国的殖民地让印度和美国有了很多共同之处。其中最重要的一点就是二者的法律体系都是基于英国的普通法系，看重以往的判例和案件的适应性。而中国的法律体系来源于德国，属于

第二章

民法法系,强调已成文的法规的绝对性,因此不需要每次都通过法理推理本末。此外,印美之间的政治关系更为密切。虽然情况总会改变,但是可以肯定的一点就是中美之间政治上的微妙关系仍会持续几十年。

如何看待两国各自的行政和政治因素对于它们与美国贸易关系的影响,在于我们使用什么样的时间框架。从短期看,跨国公司可能认为在中国会遇到更少的行政和政治障碍,中国的经济特区和特别行政区如香港,还有近来中国给予它们的令人满意的优惠税率是让它们产生这样想法的部分原因。但是从长期看,在建立健全法规,保护私有财产,重组破产的国有企业和银行,处理政治改革方面,比起印度,中国要面对更大的挑战。

地理因素:印度的钦奈(Chennai)到加利福尼亚的长滩——美国最繁忙的集装箱码头——要比从上海到那里远60%。但是较长的运距只是印度物流业存在的一个问题。印度的港口效率低下,行动迟缓,将估计的海运到美国的订货至交货的时间(lead time)延长到6—12周,而在中国仅需2—3周,这一点印证了印度相关基础设施落后的状态。

另外还有一个重要的地理因素:中国是发展中的东亚区域经济的动力,拥有着众多的地缘伙伴国家,这些国家占到了投入中国的外国直接投资额的一半以上和出口总额的3/4。中国与美国的贸易关系是非常深入的,而且一些领域的广泛网络进一步加强了这种关系。相反,印度在经济上并非定位于区域,它与其南亚邻国的贸易总量不超过其贸易总量的5%。

经济因素:在这一点上,单方面的因素值得格外的关注。据报道,中国的经济规模是印度的两倍还多。此外,中国"收入弹性"产品的市场是印度的五倍大,这反映了更多的人均GDP所带来的效应。虽然在一些高端领域(如富有经验的管理人员和英语水平高的大学毕业生)中国落后于印度,但是中国的劳动生产率更高,劳动收入也更高,而且中国的工人大都受到过更好的教育。迄今为止，中国在将劳动力从农业再分配到工业上，以及调动更多的国内资金方面已经取得了更好的成果。中国官方公布的储蓄率是 GDP 的 40%—45%，而印度只有 20%—25%。[15]

中国拥有大量资金的一个不利之处在于资本的回报过低且易于导致过度投资，尤其是在基础设施和建筑业方面，因为中国的公司并不注意自我克制。而印度的公司则一直获利丰厚。此外，比起中国政府极力打造世界级公司，印度最优秀的企业所获得的来自政府的支持明显要比中国的公司少。因此，印度公司的行为通常更为理智，较少使用资本密集型的方式。

外国企业占到中国工业产值的 20% 左右，印度的这一数据要小于中国。外商投资企业对中国的出口有着巨大的影响：在出口品中，外资企业的份额通常都超过 50%，在某些高附加值行业甚至高达 80%。由于在印度的出口总额中外国公司占不到 10% 的比例，而且印度的出口额最近也才是中国的 1/10，所以从中国出口的外国公司名义出口额是印度的 50 倍。这些数据也说明了这两个国家供应链发展的相对水平。

概括来讲，对于有着一般目的的美国投资者来说，中国似乎在地理和经济领域比印度更有吸引力，但是在文化和行政方面却不如印度有吸引力。

对于这个空洞的结论，我想增加四点详细补充。第一，角度的选择是关键。对于西欧国家来说，这种对比结果可能会不一样：在地理距离上中国更远，但是另一方面，印度英语的优势则不那么明显。比起中国和印度，东欧和北非可能是更好的海外选择。

第二，中国和印度都是大国，其国内差别都较大。例如，两国的沿海区域都比内地更具经济活力，因此也可以把 CAGE 模型像应用于国际一样应用于国内。所以我们看到在印度，玻璃制造商圣—蔻班（Saint-Gobain）是在南部海岸而不是北部地区，击败了老牌的外国竞争者。

第二章

第三，中国和印度之间的很多对比都是围绕着表2-2的最后一栏进行的，尤其是关于中国拥有更大的市场和更高的劳动生产率这些内容的。但是表2-2提醒我们应该把视野拓展得广一些，这其中最意想不到的结论是印度与美国在文化和行政方面的相似。这并不是偶然，文化和行政是最容易被忽略的两个CAGE参数。

第四点是第三点的一个合理补充。如果要投资到"对文化和行政差异更敏感的行业"，印度可能比中国更有吸引力。软件服务行业就是一个很好的例子。从文化上讲，这是一个英语能力格外重要的行业，而且在美国的印度侨民会产生直接的帮助——据报道，他们的数量大概占硅谷技术类企业从业人员的1/3以上，并且在那经营着10%的新技术风险企业。此外，到美国的地理距离可以忽略不计，特别是自从离岸业务活动得到发展以后；而且印度从它庞大的大学毕业生人才库中也可以获得经济上的回报。结果是：印度占据了美国离岸软件服务业超过2/3的份额，而中国仅占了约1/10。[16]

关于软件业的例子直接引出了行业层面的CAGE分析，下面将对此进行讨论。

行业层面上的CAGE框架

对于一个进行组合投资的投资基金来说，"中国相对于印度**在整体上具有多大的吸引力**"这一问题的答案就足可以让其满意。但是很多比较这两个国家的企业管理者们可能需要从特定行业的角度进行对比。在这种情况下，要从行业的特点出发考虑两国的差异所产生的影响，在制定公司战略的时候这些必须被考虑在内。表2-3总结了对于每一个距离要素格外敏感的行业并且给出了例子，后文会对此进行详细解释。

表 2-3　行业层面的 CAGE 框架:敏感性相关因素(括号内为举例)

文化差异	行政差异	地理差异	经济差异
下列情形下,文化差异最重要:	政府参与较多的行业:	下列情形下,地理因素更为重要:	下列情形下,经济差异影响最大:
➢产品包含大量语言性内容(电视节目)	➢大宗商品生产商(电器)	➢产品的价值重量比或价值体积比数值小(水泥)	➢需求随收入水平变化(汽车)
➢产品带有文化或国家标志(食物)	➢其他授权产品生产商(药品)	➢产品易碎或易腐(玻璃、水果)	➢标准化经济或规模经济有限(水泥)
➢产品特征在下列方面不同: • 尺寸(汽车) • 标准(电气设备)	➢大型雇主(农业) ➢政府大型供应商(公共交通) ➢国家领军企业(航天)	➢本地监管和经营要求较严格(许多服务行业)	➢劳动力和其他要素成本差异突出(服装) ➢分销或业务系统不同(保险)
➢产品带有国家特有的质量特征(葡萄酒)	• 国家安全命脉(通信) • 自然资源开采者(石油、矿产) • 沉没成本较高的行业(基础设施)		➢公司需要作出快速灵活反应(家电)

文化敏感性

哪些产品和服务对文化的差异更敏感?我们之前已经讨论过,语言是文化差异中的一个关键因素,因此语言敏感性是一个显而易见的判别指标:语言差异对软件行业和电视节目制作行业的影响要比对诸如水泥这样的行业大得多。同样,任何一个人都可以想到一些特定民族才需要的产品,这些产品就对种族的差异有着很强的敏感性;还有一些产品深受宗教差异影响。跨国的统计回归分析还表明,食品也属于对文化差异敏感的产品,这部分是由于种族和宗教的关系,部分是因为通过食品可以看出消费者的社会背景和地位。例如,美国人认为大米就像面条和土豆一样是日用品,但是对日本人来说大米意味着更多。

行业层面上的其他文化差异部分源于经济的差异,因此不容易被识别。例如,日本人更喜欢小一些的汽车,这反映出日本的社会规范和日本人对经济性和便捷性的考虑——由于日本国土有限,因此他们格外懂得珍惜。

最后,尽管前文在国家层面上对文化的讨论指出,文化差异往往会阻碍跨国经济活动,但是在某种程度上,从行业层面来看,这种一般趋势是可以抵消的。其中主要的抵消力量就是产品原产国的"纵向差异",这种差异会让不同国家的顾客对于哪个或哪些国家的产品是最好的这一问题有着不同的看法。例如,顶级的法国香槟作坊业已表明,你可以用"本地优良标志认证"来拓展全球业务。从迪士尼到牛仔裤,美国通俗文化的缔造者也同样证明了这一点。这提示我们:强烈的原产国效应并不必然与高质量联系在一起。

这两个关于"纵向差异"的例子(香槟和米老鼠)符合下面格言的说法:"有两种消费品可以畅销全世界:一种是奢侈品,另一种是年轻人的玩意儿。"对于分析在消费者喜好方面国外的变数,有两点可供参考:

➤ 将纵向差异与横向差异区分开。所谓横向差异是指不同国家的消费者对于同样的产品有着迥然不同的排序(也就是说,偏好是不同而不是相似的)。

➤ 从微观方面着手去分析,例如分析香槟而不是饮料类,或是选择关注烘烤食品(对差异较敏感)和含蛋白质食品如猪肉和家禽(对差异就不太敏感),而不是把这两大类都笼统地视为食品。

行政敏感性

行政差异通常是政府出于保护或管理国内行业的目的而形成的:当

地政府认为有理由进行干预,保护本地的行业使其免受外来竞争者的威胁,它们就会树起一个又一个障碍(例如关税、各种复杂的管制、本地法律规定)。通常当国内行业符合下列一个或多个标准时,政府就会制定这些行政障碍:

➢ 该行业生产生活必需品:政府非常可能因为某种商品是国民日常生活必需品而对该行业进行地方市场干预。例如,主要食品、燃料、电力全在这份名单上。

➢ 该行业提供与权利有关的商品或服务。同样,某些行业,例如医疗保健行业,提供那些人们认为依据基本人权自己是有资格享有的商品或服务。对于这类行业,政府通常会设定质量标准并对定价进行控制。

➢ 该行业从业人数众多。拥有庞大选民的行业,会经常受到政府以补贴、进口保护为形式的支持。例如,农民以及纺织和成衣工人。

➢ 政府的大型供应商。如果政府是它的主要购买人(例如,购买公共交通设备),必然有更大的政府干预的余地。

➢ 它被视为民族的"斗士"。有的行业或企业被认为是一个国家现代化和竞争力的象征。例如波音和空客在大型客机市场上的争夺,就在大西洋两岸激起了人们狂热的激情。这种行业所代表的不仅仅是工作机会或美元(或欧元)。

➢ 该行业关系到或被认为有可能关系到国家安危。政府会出面保护那些它们认为关系到国家安全的行业。美国最近关于迪拜海港世界(Dubai Ports World)公司的案例就证明了这一点;此外,反对中海油收购尤尼科(Unocal)也是出于这方面的考虑。

➢ 该行业掌控自然资源。另外的一个关于石油和天然气方面的例子是玻利维亚。最近,该国将其天然气储备重新归为国有,这说明一个国家的自然资源通常被认为是该国的财产,企图对此进行开发的外国公司被视为掠夺者。

> 该行业需要承担很高的沉没成本。一些需要大量的、不可撤销的、有着特定地域性的投资的行业（包括上面提到的一些重工业）一旦被投资，便极易受到政府政策的影响。

有一个行业在上述许多方面都有很高的得分，它也感受到了忽视这些因素所带来的痛苦，那就是电力行业——包括发电、输电和配电。电力行业作为19世纪末期重要的高科技领域之一，在早期一直受外国投资青睐。但是从俄国革命开始，直到20世纪七八十年代，由于这个行业中的外国所有者受到了明显的行政压力，"本国化"的潮流开始席卷全世界。

当全世界的电力行业开始解除管制时，对外国直接投资的兴趣开始复苏，反去全球化（deglobalization）思潮随之而来。结果造成了全世界范围内的投资泡沫，尤其是发电行业。[17] 在1992年到2002年的十年间，4 000亿美元的FDI催生了这个泡沫，造成了超过1 000亿美元的损失，原因主要在于当地政府要求重新谈判和收归国有，尤其是作为新兴市场的国家。很多国家会对行政安全做出错误的判断，因此如果说类似事件不会再次发生，那才是更让人惊奇的事情。

地理敏感性

哪种行业对地理距离最敏感？就贸易流来讲，答案是很明显的，那就是"价值与重量（或体积）比"低的产品（如水泥），在运输途中易损或易腐烂的商品（如快餐），或是对本地化经营要求很高的产品。

地理差异对跨国投资的相应影响很难说清楚，因为跨国投资即可以替代贸易又可以仅作为贸易的一种补充。研究人员认为，各地方在绩效和监管方面的较高要求既会导致FDI的降低（通过抑制国际贸易），也会导致FDI的增加（通过用直接投资代替国际贸易）。但是要知道，前文已经证明，有形距离对FDI及贸易有着全面的消极影响，因此贸易与FDI的变动趋势很可能是一致的。

有一个关于地理距离对FDI有重大影响的例子，就是西迈克斯（Cemex）。它是墨西哥的一个水泥企业，关于它我们在第三章还会有大篇幅的介绍。西迈克斯最初是通过进入新兴市场拓展国际领域的，当它开发完拉丁美洲的机会之后又进入了印尼市场。但是公司近来的许多动作表明，同时消息灵通人士也透露，它实际上已将重心重新转到西半球上，试图围绕着母公司建立一个地理要塞。

经济敏感性

为了从一个微观的视角站在行业层面看待经济距离，我们有必要为某个行业的某个代表性公司分解一下价值：一方面是供给方的成本，另一方面是需求方的购买意愿。微观经济视角会在第三章被详细说明，本章将讨论的是决定供求双方对经济距离敏感性的因素。

从供给方来讲，如果产品的成本结构由那些在不同国家之间绝对成本相差很大的要素来决定的话，那么这类产品受经济距离影响最大。虽然劳动密集程度高的产品与此最符合，但是半全球化的事实提醒我们：即使是资金这样的成本因素也会受到具体地区及相关因素的影响。

从需求方来讲，各国之间巨大的购买意愿差异（主要与人均收入有关），刺激了企业走出国门。但是当收入差异意味着人们在喜好产品种类上也有差异时，就会妨碍而不是有利于国际经济活动。那些对产品多样性、生产灵活性以及市场响应性都提出了很多要求的行业很可能在国际贸易中相对不活跃，因为这种行业的复杂性会导致成本上升。

对于某个行业是否具有经济敏感性，还有其他一些不太具体但很管用的判断方法。例如，经济距离所导致的各国之间在消费群体、销售渠

第二章

道或商业模式等方面的差异的程度,对于评定经济距离在行业层面上的影响至关重要。因此,一项研究表明,国内各个环节所获得的利润(国内运输、批发和零售的成本)对美国进口该项产品的影响要大于该产品国际运输成本加关税对进口的影响。[18]

让我们重新回顾一下:通常情况下 CAGE 模型对于行业层面也非常有用。换句话说,CAGE 模型的作用不仅仅是去识别国家间的差异,还可以从中发现什么差异对你的利益相关行业影响最大。这将帮助你把对问题的分析从宏观转向微观。

具体应用指南

如果将 CAGE 模型用于行业层面的分析,应用的领域很广泛。让我们把目光集中在最重要的五个方面上。

发现差异

CAGE 模型的用途之一就是发现关键差异。虽然这一作用看上去很显而易见,似乎根本不值得一提,但是关于星空电视台的案例让我们认识到对它的额外强调是有必要的。[19]

星空电视台成立于 1991 年,为亚洲 5% 的高端客户提供卫星电视服务。那时,把卫星当成巨型的传输天线正在逐渐消除传统地面传输设备要面对的地理差异限制。它的足迹遍布全亚洲,定位的目标客户是那些四海为家的社会精英——他们能付得起高额的服务费,也能吸引广告商,而且愿意收看循环播放的英语电视节目(这会节省星空电视台制作新节目的成本)。曾经打赌说卫星电视会取代有线电视的鲁珀特·默多克的新闻集团(News Corporation),完全被这种商业模式和在亚洲推行英语节目(特别是 20 世纪福克斯的电影和电视节目库的节目)的想法吸引住了。在1995年年中,它花了8.25亿美元从香港的亿万富翁李嘉诚那里买下了星空卫视。

到2006年,星空终于赢利了。然而对于新闻集团来讲,这好像是一次不理想的投资。原因与距离有关。卫星电视确实消除了地理上的距离,但是它并没有注意其他方面的距离。星空从一开始就忽视了这些,因此后来抱憾不已。

➢ **文化距离**:星空电视最初假设亚洲的观众会对英语节目满意,仅仅是因为它大多数的目标受众把英语当成第二语言。公司并没有注意到,一项现成的来自欧洲的调查表明:如果可以选择的话,观众还是愿意收看本国语言的节目,即使他们会说外语。

➢ **行政距离**:新闻集团对政治因素似乎太过忽视了,尤其是考虑到它还处在海外合作方通常都有自己的政治立场的这样一个行业中,而且电视对公众有着巨大的影响力。在购得星空卫视之后,鲁珀特·默多克对外宣布说:卫星电视"是对所有独裁政府的一个极大的威胁",因为它能让人们被真实的新闻包围。[20] 这种立场使得默多克的许多计划最终都流产了。

我的主要观点是:就像CAGE模型那样,将关键差异凸现出来是很重要的,因为在大千世界中,对于那些必须决定国际事务的管理者来说许多外国环境可能与他所熟悉的环境截然不同。在这种情况下,个人的经验就不足以应付。而如果细心关注CAGE模型的所有因素,类似的盲点就有可能被减少到最低程度。

了解外来者的劣势

CAGE模型的第二个作用是:可以纠正认为跨国公司必胜的观点。

第二章

通常,抱有这一观点的公司也具有我们第一章讨论过的全球化愿景。利用该模型可以发现各国间在对外国公司构筑障碍(相对于本地竞争对手来讲)方面存在的差异。[21] 对于跨国公司来说这是一次有用的检验,它们的本地竞争对手也同样适用。

对于跨国公司相对地方竞争者的所有劣势,表2-4提供了一份清楚全面的列表,有助于我们开阔思路和克服相信跨国公司的胜利是必然的这一错误思想。我们来看一看一个具体的美容产品的例子。以法国的欧莱雅(L'Oreal)和美国的宝洁(Procter & Gamble)为代表的不少跨国公司,最近几十年在全球标准化生产上收获了极大的增长,已经遍布了全球的主要市场。一个最大的例外就是韩国,那里的本土美容产品爱茉莉(AmorePaclic)占了当地化妆品市场30%的份额,而且一直赚取着这一行业全世界最高的毛利率,而它的第一本地竞争者占市场份额的8%,第一外国竞争者欧莱雅仅占5%。为什么跨国公司这样难以打开韩国市场呢?

对于这个问题,CAGE模型可以给出一些答案。首先,在展现自我的产品中,美容护肤产品是最易受文化倾向的影响的。韩国人对于护肤和化妆产品以及能体现不同亚洲人皮肤和美学理念的横向差异化产品十分着迷,尤其是在东亚市场美白产品很走俏。这些影响因素结合在一起妨碍了跨国公司全球化的生产线对文化的适应。此外,跨国公司还要面对额外的行政障碍,包括关税、有差别的产品管制和当地的抵制活动。例如,韩国化妆品行业协会发起的"韩国的产品更适合韩国人"运动。而且,从节约成本的角度来讲,跨国公司不能使用上门推销的销售方法,然而这在韩国却是非常重要的分销渠道,这使得跨国公司的产品只能在有限的高价位百货商店中销售,从而抵消了其规模经济优势。如果美容护肤行业的跨国公司想进入韩国市场或是想扩大在那里的经营,应该慎重考虑上述所有的内容,或者重新考虑是否继续留在那里。

如果想消除外国身份带来的麻烦,可能最明显的解决之道就是买下一个当地的竞争者。但是是否买断这家当地竞争者,要依据具体环境来决定。

表 2-4 跨国公司相对本地竞争者的可能劣势:CAGE 分析

文化劣势	行政劣势	地理劣势*	经济劣势
获得本地形象的劣势:语言、传统、身份(电视节目制作 VS.水泥)	东道国政府歧视外国产品或企业,通常最有可能出现在下列情形下:	较高的运输成本,通常最有可能出现在下列情形下:	成本劣势(劳动力、管理者、重组或适应成本)
迎合不同偏好的劣势(横向差异)	➢政府高度参与 • 规制(卫生保健)	➢价值重量比或价值体积比较小	供应商、渠道销售商、商业体系和管制差别方面的技能劣势
➢特殊品味(鱼肠、平角短裤)	• 采购或筹资(建筑) • 政治性强(电视广播)	➢运输存在危险(困难) ➢易腐烂变质	
➢不同设计(家电)			
➢不同标准(电气设备)	• 国家所有权(基础设施)	缺少或需要交通或通信基础设施	多样性/灵活性/快速反应方面的劣势
➢不同尺寸或包装(加工食品)	• 国家领军企业(航天工业)	当地监管要求严格	
➢目标细分市场差异(便携式收音机与录音带播放机:日本 VS.美国)	• 与国家安全相关的产业 ➢国内对输出产品有组织的抵制(农产品、纺织品)	当地对于价值活动所提出的其他业绩要求(许多服务行业)	易受全球定价挤压(母国股东不熟悉本地市场)
深爱本地产品	➢国家历史财物(国家资源)		残酷的优胜劣汰环境中的本地竞争效率;本地扩张稀释利润 后动者劣势
对外国产品的歧视性行为("买国产货"运动)	➢形成规模,具有突出地位,或具有战略性特征的产业(汽车)		
缺少社会联系或网络	➢资产专用性(基础设施)		对特定市场专注度不够

第二章

(续表)

与东道国政府的谈判受到世界其他地方活动的干扰	
多重管制要求	
	主客国关系担保
受母国有关健康、安全和环境问题的社会规范的影响	

* 这种地理劣势对国际贸易的影响要大于它们对国际投资的影响。

评估本地企业，对比外国竞争者

即使跨国公司确信在某个特定的市场它们会战胜当地的对手取得最后的胜利，对于来自不同国家的跨国公司，CAGE 也可以被用来判断它们的相对地位。例如，我们可以假设一个有趣的问题：如果菲德尔·卡斯特罗的时代过去了，古巴会发生什么事情？假设这个国家开放了，是欧洲还是美国会在古巴笑到最后？

当前古巴与欧洲的政治关系更好一些，而且这个国家与欧洲的一个国家西班牙，在语言和殖民历史上有着一定的联系。但是美国与古巴在其他方面上更接近一些。地理上的靠近就不用说了，在天气好的夜晚，迈阿密蓝紫色的灯光在哈瓦那的港口旁清晰可见。至少在某些文化因素上二者还是存在相同点的，例如古巴是喜爱篮球而不是英式足球的国家。美国把西班牙语作为第二语言，也抵消了西班牙的语言优势，特别是迈阿密附近，那里已经成为一个拉丁美洲商业的区域中心，尽管它并不在拉丁美洲。同时迈阿密还是数量庞大的古巴移民在美国的中心，这成为扩大两国交往的潜在渠道，虽然这个渠道现在还没有被很好地利用。

此外，虽然古巴并不是美国的殖民地（尽管有报道称美国企图买下这个岛），但是在卡斯特罗革命之前的几十年中，美国的大公司包括犯罪集团实际上控制了古巴的经济。如果卡斯特罗时代过去，这些公司对恢复以往巨大权力的兴趣会导致大量资产发生转移。考虑到这些原因，我打赌美国的公司一定会战胜欧洲的公司取得最后的胜利。当然，在美国没进入前欧洲人能保住先入优势的行业除外。

在行业层面上我们也可以按照前面讲过的理论进行分析。对于一些商业成功的最新报道证实了我们关于哪个国家的公司在哪个市场中会在行业层面上独占鳌头的预测的正确性。例如，在印度的美国公司作为一个整体占据了市场领先地位，的确比在中国的美国公司成功；而在墨西哥的美国公司则取得了更大的成功，在成功的速度和范围上甚至击败了西班牙公司。[22]但是注意到所谓"地头蛇"的优势后，我们必须要知道它们能够被其他因素打败，尤其是好的或糟糕的国际战略。

比较市场

CAGE模型还可以被某个公司用来对比不同的市场。由于这个话题的基本思想前面已经介绍得很多了，这里我会给出CAGE模型的具体应用，其中会涉及一个公司和两个市场——韩国爱茉莉化妆品公司对比中国和印度。

从韩国的角度看，中国比印度有吸引力。很明显，首尔到新德里有3 000英里，而到北京不到600英里。还要补充一下中国和韩国的历史渊源：共同的民族，体现在大量的相互移民；同受儒家和佛教的影响；古代的高句丽王朝，把中国最北边的边境一直延长到韩国；韩国使用中国的文字近1 000年。最近，韩国的电影、电视剧和音乐在中国受到了极大的欢迎，两国的媒体把这种现象叫做"韩潮"。

行业层面上，中草药理论对韩国草药的巨大影响加强了两国国家层

第二章

面的共同点(历史上,韩国就是中国中草药理论传入日本的一个中转站)。而在企业层面上,爱茉莉把人参、绿茶和竹液作为独家配方,也得到了中国传统的认可。在这些方面,印度和韩国并不相似,因此印度对韩国的爱茉莉公司来说是更大的挑战。

用距离进行修正

上面所讨论的例子都是定性的,但是在估计距离的作用时也有一些定量的方法。比如说公司决定在哪里投资时所使用的最常用的工具是国家投资组合分析(country portfolio analysis,CPA),其主要指标之一就是市场规模度量指标。不幸的是,这完全是一种我在第一章介绍并批评过的"市场规模歧视"型工具。有一种补救的办法,就是用距离指标来对最原始的直接度量市场规模和潜力的指标进行修正。虽然这种修正方法使用了近似值,但是如果国家间的距离至关重要,那么根据距离对数据进行一些修正总比根本不去修正强。

想一想百胜(Yum!)这个旗下拥有必胜客(the Pizza Hut)、塔可钟(Taco Bell)和肯德基等品牌的公司。它 1997 年从百事脱离自立门户。那时,它的国际化运作非常分散,在 27 个国家提供餐饮服务(尽管国际收入的 2/3 和利润的大部分仅来自于其中的 7 个国家)。此外,百胜较多的债务和有限的国际利润率让它投往美国国外的资金不足麦当劳的 1/10。所以百胜的领军人皮特·柏希(Pete Bassi)决定把它主要的股权资本投资市场的数量减少到 10 个。哪 10 个?

图 2-3 按照人均收入、人均快餐消费额和该国快餐市场规模(用圆圈大小表示),为百胜列出了 20 个主要的国际市场。按照这种国家投资组合的逻辑,应该挑选圆圈大且位于图中间和右边的国家作为它 10 个主要市场。但是要注意到,这种方法完全没考虑国家差异的影响!

国家间的差异

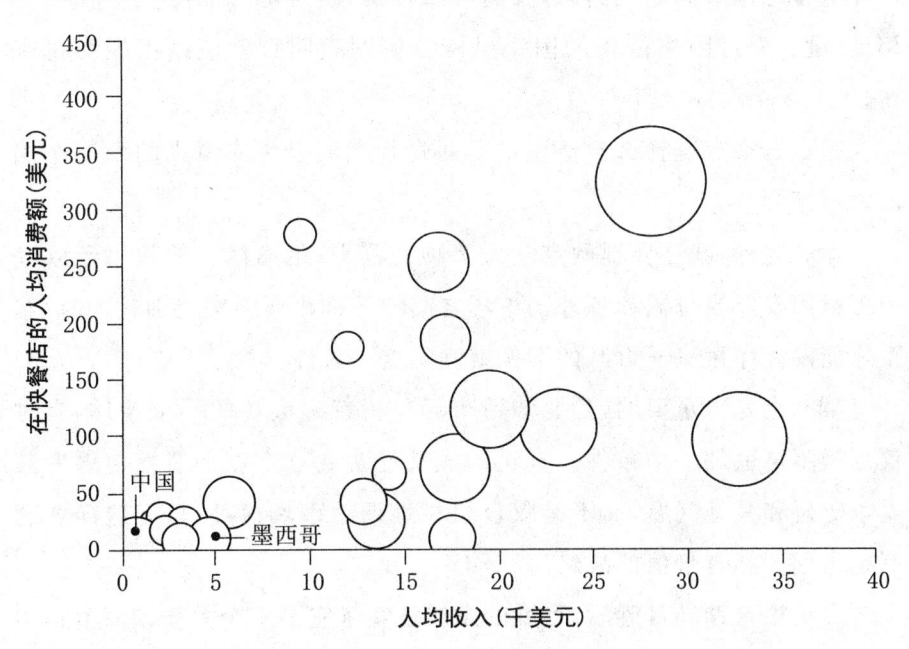

图2-3 大型国际快餐市场：人均消费额 VS 人均收入

资料来源：Pankaj Ghemawat, "Distance Still Matters: The Hard Reality or Global Expansion," *Harvard Business Review*, September 2001, 140.

为了知道国家间的差异可以产生多大的影响，可以参考一下墨西哥（图中已标出）的案例。在20个国家的快餐消费额中，墨西哥排第16位。[23]加之墨西哥人均收入和消费额较低，从表面上看，百胜应该退出墨西哥市场。但当用每个国家到达拉斯（百胜总部所在地）的地理距离修正它们的市场规模排位后，墨西哥的市场机会排名却上升至第六位。当考虑到墨西哥与美国有共同的疆界线（与美国不接壤被认为会使市场机会减半）以及墨西哥是NAFTA成员国的身份（非NAFTA成员国也被认为会使市场机会减半）这些因素时，墨西哥的排名则可一路攀升到第二位，仅次于加拿大。当然并不是所有的调整都是积极的，墨西哥与美

第二章

国没有相同的语言就会让它的排名降低一些。但是所有的信息很明显：合理地考虑国家间的距离后，我们可以看到，墨西哥的市场机会很大。[24]相反，没有经过距离修正的国家投资分析则表明百胜应退出墨西哥市场。

柏希的观点是什么？他说："墨西哥是我们最优先考虑的两三个国家之一。"

除此之外，我还要提两点注意事项。首先，距离修正的效果还取决于环境因素。当母国和各外国市场之间的各种距离因素差别较大时，修正才能发挥作用——百胜的案例就满足这一条件。

第二也是更重要的，是要知道市场分析仅是成功的一个条件，有时仅是微不足道的一个条件。真正的成功经常要求企业创造性地思考其竞争定位和其他问题，而不是仅仅机械地调整市场份额，只有这样才会制定出创新和有价值的战略。

自从柏希领导百胜后，百胜的发展证实了它是一个关于如何重建美国公司国外战略的好例证。1998年时，百胜在中国只有263家分店，到2005年已经增长到1 800家；而百胜（中国）现在的营业收入已经高于公司1998年所有国际业务的营业收入。百胜在中国的投资利润率超过了30%，相比较来说，公司的资本成本仅有9%；而且百胜现在把它主要的公司战略描述为：建立一个在中国占主导地位的品牌。这也表明：肯德基（中国）的目标是"像（在美国的）麦当劳一样大"。[25]让人如此瞠目结舌的成绩背后到底隐藏着什么？

简要地说，中国虽然发展很迅速但是这里仍缺乏一个人们支付得起的、临时的餐饮场所，尤其是质量有保证的餐饮场所。有鉴于此，百胜重新定位了中国的肯德基，增加了菜单品种，提供全面的桌面服务和良好的设施。百胜（中国）目前在这个急速发展的领域内还没有强大的竞争对手。

可能有人已经注意到,1998年的市场距离修正分析的理论预测仍与百胜(中国)实际的结果有分歧。按照预测的说法,中国几乎不可能挤进前10名之内,更不会取得这样显著的成绩。一般来说,按照距离进行修正是可行的。但是这种修正仍然需要考虑周全的竞争能力和其他战略因素对其进行补充,对此第三章及后文会有更多篇幅的介绍。

结 论

标题为"全球化综述"的文本框内归纳了本章的详细结论。虽然前面第一章在半全球化世界的基础上指出了母国和国外之间差异的重要性,但是本章在此基础之上更进了一步,不仅认识到了差异还更细致地认识到国家之间的差异程度是十分不同的。本章的关键创新之处在于介绍了CAGE模型,该模型用不同的尺度从双方的角度衡量了国家之间的距离以便发现"差异中的不同"。在传统的国家分析模式中加入双边差异衡量指标,这样我们就可以把国家看成是全球大网中的一个节点,各个国家之间彼此差异均不相同每个国家之间的距离都有不同。

通过对CAGE距离模型及其应用的研究,可以得出结论:认识距离并不是制定国际战略的全部基础——这也是为什么本书没有到此为止的原因。CAGE模型帮助我们绘制出企业全球蓝图。但是如何跨越国界进入蓝图胜景,我们需要对跨国的成本和收益有更细致的了解。例如,让我们再回想一下沃尔玛的市场进入决策。虽然我们已经得出了沃尔玛店铺的营业利润随着与本顿维尔距离的增大而下滑这一引人注目的结论(见图2-1),但是细细分析这种关系更有意义,从中我们可以发现:在赢利的非美国市场中,沃尔玛占其超过5%的零售额,而在非赢利市场,其份额却不足2%。很明显,沃尔玛的采购和物流模式需要较大的当地市场占有率的支持。于是问题变成:考虑到国家间的差异,在企

第二章

业战略和思路等已经确定的情况下,沃尔玛在某特定目标市场能获得需要的市场占有率吗?沿着创造价值的思路进行细致的分析和寻找价值创造的动力是第三章的主题。

全球化综述

1. 在半全球化的世界中,国家间的差异与相似点都应当被考虑到。

2. 国家间的差异与相似点对跨国经济活动的影响很大,而且这种影响似乎不会衰减。

3. 距离因素是衡量国家间差异与相似程度的很好工具。

4. 应当把国家间的距离视为一个多维概念,包含文化、行政、地理和经济四种因素,即CAGE模型。

5. CAGE模型非常适用于行业层面的分析,即行业不同会影响两国之间距离的重要性,或者说这种重要性会随行业不同而变化。

6. CAGE模型的用途包括凸现差异,了解外来者劣势,对比外国竞争者,对比市场和用距离修正市场规模。

第三章 全球价值的创造

增值计分卡

> 我认为,人类之所以遭受极大的悲苦是因为他们对事物的价值作出了错误的估计。
>
> ——本杰明·弗兰克林,"哨子",1779 年

第二章讨论了各国之间的相似与差异之处,并且提出了 CAGE 差异模型,从而帮助我们理解各国之间的这些相似与差异之处会对各国和各行业产生多大影响。本章将要讨论的是,在充满差异的世界里企业为什么要全球化。

本章首先简要评述了全球战略通常是怎么解释(或者未能解释)"为什么要全球化?"这个问题的。随后,本章引入西迈克斯(Cemex)公司的案例(总部位于墨西哥的一家跨国水泥公司,自 20 世纪 90 年代就成为了全球水泥行业的领导者),阐明了增值计分卡(它将企业在单一国家背景下的增值分析逻辑扩展应用于全球背景之下)在解释企业的全球化动因时的作用。本章不仅详细分析了这个增值计分卡及其各价值组成成分,而且还介绍了应用增值计分卡进行全球化分析应遵循的指导方针和需要解决的具体问题。最后,本章简单讨论了如何将这种分析用于解决

第三章

企业全球化战略的可持续问题,如何评价增值计分卡的分析建议,以及新战略方案是如何改进既有战略备选方案的。

企业为什么要全球化?

在企业全球化的研究者中,很少有人研究企业为什么应该全球化这个问题。尽管大家忽略这个问题有多种原因,然而其中最重要的也许就是大家大都相信全球化的预言,在这种情形下,这个问题自然也就没有什么意义了。

其次,过去的研究重点不在于此。20世纪80年代以来,在以企业视角来研究全球化的文章和著作中,有关全球化方式的讨论占据了主流,而对于全球化的原因则鲜有人提及。有关全球化方式的研究,具体内容包括如何整合地理位置分散的公司各部门,如何建立全球性的网络,如何发掘和培养全球化管理人才,以及如何建立真正全球化的企业文化。[1]而且,由于这些著作不是在研究企业的全球化组织问题,而是在研究全球战略问题,所以其研究重点主要是企业如何在国外开展全球化经营,这涉及全球市场的选择是否正确,国外收购是否合适,或者国外合作伙伴的选择是否得当等问题。[2]这些文献虽然解决了有关"在哪里全球化"和"谁在全球化"等重要问题,但是对"为什么全球化?"这一问题的讨论却没有多少。

再次,从实践上来看,人们总认为全球战略行动复杂多变,存在诸多不确定性,因而这实际上又变成了一个思想观念问题。已故的 C. 诺斯科特·帕金森(C. Northcote Parkinson)在自己的一个不太知名的定律(相对于著名的帕金森定律而言。——译者注)中首次指出,人作为一种动物总是好逸恶劳,总是习惯于在单一国家战略条件下进行较为简单的成本—收益决策分析,但是一旦需要进行大型复杂决策时,人们就会展现出非理性的动物精神(animal spirits),甘愿束手,裹足不前,因而企业

全球价值的创造

在制定全球化战略时需要更新观念。[3]

无论真正的原因是什么,当那些跨国企业或计划跨国运作的企业的主管被问及他们全球化的原因时,他们总是流于空喊口号而说不出所以然来。保罗·瓦丁(Paul Verdin)和尼克·范·赫克(Nick Van Heck)搜集汇总了一系列这种口号,要是不考虑它们一针见血地指出了企业对全球化原因认识的惊人现状,这些口号看上去还蛮有趣的(见图3-1)。

图3-1 国际化口号网络图

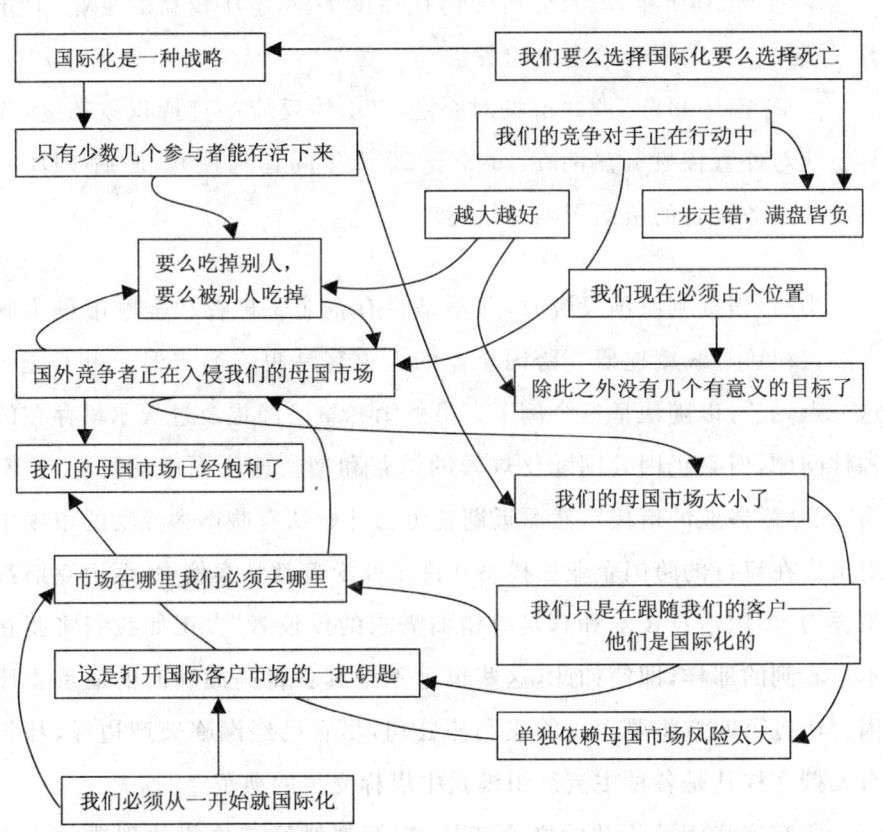

- 国际化是一种战略
- 我们要么选择国际化要么选择死亡
- 只有少数几个参与者能存活下来
- 我们的竞争对手正在行动中
- 越大越好
- 一步走错,满盘皆负
- 要么吃掉别人,要么被别人吃掉
- 我们现在必须占个位置
- 国外竞争者正在入侵我们的母国市场
- 除此之外没有几个有意义的目标了
- 我们的母国市场已经饱和了
- 我们的母国市场太小了
- 市场在哪里我们必须去哪里
- 我们只是在跟随我们的客户——他们是国际化的
- 这是打开国际客户市场的一把钥匙
- 单独依赖母国市场风险太大
- 我们必须从一开始就国际化

资料来源:Paul Verdin and Nick Van Heck, *From Local Champions to Global Masters* (London: Palgrave, 2001).

第三章

此外，对那些全球化经验不足以及目标不明的企业而言，这些口号不仅仅是一种警报。在此，我们可以回想一下第二章所讨论过的电力投资案例。在这场始于20世纪90年代初的大规模对外直接投资浪潮中，企业投资最终可谓是一败涂地。有人已经对1993至2002年间24家美国企业对外直接投资（FDI）的264个项目作了分析，这些分析表明：

➢ 位居高阶的企业（如那些董事会中有《财富》世界500强的现任或前任董事或高管的企业）大规模对外直接投资的动机特别强。

➢ 直到2001年，股票分析师仍在高度关注FDI较高的企业，并推荐股票投资者购买这些企业的股票。

➢ 截至1998年，股票市场对企业FDI的反应一直持积极态度，而且企业对外直接投资热潮在1998至2001年间达到顶峰，之后FDI对披露的财务报告的负面影响开始显现。[4]

当然，当提到跨国投资时，并不是只有企业管理者和金融市场头脑发热，盲目乐观，就连研究跨国企业的人也容易犯这类错误。为了证明这一点，我可以随便举三个例子。虽然第二章已经提及过沃尔玛存在的种种问题，但它仍因其国际化规模的扩张和增长速度而广受赞誉，被奉为"国际零售业的楷模"，然而近期它也已开始从有些不太成功的市场中退出。在流行的跨国企业教科书和许多商学院教学案例中，西迈克斯都被誉为"使用信息技术和满足分销商需求的佼佼者"。正如我们将要在本章看到的那样，即使如此，这些也远不是其获得高额利润的最重要原因。还有第四章将要探讨的飞利浦公司，尽管已经濒临破产边缘，却仍有人撰文称其是各种主流组织模式中堪称完美的典范。

所有这些例子的共同之处就是，它们都对经济价值的创造关注不够。换言之，从这些以及其他案例中我们看到：企业忽视了价值或者对价值分析得不够；把生存视为价值创造的代名词，或把生存视为考核企业绩效的指标。纠正错误的最简单方法就是，把企业在单一国家战略中被证明行之有效的以价值创造为重心的方法，应用到跨国经营中。虽然稍后本章对此将进行详尽论述，但是在论述之前我们首先举例来说明关注价值的重要性。

西迈克斯：通过在水泥行业的跨国扩张创造价值

水泥行业似乎最不具备全球化的条件。首先，就表明企业适合进行对外直接投资的两个先行指标而言，水泥行业的研发费用销售额比和广告费用销售额比都非常低。其次，水泥产品的价值重量比率也很低，加剧了地理距离对企业跨国经营的不利影响。而且，水运是水泥唯一最划算的长距离运输方式，但一旦在运输途中受潮，水泥就不能再用了。

尽管存在这些明显不利的基本条件，然而从20世纪80年代至今，水泥行业的全球集中度仍得到了大幅提高（当时五家最大的水泥企业仅控制了11%的全球市场份额）。由于水泥企业的跨国收购，这一数据现在已经接近25%。这意味着在我所收集数据的各主要行业中，水泥行业是全球集中度绝对增幅最大的行业之一！在此期间，水泥行业几大企业一直都是赢利的，依此来看它们好像都已找到了在跨国扩张中获利的方法。其中特别有意思的是西迈克斯公司。20世纪80年代末，它所有产能还都在墨西哥，当时连行业前五名都没有进，但是后来它却发展成为行业内第三大水泥企业，并且利润率高居各大水泥企业之首。西迈克斯是如何获得如此卓著的经营成绩，特别是全球化在其中起到了什么作用呢？

第三章

规模

扩大市场规模和争夺市场份额是人们用以解释企业跨国经营的最常见理由,当然这个理由也适用于解释西迈克斯的案例。我们可以对比分析一下西迈克斯与另一家总部也在拉美的水泥公司巴西的沃特兰亭公司(Votorantim)。1998年时,沃特兰亭比西迈克斯在规模上稍大一些,是当时世界第六大水泥企业。仅15年后,西迈克斯变成了世界第三大水泥企业,而沃特兰亭却下滑到了第十位。这期间发生了什么?简单来讲,沃特兰亭选择了横向多元化经营,进入了造纸、制铝和其他金属制造等行业;相比之下,西迈克斯却选择在多地域发展。从某种程度上来说,西迈克斯不得不跨国发展,因为墨西哥的市场规模太小(比沃特兰亭所在的巴西市场小得多),而且1989年时西迈克斯已经控制了墨西哥2/3的产能。因此,西迈克斯在本国已经几近饱和,几乎没有市场发展的空间了。

然而,简单地扩大市场规模并不能解释西迈克斯是如何能够保持高额利润的,或者从更广泛的角度看,扩大市场规模不能解释西迈克斯是如何能够通过扩张战略(依靠在其他国家收购现有水泥企业)而创造价值的。电力行业的对外投资者发现,单纯的数量式收购战略无法通过跨国经营中最基本的价值创造评估,即所谓的贡献度评估(better-off test)。也就是说,与各部门各自为政、独立经营相比,多地域部门之间的联合协作活动能够让各部门创造和获得更多的价值吗?除非答案是肯定的,否则通过收购来创造高额价值就只能寄望于价值转移了,也就是企业要能够以低于真实价值的价格买下所购企业的资产。诚然,如果果真如此,这倒是个好买卖,但这通常是行不通的,尤其是在考虑接管费用和交易成本时更是如此。

利润

对规模的讨论表明,为了应用贡献度评估方法,我们需要评价全球扩张是如何影响西迈克斯公司的利润的。我们将从一个比较图开始,分析利润以及价格和成本这两个与之紧密相关的因素,这对我们的后续讨论大有帮助。而且,这也是许多(也许是大多数)对西迈克斯案例的分析误入歧途之处,因为它们犯了一个简单而又严重的错误,即它们都是以价格为分母,把成本和利润表示成相对于价格的百分比,并以此来分析企业的利润水平的。这种错误分析的结果如图3-2所示:该图比较了西迈克斯与其最大的全球竞争对手霍尔希姆(Holcim)在未大规模多元化经营之前,各自的利润和成本在价格中所占的比重。这种分析的结果不仅表明西迈克斯的平均利润高于霍尔希姆,而且还表明西迈克斯的成本更低。

图3-2 西迈克斯 VS 霍尔希姆:占收入的百分比

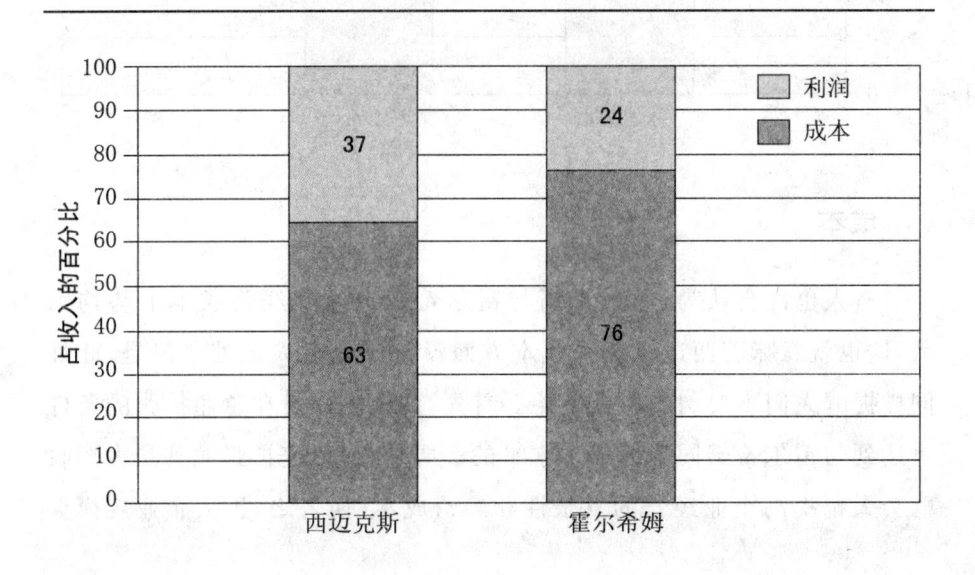

第三章

对于图 3-2 所采用的分析方法来说,其问题在于把成本和利润表示成收入的百分比,混淆了这两家企业的成本差异与价格差异。为了显示出成本差异和价格差异的重要性,我们可以选择以吨为分母,来比较分析西迈克斯与霍尔希姆的经济指标状况(见图 3-3)。这两个图的最大不同是,图 3-3 能够表明西迈克斯的优势来自于较高的销售均价而不是较低的平均成本!

图 3-3 西迈克斯与霍尔希姆:美元/吨

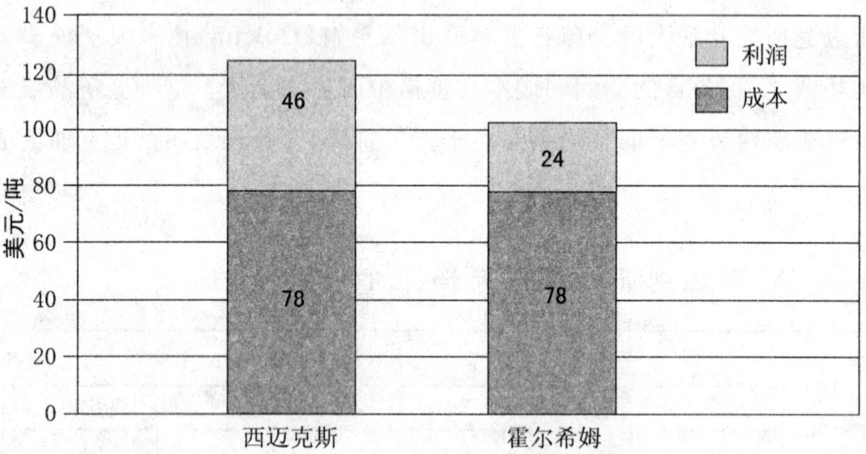

成本

有人也许会认为,西迈克斯与霍尔希姆在每吨经营成本上势均力敌,这也就意味着西迈克斯在成本方面没有什么过人之处。但是,此处同样提醒人们不要匆匆下此定论。首先,西迈克斯是在急速扩张的条件下达到与霍尔希姆同等的成本水平的。要知道,急速扩张尤其是大型收购会大幅提高企业经营的复杂性和经营成本(换言之,扩大企业规模会在中短期内增加成本),因此西迈克斯能够达到这样的成本水平实属不易。在这一点上,特别值得关注的是西迈克斯并购后的整合过程。在信息技术的帮助下,这一整合过程的速度大大提高,而且也更彻底。例如,在20世纪90年代初的两桩西班牙收购案中,西迈克斯花费了大约24个月的时间就完成了其经营平台标准化的整合;8年后,西迈克斯收购了美国一家更大规模的企业,而整合这家企业仅仅用了4个月的时间。

其次,在比较中,经营成本没有包括资金成本或融资成本,它们在资本密集型的水泥行业中占有较大份额。这些成本又是由加权平均资金成本(weighted average cost of capital,WACC)乘以每吨产能投资额计算而来的。西迈克斯的投资和收购成本似乎与其竞争对手旗鼓相当。但图3-4显示,从1992年到2003年初,西迈克斯所支付的资金成本呈现出较为稳定的下降趋势。

图3-4 西迈克斯的资金成本

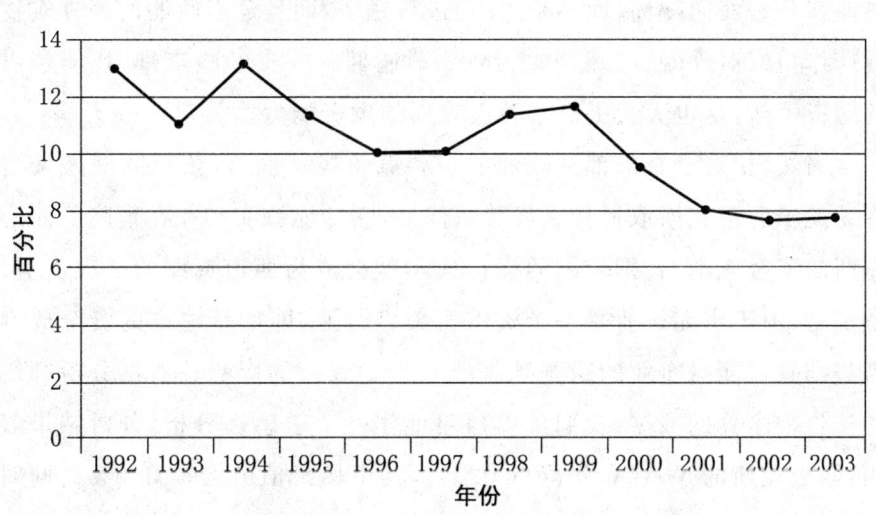

资料来源:"Cemex Financial Strategy," Rodrigo Trevino, CFO, July 3, 2003, presentation accessed from www.cemex.com.

第三章

图 3-4 中的资金成本曲线之所以向下倾斜,原因有很多,其中可能包括西迈克斯和一家墨西哥银行(于 20 世纪 90 年代初私有化的银行)关系密切,可以获得利息优惠。但是,此处我想把焦点集中到与全球化相关的因素上,其中有两个应该是 WACC 下降的主要原因。首先,跨越产品市场进行融资降低了西迈克斯现金流的波动性(下文"风险"一节会对此进行讨论)。其次,如西迈克斯 CEO 洛伦佐·赞布拉诺(Lorenzo Zambrano)所言,资本市场的全球化总是如影随形地伴随着(至少部分促进了)产品市场的全球化。当还是一家地方性企业时,西迈克斯基本依赖墨西哥本地的资金来源。不过,在收购了西班牙两家大型水泥企业之后,西迈克斯就开始利用其在西班牙的公司对其他新企业进行融资收购,这样可以享受西班牙的利息抵税政策(但是在墨西哥就不能抵扣)和投资激励政策优惠,而且利用发达国家的资产进行担保也降低了西迈克斯墨西哥总部的"风险"。20 世纪 80 年代墨西哥对外开放以后,尽管许多墨西哥企业都在争先恐后利用外资,西迈克斯却一反常规。西迈克斯早期就开始面向欧洲(而不是美国)进行融资,而且还以收购的海外实物资产作担保对外融资。除此之外,公司还拥有一支经验丰富、技能精湛的融资团队,这也大大提高了西迈克斯的融资能力。

当然,相对于总部都在欧洲的主要竞争对手而言,依赖欧洲融资也许无助于西迈克斯取得什么优势。但是,它却能够实实在在地降低西迈克斯的资金成本,否则较高的资金成本就会成为西迈克斯的一大劣势。特别是,由于水泥行业是一个资本密集型行业,即便是些许的资金成本劣势都有可能对企业的跨国扩张战略产生致命的影响。根据分析师们的报告中匡算的数据,我们可以粗略地作一个敏感性分析,分析结果表明,西迈克斯的 WACC 每降低 0.5%,其市场价值就会提高 5%。同时我们注意到,据西迈克斯估计,将收购所需资金的融资目标转移到西班牙后,西迈克斯的 WACC 降低了 2.5%!对比之后,我们就会发现西迈克斯选择在欧洲融资的举措是多么地明智。

价格与购买意愿

西迈克斯产品的平均定价要比其他主要全球竞争者高得多,这是西迈克斯与它们的最大差别。在收购地方品牌的同时,西迈克斯就开始引入国际化的西迈克斯品牌(即在袋装水泥上印上"Cemex"标志。——译者注),这也许是西迈克斯定价较高,特别是对销售给小型买家的袋装水泥(而不是大型买家的散装水泥)定价较高的原因之一。而且,西迈克斯受达美乐比萨(Domino's Pizza)的启发,在向散装水泥买家销售水泥时,承诺在15分钟内保证送货到门。公司此举降低了买家待料停工的高昂成本,从而提高了买方价值和购买意愿。

研究人员已经援引这些以及其他行动计划来说明,即使是像水泥这样高度同质化的行业,产品差异化也能起到很大作用。但是常识告诉我们,它们只能部分解释西迈克斯的水泥价格比霍尔希姆平均高出20%的原因。另外我们注意到:水泥行业的广告强度非常低;保留地方品牌又会进一步限制西迈克斯全球品牌的影响力;像15分钟送货承诺之类的主要行动计划也是最近才实施的,而且范围仅限于墨西哥国内总部。以上这几点都无法解释为什么西迈克斯定价如此之高。正如接下来我们要讨论的那样,真正提升西迈克斯价格的是其议价能力和市场力。

价格与影响力

产品的成本和购买意愿相同但是企业的定价却不同,在这种情况下人们通常会认为,这是企业影响力或议价能力存在差异的结果。西迈克斯之所以能够如此成功,这的确也是一个非常重要的因素。在选择收购其他企业时,西迈克斯要求非常严格。具体来说,在收购某些国家或地区的企业时,它要求这些国家或地区能够:(1)减少竞争者的数量;(2)在

第三章

竞争者中占据当地最大的市场份额；(3)控股所购企业。图3-5总结了西迈克斯收购的结果。

图3-5 基于国家或区域的西迈克斯公司的赢利能力（1998—2002年）

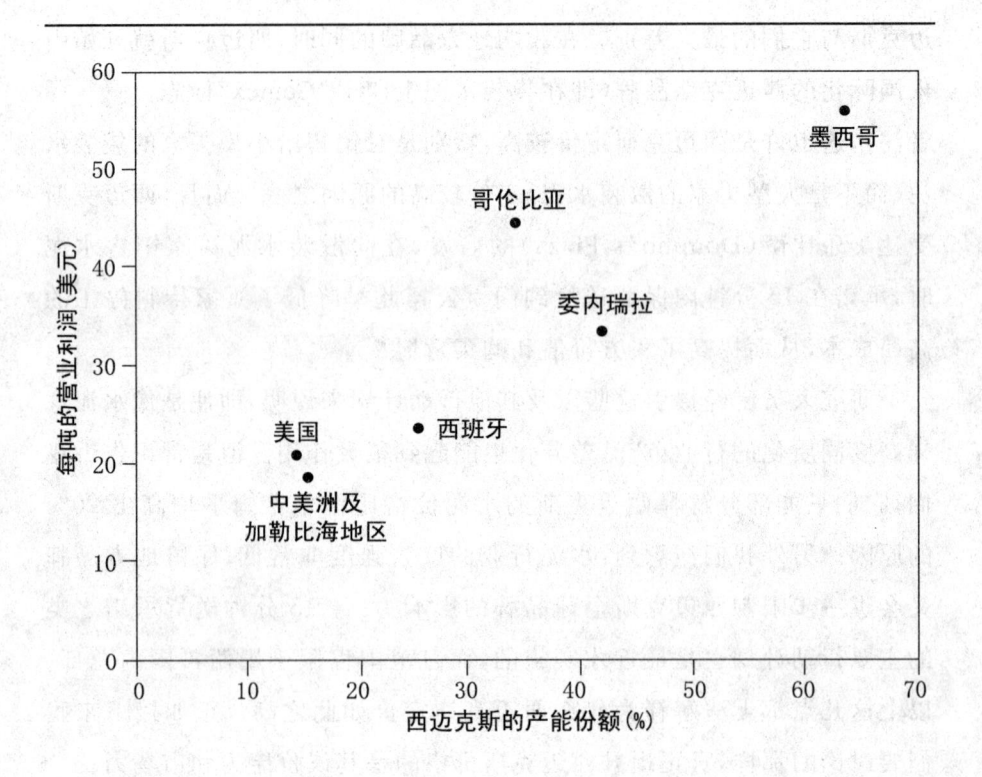

从图中我们可以看出，西迈克斯在主要市场中的营业利润与其所在市场的市场份额之间存在着明显的相关性。事实上，当西迈克斯整合某国市场时，该国市场中的其他竞争者往往也会受益，这就证明了这样一种观点，即上述这种相关性是因企业的议价能力而产生的，而不是因企业效率而产生的。例如在墨西哥，那些规模比西迈克斯小的竞争者也获利不凡。

一旦国内价格提高到某一水平，进口产品就会大量涌入，在这种情况下,即使西迈克斯在国内市场的地位稳如磐石,也不能保证企业的赢利水平不受影响。不过,西迈克斯还控制着军事战略家们所称的"战略海湾"(在世界范围内,西迈克斯拥有一个包括60个海港在内的海运网络),藉此它就可以影响其主要市场的水泥进口量,因而这个海运网络对西迈克斯来说起着异常重要的作用。单就西班牙沿海海岸而言,西迈克斯就控制了九个这样的港口。它们不仅有效地保护了其西班牙市场免受低价竞争者的入侵,而且还能间接地威胁到国外市场。卖家可以把产品卖出去,但是买家却很难将产品运进来。此外,西迈克斯还是世界最大的水泥贸易商(其所销售的大部分水泥都是由第三方生产的),这反过来又补充和强化了上述这种控制力。虽然水泥贸易本身不是一个非常赚钱的行业,但是销售其他人的产品却是将那些低价进口产品引出自己的主要市场的一个好方法。与此同时,在决定是否收购其他市场当地的企业之前,企业还可以获得大量经验。

颇有讽刺意味的是,正是这种低价的威胁才刺激了西迈克斯全球化的决心。特别是霍尔希姆于1989年在墨西哥的投资,促使西迈克斯于1992年开始重金投资西班牙市场(当时霍尔希姆已经在西班牙市场投入了巨额资金)。其中含义非常清楚:一旦墨西哥价格战爆发,那么另一场价格战同时也会在西班牙开打。结果,价格战并没有爆发。当然,此处需要指出的是,这种相互依赖(特别是与其他全球竞争企业)共同统治市场的行为已经引发了司法部门的反垄断调查和法律指控,而且有些调查和指控还在审理中。

风险

全球化还有助于西迈克斯管理和控制风险(而且如上所述,还有助于降低其资金成本)。水泥行业是由建筑行业来推动的,而建筑行业的特点是地方和区域的周期性很强,所以水泥行业也会受到这种周期波动

第三章

的影响。通过跨越周期不同的市场进行融资,西迈克斯才得以降低季度现金流量净额标准差:从1978至1992年间(收购西班牙两家公司的筹备阶段)的22%降低到了1992至1997年间的12%。全球化还帮助西迈克斯安然度过了墨西哥20世纪90年代中期的那场货币危机(即所谓的"龙舌兰风暴"),否则西迈克斯就有可能在这场危机中被全球竞争对手收购了。而且当地方竞争者遭遇地方性经济周期的压力时(例如20世纪90年代末的亚洲金融危机),全球化的西迈克斯现在就可以和其他国际竞争对手一样,用部分重置成本就能收购一个企业。

知识

此处我们要讨论的最后一个重要内容是,全球化对知识创造和知识转移的影响。一旦西迈克斯走出墨西哥,在海外生产水泥并把水泥销售给其他国家的客户,它就获得了学习各种有用新知识的机会。图3-6概括总结了自20世纪90年代到21世纪初,西迈克斯从其跨国经营部门中所学到的一些最佳实践方法的来源。在这些跨国知识中,有些是偶然发现的。但是,也有些知识来源于公司对信息化技术的追求,以及决心将信息化技术应用到世界各地的目标活动。[5]这种决心也体现在"西迈克斯之路"标题下的公司一系列组织制度之中:在世界范围内使用同一种语言(英语而不是西班牙语);在世界范围内轮换管理人员;聘用国际咨询顾问;以及对技术持续投资,包括对信息技术的投资,以挖掘所学知识的潜力。

表3-1对本节所讨论的内容进行了总结。其中阴影部分尤其重要,它们解释了企业为什么不能简单地把全球化当成一个借口,而用母国业务的赢利去交叉补贴国外业务的亏损。

图 3-6 西迈克斯的知识转移

精选的西迈克斯最佳实践的来源地

美国 2001年
- 效率更高的混凝土搅拌车的维护和零部件更新
- 新工业安全培训操作

墨西哥 20世纪80年代至今
- 车队管理和高效物流
- 准确的现金流预测和收支管理
- 管理分销渠道的标准化
- "Construrama"特许经销网络
- IT平台

西班牙 20世纪90年代早期
- 改进的衡量标准和预算制定过程
- 对金融谈判更进一步的控制和更多的信息准备
- 工厂管理技术和工具
- 小型旋塞阀在水泥窑的应用

巴哈马群岛 20世纪90年代中期
- 水泥托架结构

南美洲 20世纪90年代中期至今
- 更简洁高效、经常更新的审计、会计流程
- 更浓厚的客户服务文化

亚洲 20世纪90年代后期
- 经菲律宾、中国台湾和新加坡试应用的新IT网络和生产率标准

资料来源：Cemex Annual Report, 2002.

第三章

表3-1 通过全球扩张增加价值：西迈克斯的案例

价值构成	西迈克斯的业绩、举措和目的	效果与评价
扩大市场规模或促进增长	进入前六强然后进入前三强	× 企业业绩与国际化规模无关（否则西迈克斯位列世界第三位不可能利润率最高），但与国内或地方规模有关
降低成本	经营成本的绝对降低	+? 可能效果有限，因为西迈克斯并购市场份额大的本地企业而不是重新建厂；每吨经营成本并未低于霍尔希姆
	合并后的整合成本（PMI）	+? 整合过程升级并且时间从两年（1992年进入西班牙）缩短到100天，降低了中断成本和收购后的整合成本
	收购成本	× 有准备是收购成功的关键，但没有影响买卖双方博弈后可能获得的份额
	通过担保、税收套利、风险规避等降低资金成本	+ 比起发达国家的竞争对手这可能不是什么优势，但是避免了大的劣势。可以避免仅依赖墨西哥的风险
差异化或提高购买意愿	建立品牌	× 品牌通常是地方的；行业的"广告费用销售额比"与"研发费用销售额比"位于整个制造产业的底部
	建筑产品零售	× 在竞争激烈的情况下，这种零售方式很可取，但是限制了捆绑销售的潜力
	15分钟内送货的保证	+ 仅在墨西哥提供该服务（虽然也能在其他地方推广），但是在世界范围内激起了许多评论
		+ 避免了因有限的跨国差异造成的购买意愿降低

(续表)

提高行业吸引力或议价能力	提高产业集中度，或市场份额	+	按照地方的或者国内的产业集中度或规模经营，在产业集中度很高的地方市场实施高价格和高利润策略（墨西哥、哥伦比亚和委内瑞拉三国的产业集中度高达90%）
	牵制关键市场的进口（最大的贸易商）	+	牵制进口可以加强对地方竞争的控制，而后者也可加强前者；贸易可以让进口产品的目标更温和
		−	反托拉斯案件：墨西哥、哥伦比亚和委内瑞拉
正常化风险	将季度现金流标准差从22%（1978—1992）降到12%（1992—1997）	+	在降幅既定的条件下，行业资本密集度、国内影响、跨国界水泥价格的有限关联度都很重要（如果公司还仅在墨西哥国内经营，"龙舌兰风暴"很可能就是它的灭顶之灾）
	降低竞争风险	+	很重要，因为其他地方企业已经被跨国公司吞并了
		+	以西班牙的产能置换南亚的产能增加了风险，同时也创造了企业的增长机会
创造知识（以及其他资源和能力）	将精优管理方法融入西迈克斯，并在公司内传播	+	行业同质性、技术标准和生产可控性让知识传递更简单
	全球性思维：知识共享、使用英语、美国顾问、标准化系统	+	重视全球大局而非水平扩张，增强控制和干预（用集中和标准化管理来保证）

注：(×)表示无影响，(+)表示正面影响，(−)表示负面影响，(?)表示不确定。阴影部分内容表示特别重要的影响。

增值计分卡

表3-1将西迈克斯的价值增值分解成六个组成部分：扩大市场规

第三章

模(*a*dding volume)、降低成本(*d*ecreasing costs)、差异化经营(*d*ifferentiating)、提高行业吸引力(*i*mproving industry attractiveness)、正常化风险(*n*ormalizing risks)和创造并共享知识(和其他资源)(*g*enerating and deploying knowledge)。这些价值组成成分合在一起就构成了我们下文所称的增值计分卡(the ADDING Value scorecard)。虽然这些首字母(即 ADDING)可以帮助我们记住计分卡的组成,但是更重要的是它们为我们提供了一种具有普遍意义(而不仅仅是针对西迈克斯案例)的价值创造分析方法。这些价值组成成分是可以进行前后比较的,然后将其合在一起就可以判断企业整体价值是增加了还是减少了。

具体来讲,增值计分卡是对单一国家战略严格重视价值创造思想的继承和发展(在单一国家战略中,价值创造一直是企业顾问和课堂教学检验企业战略是否有效的首选指标)。我们需要注意,价值是规模和利润的结果。这两个价值组成成分是企业经营环境的基本吸引力所在,也是在同样环境下企业相对于一般竞争者的竞争优势或劣势所在。[6]不严格地说,这些数量关系可以用所谓的企业战略基本等式来表示:

公司利润 = 行业利润 + 公司的竞争优势

迈克尔·波特(Michael Porter)著名的行业结构分析五力模型,已经探讨了行业利润或利润率的战略性决定因素,也就是上述等式中右边第一部分的决定因素。[7]而且,波特和其他战略学家,特别是亚当·布兰登伯格(Adam Brandenburger)和格斯·斯马特(Gus Smart),还分析了竞争优势,即等式右边第二部分的战略性决定因素,而且还特别用购买意愿和(机会)成本来定位竞争优势。[8]

公司竞争优势 =(顾客对本公司产品的购买意愿 − 顾客购买本公司
产品支付的成本)−(顾客对竞争对手产品的购买
意愿 − 顾客购买竞争对手产品支付的成本)

= 顾客对本公司产品的相对购买意愿 − 顾客购买本

公司产品支付的相对成本

换句话说,在单一国家战略中,对企业竞争优势重要性的评价方法已经有所发展,现在人们正在利用经济学中所谓的"竞争楔子"(competitive wedge)来评价企业的竞争优势。如果一家企业能在自己顾客的购买意愿和支付的成本之间楔入一块比竞争对手更大的楔子的话,那么我们就说这家企业形成了竞争优势。

在单一国家战略中,我们可以利用增值计分卡六个价值组成成分中的其中四个来进行分析,即扩大规模(或者是更动态的增长)、降低成本、差异化或提高购买意愿,以及提高行业吸引力。其他两个价值组成成分,即正常化风险和创造知识及其他资源,反映了较大的跨国差异,这一点我们在第二章已经讨论过。在制定国际战略时,企业通常都要增加考虑这两条,而且西迈克斯的案例已经证明了它们的潜在重要性。在制定全球化战略时,我更重视知识创造这个价值组成成分,并把通过全球化同时创造(或消耗)的其他资源也纳入到知识的范畴。将影响企业未来机会的其他资源也同时引入到价值组成成分之中(即使它们不能对企业现金流产生直接的立竿见影的影响),有助于避免过度强调学习(虽然学习非常重要,但是国际化战略有些将其神化)。

上述讨论结果可以解释图3-7方框内容之间的逻辑关系,而这些方框内容也是表3-1计分卡所涵盖的内容。此外,这种逻辑关系具有可公度性(即可用同一标准或尺度衡量。——译者注)和累加性,可以将增值计分卡与企业广泛使用的其他价值评价方法(只是简单地对或多或少的随意性价值内容予以分类罗列)区分开来。

在讨论如何分析图3-7中每一个方框的内容之前,我们有必要提醒大家注意以下几条主要分析原则的重要性,即全面分析、分解分析、量化分析和比较分析。

第三章

图 3-7 价值增值的构成

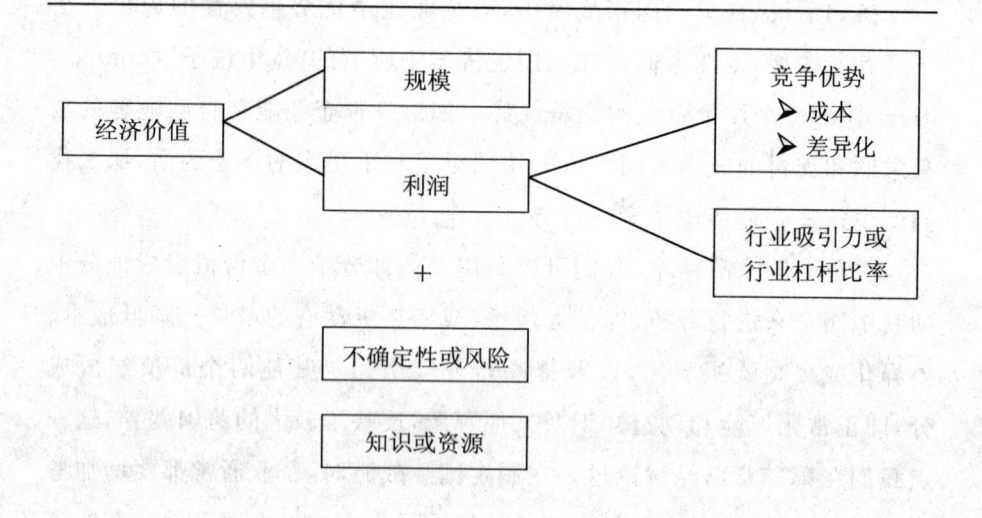

```
                 ┌── 规模             ┌── 竞争优势
                 │                   │   ▸ 成本
    经济价值 ────┤                   │   ▸ 差异化
                 │                   │
                 └── 利润 ───────────┤
                                     │
                                     └── 行业吸引力或
                 +                       行业杠杆比率

           不确定性或风险

           知识或资源
```

全面分析

"计分卡"的战略目的,是在更广泛的意义上来分析公司的跨国价值创造,而不是囿于常规的偏见:世界是个大展台,有许许多多的产品已被摆放在展台上,也有许许多多的产品要被摆上展台,而我们则需要抢占属于我们自己的份额! 而根据这种偏见得出的结论必然是:我们将通过扩大跨国市场份额,降低成本。这两种观点可能说得通,也可能说不通,这要取决于具体条件。但是,如表 3-1 和图 3-7 所示,它们(市场份额和成本)只是增值计分卡组成成分的一个价值子集。如果你就跨国经营如何增加价值有一个恰如其分的全面认识,那么你就很有可能最大化你们企业的潜力。

当然,这并不意味着对所有的行业和所有的国家,增值计分卡这些价值组成成分都同等重要。而且,在公司不同的发展时期,不同价值组成成分的重要性也不尽相同。例如,当花旗银行进入第 100 个国家之后,它才开始认真考虑国家风险。因此,本章后面将要讨论的案例,并不会根据图3-7中方框的所有项目内容逐一分析,而只是挑选其中关联最大的项目内容进行分析。但是,对所有的真实案例分析来说,最初的全面分析是很重要的:至少要分析增值计分卡的六个价值组成成分,尽管有些价值组成成分不如其他价值组成成分重要。

分解分析

强调分析内容全面性的同时,还必须要正确认识分解或者分类的重要性。增值计分卡的特殊结构凸显了把价值分解为各个价值组成成分的重要性。当然,其他的分解方法对价值创造分析也大有用处。因此,将企业分解成具体的活动或过程,然后再分析每一种活动或过程如何能够增加增值计分卡的各类价值,通常这种做法是很有意义的。而且,增值计分卡的价值组成成分本身也值得再分解。例如,在西迈克斯的案例中,比较经营成本和资金成本之间的区别就属于这种情况。

当然,在分解时你必须牢记应用增值计分卡的战略目的:构建价值增加可能机会的全面综合分析框架。因此,按照增值计分卡价值组成成分逐一分析时,你必须构建或重新构建一种整体分析框架(如表3-1所示西迈克斯的案例分析)。

量化分析

量化手段对于强化和深入分析常常是必不可少的。在我所讨论的西迈克斯的案例中,公司降低成本、提高价格的决策行为就是依据多组量化数据作出的。此外,有些量化计算是为了获得某种比较结果,这对诸如未来市场选择这样的问题具有重大的意义。例如,如果西迈克斯凭借成本优势赚取了超额的利润,那么在其市场选择决策中,市场吸引力因素可能就不会像成本那样受到重视。

我要强调的是,大部分量化增加值都是通过简单粗略计算得来的,

第三章

这在西迈克斯案例的分析中已有所体现:计算各种效果的相对大小,了解公司的最大获利来源,探究它与竞争对手经济活动之间的最大差异,以及进行盈亏平衡分析。因此,如果要我为客户就是否进行并购提出建议的话,我可能会建议进行现金流量贴现分析。但在进行上述现金流量贴现分析时,我可能会花大量的时间去作上述这类数据计算,以此来估算该并购活动的现金流量,并将现金流量融入并购活动的分析当中。

当然,即使是简单的分析,你也需要作假设,需要分析计算结果对假设条件的敏感性,而且如果必要的话,还需要反复计算。同时,还有个告诫值得一提,那就是并不是所有我们想要的东西都可以量化。怎么办呢?方法之一是尽可能量化某项活动相对于另一项活动的期望值,然后将分析结果与没有计算的定性分析进行权衡比较。这个过程使我们大概了解到,定性因素在推翻这些计算数据中起到了多大的作用。

你可以使用类似的方法来估算那些除经济价值之外的价值。即使你更偏重除经济价值之外的其他价值,而不是单单为了追求经济价值,那么在决定选择你中意的方案时,了解该方案会花费你们公司多少经济成本也是大有裨益的。

对比分析

对于其他未尽的分析内容,我们通常必须采用对比分析方法。可能的对比分析方法包括以下几种:

➢ 用A方案对比B方案、C方案等:这种对比分析方法对制定决策特别有用。通常,这种对比分析方法是将所有的备选方案两两相互比较,而不是将各备选方案逐个与"无"方案作比较。部分原因在于,这种联合评价会使得对那些难以评价的因素的评价变得更容易一些(例如前面讨论的定性问题)。[9]

➤ 将某一时点与另一时点对比：这类对比分析方法常常特别适用于监控和诊断目的。因此，它不仅有助于检查方案进展状况，而且更有助于评价进展速度是否令人满意（例如，方案进展是否超过了某些目标比率，或是否有足够的能力达到目标效果）。本章稍后内容将会在可持续性背景下进一步讨论此类方法。

➤ 与竞争对手对比：这种分析方法对方案诊断常常具有直接的帮助作用——虽然对比中发现的与竞争对手之间差距也有助于提供补救措施。因此，选择适当的对比竞争对手是从分析中发现价值的关键。

➤ 市场合作与非合作对比：此处的问题是，与合作单位自力更生相比，多地域联合和协作活动是否能使合作单位创造并获得更多的价值——前文的贡献度评估已经对此有所介绍。这种对比方法对合并和拓展战略思维（迫使公司重新思考公司内部做了什么）尤其有帮助。

请注意，尽管所有这些对比分析方法都有助于理解西迈克斯如何在其竞争者中脱颖而出，但是西迈克斯案例分析并没有运用所有这些对比分析方法。

现在我们将逐一对增值计分卡的六个价值组成成分展开一般性的讨论。

增值计分卡的组成

在前文西迈克斯的案例中，我们已经介绍了"增值计分卡"的六个价值组成成分。但是为了使增值计分卡更具普遍应用价值，我们需要以更普遍的视角来讨论增值计分卡每一个价值组成成分。在分析每一个价值组成成分时，本文提出了许多建议，本部分内容即是围绕这些建议内容来组织的，汇总见表3-2。

第三章

表3-2 增值计分卡的应用

价值构成	指导建议
扩大规模或促进增长	➢ 考察规模扩大的真实经济收益 ➢ 分析在什么层面上,规模扩大会带来规模(或范围)经济:全球、国家、工厂或客户层面 ➢ 校准规模效应的强度 ➢ 评估扩大规模带来的其他影响
降低成本	➢ 区分成本效应和价格效应 ➢ 细分成本 ➢ 既考虑成本的降低,也考虑成本的提高,计算净额 ➢ 考察规模或范围之外的其他成本动因 ➢ 考察你们行业(或公司)的劳动力成本销售额比
差异化或提高购买意愿	➢ 考察你们行业的研发费用销售额比和广告费用销售额比 ➢ 关注购买意愿而非支付的价格 ➢ 全面思考全球化是如何影响购买意愿的 ➢ 特别要分析偏好的跨国(CAGE)异质性是如何影响在售产品的顾客意愿的 ➢ 适当细分市场
提高行业吸引力或议价能力	➢ 考虑行业收益率的国际差异 ➢ 了解你们行业集中度的状况 ➢ 全面了解行业结构变化的影响 ➢ 特别要仔细思考如何降低或提高竞争程度 ➢ 认识到对于竞争对手的成本及客户对其产品的购买意愿,你们能做什么。(削弱其市场地位跟提高自己的地位一样能增加企业价值。) ➢ 注意那些管制性、非市场性的约束以及道德规范
正常化(或优化)风险	➢ 指出你们企业的风险程度和主要风险源(如资本密集度、其他不可逆因素、需求波动)

全球价值的创造

> 评估公司的国外经营机构能够降低或增加多少风险
> 识别增加的风险可能带来的好处
> 考虑管理风险或利用各种选择的多种模式

| 创造知识(以及其他资源和能力) | > 评价知识的本地专用与流动性
> 思考创造(和传播)知识的多种方式
> 利用创造知识的思维创造其他资源和能力
> 避免重复计算 |

扩大规模或促进增长

正如第一章所提到的,全球化最常见的理由可能是,公司已经耗尽了母国的市场发展空间。但是,如果说这是唯一的理由的话,缩小规模也许更好。因此,就像在西迈克斯案例中提到的那样,在蛋糕(市场容量)尺寸没有增大的情况下,通过收购创造价值的唯一办法就是以低于实际价值的价格买下其他公司。虽然目标不错,但这却不是单方能够实现的。

如果想找一个自己已经得出这个结论的全球品牌作为例子,就想想麦当劳吧。据它的 CEO 吉姆·斯金纳(Jim Skinner)说:"我们的经验证明,规模越大并不一定会让我们做得越好。我们必须更好……。四年来,我们投入了四五十亿美元进行资本投资和建设新店,但是我们的营业收入却没有相应增加。所以,我们决定把精力集中到现有的店面上。"[10]

有些公司已经认识到新增规模并不一定赢利,但是还有其他公司也许还没有认识到这个问题。什么可以帮助它们改善这种状况呢?

注重经济利润,即会计利润减去资本回收成本。从会计利润中减去资本回收成本有助于提醒企业关注企业所创造的真正价值。在一般大型跨国公司投资组合中,国家的数量较多,其中有些国家长期以来所创

第三章

造的经济价值一直为负,由此可见它们似乎并没有在意经济利润指标(见第八章)! 将这些负的产出外显化,可以鼓励人们去讨论这是否是由于投资不慎或者经营不善造成的。

了解规模经济与范围经济真正起作用的层面。规模经济是连接规模与增值计分卡其他价值组成成分的最直接纽带。但是,只有在下列适当的层面上新增规模或扩大范围,规模经济和范围经济才有战略意义:全球层面、国家层面、工厂层面,以及客户钱包份额等等。因此,国际油漆公司(International Paint)长期以来全球经营业绩一直不佳,就是因为(不像西迈克斯)它期望将油漆业务扩展至全球,而在该行业中,规模经济只是国家层面上有效。或者,我们还可以举一个正面的例子,高盛公司(Goldman Sachs)专门致力于全球精选客户的投资银行业务,做得就非常出色。还需要注意的是,企业可以精心策划,利用集群战略,实现更高规模层次的规模经济(见第五章)。

校准规模经济与范围经济的强度。规模经济的强度同其着力点一样异常重要。20世纪90年代末,家电市场的领导者惠而浦(见第四章)曾经尝试过将其全球范围内的产品平台数量缩减一半的战略,但很快就放弃了。由于家电行业规模经济有限,惠而浦此举最终所节省的成本只是其收入的2%,还不足以抵消成功实施公司战略的其他与距离有关的障碍。与之不同,由于汽车制造行业对规模的敏感性较大,所以汽车制造商(它们也是惠而浦想要仿效的)在实施此类战略时,所取得的效果就要好得多。

评估扩大规模带来的其他影响。前面的讨论都是有关规模经济,特别是成本方面的内容。不过,扩大规模对企业的经济还会有其他影响——尽管并不都是正面影响。例如,如果关键投入品供给短缺,或者是合并后整合的调整成本过高,那么扩大规模只能增加成本而不是降低成本。很显然,扩大规模会影响增值计分卡的其他价值组成成分,稍后我们会对此进行讨论。

降低成本

公司在进行跨国战略决策时,常常都会考虑降低成本的问题。但是,此处仍存在较大的改进空间,特别是经理们通常都希望通过跨国扩张实现成本降低的目标,但是他们对实现该目标的能力不甚满意。[11]

区分成本效应及价格效应。 在西迈克斯的案例中我们看到,分别考察成本效应和价格效应比考察销售利润率好得多。单一国家战略已经认识到了这种分类区别分析方法对非真正商品(commodity)的产品的重要性。但是,在半全球化的跨国背景下,这种分类分析方法即使对像水泥这样的商品化产品也很重要。

因为区分成本效应和价格效应就无须把成本表示为价格的一定比重,所以问题就出来了,即依据什么其他标准来度量成本和价格。西迈克斯案例的分析就是以吨为基础,计算收入、成本和利润的。在其他情况下,还可以用单位资源投入(而不是以单位资源产出)作为依据进行衡量。在西迈克斯的案例中,资本是最普通的资源,所以以资本为基础衡量成本效应和价格效应非常合适。但是,根据行业的具体特征,其他种类资源也可以作为衡量的依据。比如,我们将在第六章看到,对软件行业来说,其资本密集度很低但技术、劳动密集度却很高,因此以雇员人均额为基础量化成本和收入则更有意义。

细分成本。 在这方面,西迈克斯案例又是一个很好的例子,它表明了将成本划分为经营成本和资金成本进行分析的好处。固定成本和可变成本代表了另外一种主流细分方法,尤其是在作盈亏平衡分析时必须作此细分。其他各种必要的细分方法因所研究的案例不同,而更加详细具体。例如,在家电行业,复杂的环境对销售费用和管理费用的影响尤其大,所以各类细分成本值得分别予以分析。

第三章

既考虑成本的降低，也考虑成本的提高。前文曾对此作过简要介绍，但是这一点特别重要，值得再次重申。我们可以看一看一个普遍被认为是失败的跨国合并案例——戴姆勒—克莱斯勒合并案。这次合并存在很多问题，其中一个重要的问题就是合并会增加成本（这一点对原来戴姆勒—奔驰公司的股东特别重要）：需要额外支付给克莱斯勒公司股东28%的现金；向投资银行支付数亿美元的佣金和交易费用；此外为将德国经理们的待遇提高到与其美国同行们相同的水平，还要向德国经理们额外支付数亿美元报酬补偿。与此次合并的成本节约（合并主要是为了节省采购和后端活动成本，如融资、控制、IT和物流）目标相比，这些数额的确不菲。

除了规模和范围经济之外，还要关注其他成本动因。虽然前面的讨论都注重规模和范围引起的成本变化，但是战略家们知道还存在许多其他潜在的成本诱因：区位（这在跨国活动中特别重要）、产能利用率、纵向一体化、时机选择（例如先行者优势）、功能型政策以及制度因素（例如关税之类的联盟和政府规制）。充分考虑到所有成本诱因，有助于企业增强其降低（或至少是抑制）由跨国扩张所导致的成本的能力。

了解劳动或智力密集度与绝对成本下降空间的关系。劳动或智力密集度只是促使企业可能进行经济套利的一个方面，但是它已经引起了人们特别的关注。因此，你可能想把你们公司的情况与行业平均数作一下对比。例如，根据四分位数（将所有数值按大小顺序排列并分成四等份，处于三个分割点位置的得分就是四分位数。——译者注）分类方法，美国制造业人工开支占公司收入的比例可划分为三类：17%为下四分位数，23%为中位数，31%为上四分位数。你们公司的该项数据与上述基准数据相比越高，表明通过劳动力套利降低绝对成本的空间就越大。

这些仅是应用增值计分卡时应考虑的与成本相关的部分问题，现在我们再简要介绍一下与成本相关的其他问题。当机会成本与实际成本差距较大时(例如,廉价投入品供应短缺时),重要的是要侧重前者的分析。许多公司虽然不存在这样的情况,但其成本核算体系却非常不严谨,尤其是间接成本核算常常更是如此,因此在将这种成本核算体系运用于战略分析之前,企业必须予以重新整理和完善。如果分析人员分析的不是可比产品,那么他们有时也会混淆企业成本差异与企业产品组合的差异。另外一类问题与跨国不确定性有关(例如货币汇率的波动),这部分内容将在"正常化风险"一节中予以讨论。最后,关注成本并不是说就不需要考虑差异化和购买意愿,在接下来的内容中我们就将讨论该问题。

差异化与提高购买意愿

如果企业平时在作跨国成本分析时马马虎虎,那么在分析差异化与购买意愿时,它们会做得更糟。它们也许会认为那些在母国很管用的方法,只要稍加修改,就会在国外也管用(甚至更好)。但是这种假设代替不了对这种价值组成成分(差异化与提高购买意愿)的严谨分析,下面是一些有益的指导意见。

考察你们公司或行业中,研发费用销售额比、广告费用销售额比与差异化潜力的关系。研发费用销售额比与广告费用销售额比是企业跨国经营中使用时间最长也最有效的两个指标,这也是为什么产品差异化被认为是(横向)跨国经营的特点的原因。[12]在美国制造业中,研发费用销售额比的四分位数分类是这样的:下四分位数为0.9%,中位数为2%,上四分位数为3.5%。广告费用销售额比的相应分割点分别是0.8%、1.7%和3.1%。西迈克斯的案例给我们提供了一种有益的启示。值得注意的是,水泥行业的研发费用销售额比和广告费用销售额比,小于或接近美国制造业的10%。但这并不意味着水泥行业就完全丧失了差异化的机会:西迈克斯对大宗买家的交货运输过程进行了创新

第三章

（西迈克斯公司为每辆卡车装配了一台电脑和一套全球定位系统，并且将这些车辆的位置与工厂的产量以及客户的订单互联，这样公司不仅能够计算出哪辆车应该去哪儿，而且能够对途中的车辆进行指导以实现资源的优化配置。——译者注），对个人买家的袋装品牌水泥进行了创新（即在袋装水泥上印有"Cemex"标记，使得该品牌家喻户晓。——译者注），在为个人买家融通资金上也有所创新。该案例表明，这个行业产品差异化的空间比起清洁剂、软饮料或药品等行业来说更有限，立足现实进行差异化非常重要。

关注购买意愿而非支付的价格。 用价格来代替购买者愿意花钱换取的好处（即购买者心目中产品的价值），至少存在两个问题。第一，就像我们在西迈克斯案例中看到的那样，价格是与行业吸引力和议价能力有关的许多其他影响综合作用的结果。第二，关注顾客购买意愿，会激励企业去猜想顾客期望的产品（或服务）价值应该是多少，而不是实际价值是多少。对于这些以及其他游戏改变战略（game-changing strategy），我们会在本章后文有关创新的小节中系统讨论。

思考全球化是如何影响顾客购买意愿的。 人们都渴望成为全球社会的一员，对此人们谈论很多，当然对于一些这方面的例子人们也是议论纷纷。比如西班牙服装零售商飒拉（Zara）就是其中一例：人们可以想象，在某种程度上，一个国家的时尚人士一定会关心其他时尚前沿国家的时尚人士正在穿什么。但是，全球化本身就会提高顾客购买意愿的例子相对较少，尤其是消费品。（对 B2B 产品和服务而言，买方自己可能就是全球化的，这就更有可能提高其购买意愿。）在全球化对顾客购买意愿的影响中，表面上比较重要但经常不受重视的是原产国优势（与某个具体国家或地区有关，但总体上与全球化没有关系）。在某种程度上，战略是可以影响原产国优势的。[13] 哈根达斯（Häagen-Dazs）就是一个很好的例子：这个名字是总部位于布朗克斯（纽约市最北的一个区）的公司的创始人起的,它给该公司生产的冰淇淋增添了一种人造的北欧迷人风情。

相比较跨国经营所带来的这些可能的优势,人们同时也必须考虑大多数外国公司都会遇到的外来者劣势,以及某些个别国家的原产国劣势。对每一家哈根达斯店而言,它们都有可能成为下一个阿拉(Arla)——这是一家真正具有北欧风情的丹麦乳品公司,在中东强烈抗议丹麦报纸刊登侮辱伊斯兰的漫画的运动中深受其害。请注意,原产国劣势(比如身处丹麦的阿拉公司)并不一定是那些广为人知的国家或那些到处惹人厌恶的国家才有,阿拉公司就是其中一例。

分析跨国(CAGE)异质性是如何影响在售产品的顾客支付意愿的。第二章已经深入地讨论过这个话题,因此这里需要补充的是,提醒大家注意跨国偏好差异的挑战。即使是看起来相对简单明了的顾客偏好差异,如果想要有效应对,也需要转换调整。由此,我们可以看一看在2006年初《麦肯锡季刊》(*McKinsey Quarterly*)的一项调查中,被评为"未来五年对全球企业最具影响的趋势":新兴国家消费者的数量会越来越多。[14]与第二章所讨论的其他跨国差异相比,其中所反映出的收入相关的顾客偏好差异好像非常简单。但是,调整发达国家的商业模式,使其能够真正在新兴市场中展开有效竞争,可能还要花费更多的力气,而且还不一定能成功。有关适应的话题是第四章的内容。

适当细分市场。市场细分能够让企业深入了解顾客支付意愿存在的差异(有时是成本差异)。通常来讲,顾客需求越多样,细分市场的数量就越多,而且细分市场数量越多就越便于为顾客提供符合个性需求的产品和服务。如果将具体产品(或服务)市场视角拓展到战略思维视角,那么市场再细分可能会起到更大的作用。在跨国背景下,市场细分的这些优势常常比单一国家市场细分的优势更加突出,因为跨国支付意愿差异一般都多于一国国内支付意愿差异。但是,好的跨国支付意愿差异分

第三章

析对国内市场细分也能起到帮助作用。一位美国大型消费品跨国公司的欧洲经理告诉我:"我们现在正在重塑总部的市场细分理念。"

总之,与成本相比,我们较难确定企业活动对顾客支付意愿的影响,特别是当偏好带有极大的主观成分时。但是,我们没有道理因此而放弃改进这一领域(差异化与提高购买意愿)普遍存在的错误做法。上述这些指导建议将有助于企业改进差异化与提高购买意愿的分析。

提高行业吸引力和议价能力

我们前面所讨论的降低成本(decreasing costs)和差异化(differentiating)〔即 ADDING Value scorecard(增值计分卡)中的两个"D"〕关注的都是效率问题。正如西迈克斯案例所示,在企业战略中考虑行业吸引力和企业议价能力也是很重要的。下面给出了一些具体的指导建议。

考虑行业收益率的国际差距。国际行业收益率之所以存在差距,最直接的原因就是各国之间在平均收益率上存在着巨大差异,图3-8中42个国家4 000多家企业的平均收益率数据就证明了这一点。这种行业之间的平均收益率差异是跨国差异的来源之一;显然,另一个来源就是同一行业在不同国家之间的收益率差异。这两种类型的系统差异非常大,不容忽视。

了解你们行业集中度的状况。第一章曾指出,管理者笃信随着全球一体化程度的提高,全球行业集中度也在不断提高——尽管事实并非如此。这并不是一个简单的误解,而是反映出管理者有时对他们所在行业集中度的状况并不了解!

汽车行业就是其中一个例子。通常的观点认为,汽车行业是一个日益集中的行业。该观点也常用来解释一些像戴姆勒—克莱斯勒这样的大型企业合并。[15]然而,有关集中度的事实数据却表明,第二次世界大战以来,汽车行业最大的发展趋势就是其全球集中度一直呈下降趋势,自

1970年之后的几十年中,汽车行业的集中度一直在较低的水平徘徊(见图3-9)。[16]事实上,汽车行业全球集中的鼎盛时期是在80年前,那时仅福特T型车就占全世界存量汽车的一半以上!然而,眼前却是今非昔比了。如果提升规模经济可以真正提高全球集中度的话,那么大规模合并就是非常有意义的,但是实际上汽车行业的普遍境况是:汽车企业相互鼎立,画地为牢,产能过剩。在这种市场鼎立情形下,一家企业大规模吞并其他企业,只是自己花费了昂贵的代价将其主要竞争者挤出市场,而市场中的其他所有竞争者却可以从中渔利。这对其他竞争者显然有利,但对企业的股东却不尽然。

图3-8 42个国家的平均收益率水平(1993—2003年)

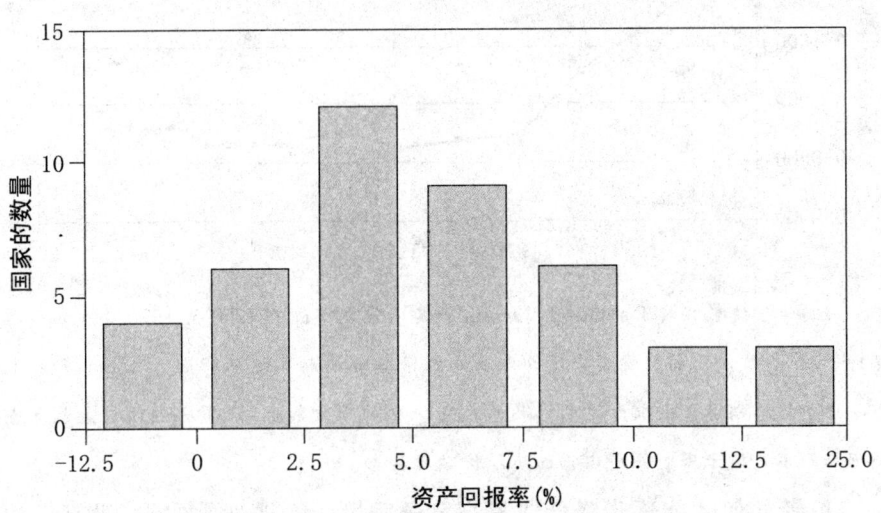

资料来源:Rogerio Victer and Anita McGahan, "The Effect of Industry and Location on Firm Profitability in the Global Market: Empirical Evidence That Firm Performance Depends on the Interaction Between Industry Affiliation and Country Identity," working paper, Boston University School of Management, Boston, February 2006.

第三章

广泛关注行业结构的(其他)变化。 前一个指导建议的意思是说,不要凭空臆断全球化正在逐步提高行业集中度,我们需要的是事实证据。以此类推,关注影响行业结构的其他因素(如迈克尔·波特的五力模型所涉及的五个要素:供应商议价能力、购买者议价能力、新进入者的威胁、替代品的威胁、行业内现有竞争者的威胁)是否也在变化也是很重要的。需要考虑的其他因素还包括新兴市场中销售和生产的变化,以及因全球活动的增多而可能遭受全球购买者或供应商的价格要挟。

图 3-9 汽车行业的全球集中水平

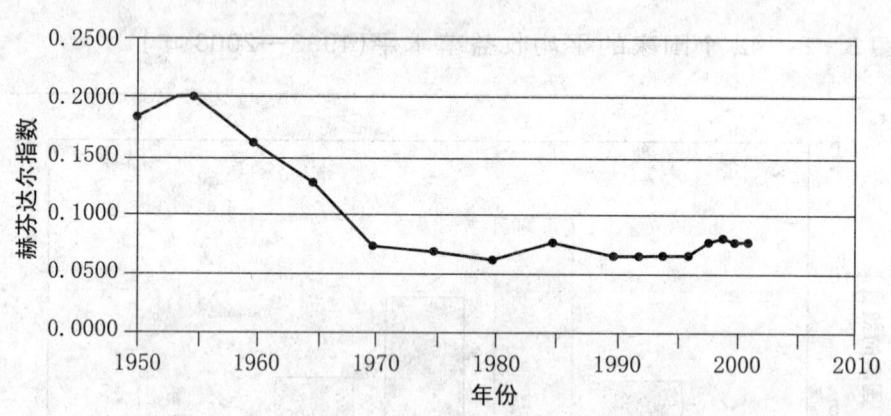

注:为了使数据与 Raymond Vernon 和其同事发布过的 1950 至 1970 年间的数据保持一致,本处使用的计量集中度的方法是经修正过的赫芬达尔指数。该指数是在指定年限中计算销量位列前十名的产品的市场份额的平方和。(产品所占比例是基于整个市场而不是前十家企业所占据的市场份额之和。)

思考如何才能逐步降低或提高竞争程度。 企业通常假设(没有任何根据)竞争者对于竞争的反应不外乎就这么几种:模仿跟进(如进军新市场)、面对威胁而退缩、面对困难尽可能硬撑等等。但是,如果企业要预测其他企业竞争者对自己行为可能会采取的应对举措,那么该企业最好要对行业结构和竞争者进行一番详细分析。这种详细分析还需要解释诸如为什么有的跨市场联系会提高某些行业的产品价格（如水泥行业），而有的却会引发某些行业（如轮胎行业）产品的价格战等问题。

认清公司所采取的行动对竞争对手产品的成本和顾客购买意愿的影响。 提高竞争对手的成本或降低其产品的顾客购买意愿，就跟提升企业自己的绝对竞争地位一样，都可以提高公司的利润。因此为了应对印度软件服务业的低成本竞争对手，诸如IBM和埃森哲这样的企业都在印度设立了自己的业务部门，其目的就是在提高印度竞争对手的劳动力成本的同时降低自己的劳动力成本。

注意那些管制性、非市场性的约束以及道德规范。 此处的管制性和非市场性约束下战略的法律地位，因具体国家的不同而不同。这又给受管制性或其他非市场性约束的企业行为，尤其是那些旨在建立本节所讨论的议价能力的行为，提出了一个更大的问题。这种行为在西迈克斯的案例中也曾出现过，它不仅引发了一些法律和道德问题，也带来了一些价格问题，这并不足为奇。

对于上述此类情形，我向我的MBA学员指出了以下几点。首先，如果他们打算与自己的竞争对手携手共同提价，那么他们也许还应该考虑到，"大锅饭"可能比吃得少还要糟糕。其次，我让他们仔细考虑如下一系列行为：

1. 意识到利用垄断或相互依赖有助于提高价格（例如，双方心照不宣的配合）。

2. 利用当地的关系（例如，游说寻求保护）。

3. 培育间接的市场支配能力，绕过有关市场集中的限制（例如，交叉持股）。

4. 有机会时重新谈判（例如，形成稳定的供应关系之后，威胁中断服务，这在自然垄断条件下最有效）。

5. 与政府官员达成秘密协定（例如，利用私有化后"发现"的有价值

第三章

的税收漏洞,大幅降低私有化价格)。

6. 以合法或半合法的方式向政府官员行贿(例如,通过中间人)。

西迈克斯的案例只涉及了前两条,这也是我的学生疑问最少的两条。但是,有关其他的内容的例子也很多,同时对这些行为的疑问也更多。当被问及他们对上述内容的接受程度时,学生们的回答迥异。但是,我提醒他们,若他们对所有内容都没有异议的话,那么只能说明他们的道德意识可能太淡薄了,而这也正是我想告诉读者的。

正常化风险

我将增值计分卡中这个价值组成成分特意称之为"正常化风险",而不是"消除风险",目的是让大家认识到风险最优化和风险最小化之间存在着较大的差异。此外,虽然财务理论提供了精确计算风险调整折现率(用于现金流量折现分析的分母)的方法,但是战略意义上的风险则强调如何更好地控制现金流量(用于现金流量折现分析的分子)的波动。这是一个有挑战性的任务,但是也有一些一般性的指导建议可供参考。

描述你们企业的风险源和风险程度(资本密集度、其他不可逆因素、需求波动等等)。从战略的角度上来看,分析风险的简便方法就是将风险划分为如下几类:

> 供给方风险和需求方风险;
> 金融风险,如汇率波动以及地方收益与世界组合收益的系统关联;
> 竞争风险,包括那些非投资风险,如允许竞争者在自己母国市场寻求利润庇护;
> 非市场风险。

无论是这种分类方法还是其他分类方法,重要的是避免重复计算。

同时还要注意,企业的战略不同或所处的行业不同,其面临的风险也不同:如果一家企业的全球战略倚重跨国供应链管理,而另一家企业则在世界各地拥有自给自足的经营机构,那么这两家企业所面临的风险就大不相同。

评估跨国经营能在多大程度上降低风险或增加风险。西迈克斯是通过跨国经营业务的地理聚集而降低经营风险的一个好例子。但是,可口可乐的案例则相反:亚洲金融危机后,可口可乐的市场需求开始出现疲软,而这几乎完全是由于可口可乐公司海外经营考虑不周全造成的。企业的全球经营范围越大,各市场之间相互影响的风险也就越大:由于安然(Enron)公司的倒闭,安达信(Arthur Andersen)公司在美国遭受到了较大的信任危机。但是,如果安达信的美国公司和法国公司是两家独立的机构,那么其在法国的会计公司就不会像现在一样受到影响。研究表明,与各地地方竞争者收益之间的关联度相比,跨国公司在全球各地市场中获得收益的关联度往往要大得多,这也愈加凸显了上述反例中风险集中的重要性。

识别增加的风险可能带来的好处。正常化风险这一观点似乎在暗示我们总是要把风险降至最小化。然而,根据期权理论,风险是有价值的。在金融期权中,(价格)波动越大,金融期权的价值就越高;同理,风险价值也是如此。20世纪90年代后期,由于西班牙市场风险较低,增长较缓,西迈克斯卖掉了其在西班牙的水泥厂,而后在风险较高、增长较快的亚洲市场中收购了其他水泥厂。西迈克斯的成功,证实了成熟发达市场中许多跨国公司对期权性风险的共识,即新兴市场是巨大的战略期权,而不仅仅是风险陷阱。

考虑管理风险状况或利用各种选择的多种方法。管理风险的方法有很多。因此,一个企业要进入外国市场可以选择全资绿地投资、收购、合资,或者是简单的出口等形式,但是选择不同,风险(和收益)也不同。

第三章

倘若企业股东高度分散（不像西迈克斯，其家族的大部分可控资产都投入了企业），这样企业就可以通过其股东有效消除行业特有风险，并在此基础上降低公司战略制定的风险。因此，从更广泛的意义上认识到这些可能性，会优化企业所面对的风险—收益状况。

创造知识（以及其他资源和能力）

增值计分卡的其他价值组成成分可以改善企业所谓的战略利润表，与之相比，创造知识（以及其他资源和能力）则可以改善企业所谓的战略负债表。创造知识（以及其他资源和能力）的重点是要不断开发与利用资源和能力，其中创造知识可能是企业最为关心的。

评估本地知识与流动知识之间是如何相互转移的，以及知识转移的措施。 西迈克斯为我们提供了一个知识转移（其外部环境条件大大简化了知识转移过程）的成功案例：水泥就是水泥，哪里的水泥都一样，因此世界上某个地方产生的想法能够较容易地（如无须过多转换）应用于其他各个地方。但是，在许多其他环境条件下，各国之间存在的多维差异（CAGE）会给转移知识带来更大的挑战。知识转移如若取得成功，企业需要特别关注知识的"去背景化"和"重置背景化"，也就是外来知识需要调整和适应。否则，知识转移只能适得其反。

思考管理知识创造和传播的各种方式。 知识转移的研究往往只关注知识在跨国公司内部的正式转移，而不关注公司外部跨国知识创造和利用的其他模式：个人互动交流，与买家、供应商或咨询顾问的合作，开放性创新，模仿，知识使用权转让等等。[17]而且，由于知识管理方式不同，企业内部知识转移的效果也相差甚大。

例如，韩国的爱茉莉化妆品公司虽然在保持自己本国地位方面做得不错，但是在从公司的部分海外公司获得和整合知识的过程中，它一直困难重重。因此，尽管其法国公司在开发新香水方面取得了一定成功，特别是洛丽塔香水(Lolita Lempicka),但是由于其法国公司与母公司关联不大,所以知识的回流受到了限制。相比较而言,日本化妆品制造商资生堂(Shiseido)在这方面做得就比较出色。当在法国研制开发新香水获得成功之后,资生堂又开始利用其法国的设备为日本生产"资生堂眼部遮瑕霜"(大部分概念开发和最终的香氛调整都是在日本完成的),而且它还成功地把一些法国的管理技术转移应用到了日本的其他产品上。[18]

利用创造知识的思维创造其他资源和能力。谈及知识转移,多少有些技能或技术隐含其中。不过,其他类型的信息(如资生堂案例中的管理创新)跨国转移也大有用处(信息技术的发展常常对这种知识转移起到推波助澜的作用)。从更广的意义上来看,还有许多其他各种资源和能力,也可以计入增值计分卡中这个价值组成成分的名目之下。

关系就是其中一种重要资源。是什么帮助西迈克斯成功顶住了国内反托拉斯官司的威胁,并挫败了进口水泥入侵墨西哥的企图〔在长达六个月的时间里,载有俄罗斯进口水泥的玛丽诺号(Mary Nour)货轮游弋在墨西哥各大港口之间,却始终无法卸货,结果无功而返,只得放弃〕?从西迈克斯CEO洛伦佐·赞布拉诺在墨西哥的国内关系网中,我们也许能找到部分答案:在蒙特雷(Monterrey)市,与各大商业家族如萨达斯与加扎(Sadas and the Garzas)之间存在姻亲血缘关系;与这些家族企业以及其他墨西哥大企业之间存在交叉董事成员关系;是势力强大的商业协会墨西哥商业委员会(Consejo Mexicano de Hombres de Negocio)的成员;还与政治集团保持着密切关系。

当然,这个案例比较特殊,仅仅局限在国内,同时又触及很多道德问题,但是与之不同的跨国关系案例也是比比皆是。比如,即使地方法律没有强制性规定,许多跨国公司也会选择与地方企业合作,其中一个由来已久的原因就是要利用地方合作伙伴的国内关系网。

第三章

避免重复计算。虽然这是在增值计分卡应用中经常出现的问题,但是在"创造知识(以及资源和能力)"的价值组成成分分析中,企业格外容易犯此类重复计算错误。如果你已经将获得(或消耗)资源的结果计入在"成本"、"购买意愿"等价值组成成分之中(这是我们通常推荐的做法),那么你就不要再将其计入到"创造知识(以及资源和能力)"当中了。

增值计分卡的未尽之言

增值计分卡为我们评价某一战略行为是否有意义提供了一个依据。此外,成熟的战略选择还应该考虑以下几个虽是补充性的但却很重要的问题。

1. 所选战略方案能保证企业获得持续的价值创造能力和赢利能力吗?
2. 企业以往的经验能够印证或推翻这些分析结果吗?
3. 有没有充分思考过是否还有其他更好的选择方案?

就以上这三个补充性问题中的每一个,我都能单独写成一章(事实上,我也已经写了)。[19]但是,由于行文空间有限,此处仅作简单介绍。

可持续性

对于一种战略方案来说,真正重要的不是它是不是可以暂时增加企业价值,而是它可不可以长期持续不断地为企业带来价值。进一步而言,就算它能够持续不断地为企业带来价值,那么在这种战略环境中,由于还有其他竞争者的竞争,企业又能获得多少增加值呢?

要认识到卓越的业绩通常都是短寿的。认真对待可持续性问题,第一步就是要认识到持续获利并不是理所当然的。就行业层面而言,那些实际价格快速下降(其中一个建议标准就是每年下降3%)的行业是快速循环行业。在这些行业中,除非企业不断进行创新,否则业绩再出众终究也只是昙花一现。例如，家电行业产品价格每年的降幅就超过了3%的限额，而水泥行业则与之不同。就企业层面而言，不可持续性则体现在企业利润高度依赖于半衰期（这是物理学和医学常用的一个名词，是指放射性原子的衰变至原来数量的一半所需的时间。半衰期越短，说明其原子越不稳定，每颗原子发生衰变的概率也越高。——译者注）短的资源收益。

考虑企业环境的可能发展趋势。 尽管上述可持续综合指标是一种非常有用的致敏性指标，可是有了这些指标并不意味着企业可以从此高枕无忧，企业还需要充分考虑某一具体战略行为是否符合企业环境的发展趋势。

我们可以重新看一下新闻集团收购星空卫视的案例。新闻集团认为，通过这次收购，它可以循环使用其库存英语语言类节目，从而降低节目制作成本。但是在收购时，新闻集团理应预料到，亚洲电视市场正在发生翻天覆地的变化，而这些变化会使这次收购战略的可行性大打折扣。尤其是，新闻集团应当合理预计到，由于观众数量的迅速增长，特定国家或特定语言节目制作的观众人均成本节省额将变得无足轻重（但是新闻集团却一直极力降低这些成本）。考虑到相对成本的这些变化，以及国内电视节目更吸引观众〔无论是常识还是同期数据（见图3-10）都证明了这一点〕等因素，你可以清楚地看到，英语语言类节目战略将越来越不可行。

估计你的价值体系中其他竞争者可能会如何行事。 除了考虑你们企业所在环境的巨大变化之外，检验企业战略是否具有可持续性的另一种方法是站在竞争者的视角上进行换位思考。前文我们已经讨论过判断直接竞争对手如何行事的详细分析方法，这种类似的分析方法还可以用于潜在进入者、顾客、供应商，以及替代品或互补品生产企业的分析。如果他们的目标是实现价值最大化，那么他们会采取什么行动？从他们的立场上来看,他们最有可能做什么?对于他们可能采取的行动,你又会采取何种行动来反击或应对?

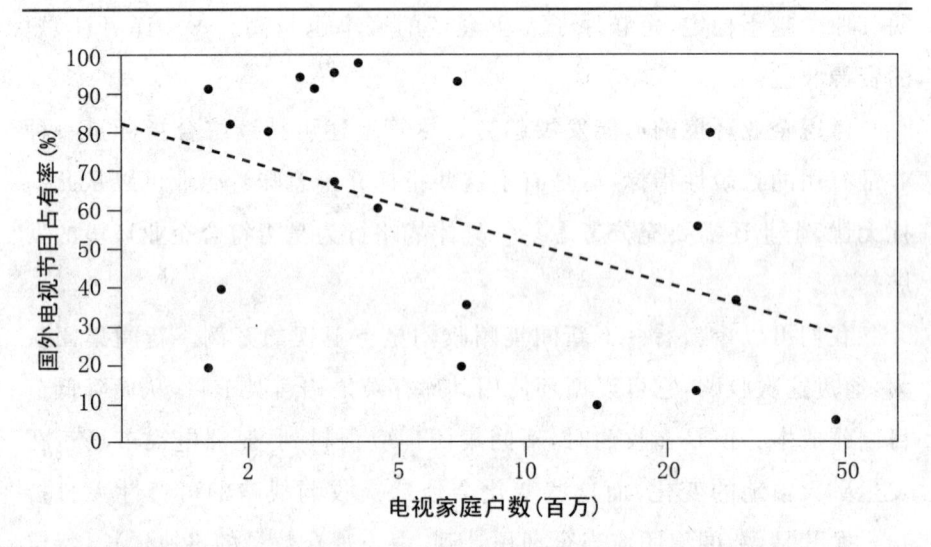

图 3-10 国外电视节目和国内市场规模

资料来源:Pankaj Ghemawat, "Global Standardization vs. Localization: A Case Study and Model," in *The Global Market: Developing a Strategy to Manage Across Borders*, ed. John A. Quelch and Rohit Deshpandé (San Francisco: Jossey-Bass, 2004) 123.

考虑战略行动被模仿的程度。在企业价值体系中,尽管详细了解竞争者或其他相关企业的目的是预测它们会如何行动,然而随着相关企业数量的增加,这种方法很快就不适用了。在此情形下,直接考察旨在创造价值的战略行动可能在多大程度上被模仿,也许更有意义。因为如果企业的战略行动可以被模仿,那么该战略行动就会丧失其稀缺性价值。

通盘考虑一系列战略行动。战略方案的可持续性通常都是通过一系列战略行动来实现的,从更广泛的意义上而言,机会也是在一系列战略行动中才发现的。有鉴于此,在决定是否实施第一项行动或方案之前,有必要事先预估和通盘考虑那些备选行动或方案。这要求企业对未来要有深刻认识,虽然做到这一点一般都很难,但是企业的基本思路应该是清晰的,即战略家评价战略时应全面综合,而不应该孤立、片面地评价那些战略中的个别方案或行动。

谨记即使有些战略行动不能给企业带来可持续的优势,也仍值得一试。 如果你不采取某些行动,你的公司将会一直处于劣势。这又一次强调了我们前文提及的观点:与竞争对手展开较量很有必要,但是企业的最终目标不是打败对手而是创造价值。

判断

大多数战略决策既需要分析又需要判断。所谓判断是指,企业要认识到分析总是有可能出错的,因此通过评价分析所得出的建议是否合理,可以提高决策成功的概率。虽然判断的方法有很多,但是在进行战略决策时,其中有三种判断方法是至关重要的:

➤ 是否具有独特能力:在你们公司拥有与众不同的能力的领域,你们遇到好机会与遇到坏机会的比率要高于你们在其他领域的这一比率。

➤ 资源是否平衡:在进行重大战略决策时,注意保持关键资源(包括资金)供给与需求的大致平衡。

➤ 结构环境条件是否成熟(即特定时空、文化、社会经济与科技等环境条件对某一具体行动或策略的促进。——译者注):知道备选战略方案的来历以及评价也非常重要,通常只要看支持这些方案的人就可以得出部分结论。

我们可以看一个案例。2004年,西班牙的桑坦德(Santander)银行以125亿欧元的价格收购了英国的阿比国民银行(Abbey National),成

第三章

为当时世界上市值最高的第十大银行。桑坦德银行对阿比国民银行的估值完全是根据增值计分卡的所有价值组成成分作出的。但是,通过与桑坦德银行主席埃米利奥·博丁(Emilio Botin)的交谈,我意识到他在决策时也考虑了所有上述三种判断方法。首先,桑坦德银行认为自己实力不凡,有能力收购阿比国民银行:桑坦德银行拥有重组零售银行业务收购的丰富经验;自1988年跟苏格兰皇家银行(Royal Bank of Scotland,RBS)结成战略联盟〔这让它有机会近距离观察RBS收购国民西敏寺银行(National Westminster,一家比阿比国民银行大得多的银行)的过程〕时起,桑坦德银行便开始了解英国银行业;英国银行监管部门有可能禁止英国大银行(包括RBS)参与竞标收购阿比国民银行。其次,收购阿比国民银行有助于提升自己业已下滑的利润增长率,同时这也是桑坦德银行资产负债表所能承受的最大一笔交易。最后,埃米利奥·博丁信赖的心腹胡安·罗德里格斯·因西亚特(Juan Rodriguez Inciarte,他与博丁是RBS董事会仅有的两名执行董事,他曾主持过其他几个成功的收购案例)已经深入地研究了收购阿比国民银行的机会,并对这笔收购表示赞同。

创造性

到目前为止,本章一直都在关注如何改进战略备选方案的评价方式。但是,在改进备选方案时的创造性也异常重要,它同时也是战略开发的互补要素,因为在无须改进战略方案的前提下,增加备选方案也是决策分析时克服优柔寡断的良方。

创造新方案从来就不是完全系统化的产物,但是也存在一些丰富战略备选方案数量的简单方法。本章前文也曾提及过些许方法,但此处将介绍五种补充方法。它们大都是些很普通的方法,在单一国家战略中也可以应用,但是此处将重点围绕与全球战略有关的内容进行详细阐述。

根据控制力、发展模式、规模、时机选择及其他因素丰富备选方案。国际商业领域已经注意到,产品进入市场的方式可能有很多种,比如出口、签订供应协议、许可和特许经营、战略联盟、合资经营以及控股,其中最后两种方式的比选最引人关注。支持控股的人强调控股在安全和控制方面的优势。另一方面,支持合资经营的人则看重合资经营可以获得地方的企业能力和关系网络以及降低适应环境的风险和挑战(下一章将详细讨论适应战略)的优势。

虽然争论肯定还会继续,但是我认为,从管理的视角来看,不同市场进入模式之间的选择常常需要视具体情形而定,一般的评价方法可能作用不大。更确切地说,管理者需要理解增值计分卡中每一项增加价值要素的含义,以及企业在可持续发展的基础上计算各备选方案能够获得的增值份额。还要指出的是,在选择原材料市场进入模式时,以及在选择内生性发展还是并购时也会有类似的争论。

拓宽搜索范围。在讨论战略可持续性时,我们曾经略微提到过一些建议,包括:用变化的观点来发现新事物;扩大外部搜索范围,通盘考虑你们企业整体的价值体系,而不是仅仅局限于对直接竞争对手的分析;以及换位思考。当然,在全球环境中拓宽搜索范围,最明显的方法是多分析各不同地域的情况。因此,你们公司即使对印度或中国不感兴趣,这两国的竞争者正在制定的战略也是值得研究的。例如,每一个无线服务运营商起码应该知道巴帝电信公司(Bharti Airtel)所倡导的激进外购战略(巴帝电信公司是印度电信市场的领军企业,这项战略使其将通话费用降低到了2美分/分钟,与之相比,很多发达市场的通话费则为20多美分/分钟)。再以我自己的工作为例:许多商学院都有强烈的国内导向,尤其是美国的商学院,但是它们却可以从对其他国家商学院案例的研究中获益。例如,印度的ICFAI商学院一向重视规模扩张和远程教育,并关注市场需求。经过十年的发展,其MBA学员注册数量翻

第三章

了十倍,成为世界最大的商学院之一。当然,由于各国之间存在差异,完全照搬照抄这些案例是行不通的。如果要将这些案例的经验应用于其他国家,我们还需要注意知识的汲取与应用。

转变观点。研究和分析地理上迥异的竞争者只是从根本上转变观点的一种方法。除此之外,还有其他许多方法也值得推荐,但这里只能涉及其中少数几种。第一,抛开其中一个假设条件、一些假设条件甚至是所有的假设条件(例如,思考如果一切重新开始或者资金没有约束,我们将如何解决某个问题)。第二,找出行业和竞争者行为中不成文的规则,然后想办法打破这些规则。第三,重视可能出现的威胁与机会,从而提高企业承受变化的能力。第四,采用归纳方法,从可能的答案中找出企业需要解决的问题(威胁和机会);采用演绎方法,从问题中找出相应的解决办法。第五,知道如何达到与你真正期望的目标相反的目标,然后逆向行之。第六,对于现状采取一种"能够改变"的态度,自问:为什么不改变呢?第七,考虑颠倒常态的其他方法(例如,把买方当卖方,把卖方当买方)。第八,利用提高横向或平行思维的技术。第九,将换位思考向前再深入一步,站在竞争者的角度来分析自己的公司。

上述方法可能有些抽象和散乱,但是下面的案例将会告诉我们彻底转变观点是多么重要。钻石生产商德比尔斯(De Beers)起初反对"血腥钻石"(非洲用以换取战争经费的钻石。——译者注)贸易限制,但是随后它转变了观点,意识到这种贸易限制实际上有助于其解决钻石市场过度供给以及钻石商品化的问题。欧洲低价航空公司爱尔兰瑞安(Ryanair)航空公司推行了一项战略:它不仅向前往冷僻机场的乘客收取机票款,而且还以给当地带来了大量游客为由,向这些机场以及当地旅游局收费。西班牙时装零售商飒拉(Zara)发现,若设计—生产周期加速,则企业存货就会降低,顾客购买意愿就会提高。因此,其主要服装产品都是根据应季流行趋势来设计和生产的,而不是事先猜测未来的流行趋势。现在控制阿塞洛·米塔尔(Arcelor Mittal)钢铁公司的拉克希米·米塔尔(Lakshmi Mittal)认识到,他早在20世纪90年代中期就开始在前东欧国家收购的钢铁厂,其重要价值不在于获得这些钢铁厂的生产能力本身,而是在于通过收购可以获得相应的矿产开采权。

利用整个组织的创造力。 拓展战略备选方案思维的另外一种方法是,突破企业总部战略创新的旧模式,通过组织流程和组织结构再造来适应企业创造性的需求。简单地说,这包括:培养企业开放性思维;鼓励承担风险和主动学习;包容发散思维;培养灵敏的反应机制;使战略计划更具创新性,或者使战略计划更像一场扩展式对话;重视大量的信息流和业务细节掌握;以数据为依据进行分析;改变固有偏见(例如"非我发明"症);同时利用内部承诺机制(如工作激情)和外部承诺机制(如激励);不断改进、质疑甚至是颠覆企业组织。显然,这种创新性的组织特点会影响到新备选方案的评价,以及新备选方案的创造。

虽然这些办法同样都很常见,但是正如可口可乐公司的案例所阐明的那样,利用整个跨国组织的创造能力尤其适用于半全球化的背景。因此,在接任可口可乐CEO之后,内维尔·艾斯戴尔(Neville Isdell)所作的变革之一就是,重新举办内部商品交易会和其他全球性贸易集会。据报道,道格拉斯·达夫特(Douglas Daft)在任时,就没有上述这样的交易会能够体现他所偏爱的"因地制宜"战略思想。而罗伯托·戈伊苏埃塔时期的交易会则带有总部决策的偏见,换句话说,那时的交易会只是总部向外宣传介绍自己战略计划的一种渠道。

读完本书余下的内容。 提高企业制定全球战略的创造性的最后一个方法贯穿于本书其余内容之中。行文至此,我们得出的结论是:我们身处在一个半全球化的世界里,其中的跨国差异仍不容小觑。本书的第二部分将研究几个应对这种跨国差异的重要战略。这种系统应对跨国差异的战略可以帮助我们找到企业价值创造的思维方法,这种思维方法

第三章

与全球战略相互补充,而且比本部分所讨论的提高企业创造力的其他方法更有针对性。

结　论

"全球化综述"总结了本章讨论所得出的具体结论。从更广泛的意义上来说,本章为评价企业跨国行动所创造的价值提供了一个综合、严谨的依据,目的是为企业的此类跨国行动提供一种更切合实际的分析方法。当然,切合实际并不意味着不需要创新;相反,只有配合使用两者才能让企业的业绩更优。

有了增值计分卡的帮助,本书的第二部分将会介绍几个处理国家之间差异的主要战略——当然,同时也会承认并利用国家之间的相似之处。本章详尽讨论的西迈克斯的案例所涉及的差异处理方法相对比较简单,因为水泥就是水泥,哪儿的水泥都没什么两样,但是仍然需要注意,即使是这样一个行业,地理距离仍然起着重要作用。后面几章将通过具体情景案例的应用,详细讨论第一部分所形成的概念和工具的实用性。在这些情景案例中,各国之间的差异更加多元化,也更显著。

全球化综述

1. 我们生活在一个半全球化的世界里,其中各个国家的差异仍然起着重要的作用。这个结论对于回答"为什么要全球化?"这个问题很重要。而回答这个问题则需要严谨的分析。

2. 增值计分卡将增加的价值分解为六个价值组成成分,为这种分析提供了依据。这六个价值组成成分分别是扩大规模、降低成本、差异化、提高行业吸引力、正常化风险,以及创造和使用知识(及其他资源)。

3. 在使用增值计分卡时,不仅需要将所有这六个价值组成成分牢记于心,而且还要分类、(尽可能)量化和比较。
4. 在根据增值计分卡进行分析时,补充考虑可持续性是非常有益的。
5. 你可以也应该对分析结果进行判断。
6. 丰富备选战略方案和改进备选方案可以使企业收获良多。

第二部分 全球化价值创造战略

REDEFINING GLOBAL STRATEGY

第二部分

第二部分内容集中讨论了在各国存在明显差异的条件下,企业创造价值的战略。为有效处理和利用这些差异,第四章至第六章引入了3A战略,即适应(adaptation)战略、集群(aggregation)战略和套利(arbitrage)战略。第七章和第八章则综合分析了这三种战略。

➢ 第四章研究了适应各国差异的适应战略。因为我们已经对应对差异的这种战略有所了解,所以本章的目标在于拓展思维,研究和分析能更有效适应差异的一系列方法及子方法。

➢ 第五章讨论了通过将相似国家分类组合,克服各国之间差异的集群战略。虽然集群的依据可能有很多,但是本章为力求分析和研究的深入,不追求面面俱到,重点研究了依据区域进行地理集群的问题。

➢ 第六章分析了利用各国之间某些特定差异的套利战略,而不是统统将所有差异都视为全球化经营的约束。本章根据第二章所讨论的CAGE差异全面分析了套利战略,不过其中对经济套利特别是劳动套利的分析尤为深入。

➢ 第七章讨论了3A战略的应用选择,以及企业可以同时利用其中两个或三个战略的可能性和可行性,由此提出了利用差异的一套整合战略。

➢ 第八章是本书的总结,展望了全球化的未来,其中既有乐观的预期也有悲观的估计。最后,本章利用前几章得出的结论为这些乐观与悲观预期的争议盖棺定论,并为企业提供了一个逐步提高其在全球的价值创造能力的方法。

第四章 适应战略

适应差异

> 做所有的事都应该尽可能地简单，但也不宜太过简单。
>
> ——艾伯特·爱因斯坦

在本书第一部分内容中，我们构建了一个半全球化的背景，提出了一个研究和分析跨国差异的模型（CAGE 模型），并给出了一个根据差异评价跨国战略备选方案的工具和方法（增值计分卡）。现在我们将讨论应对国家差异的方法。在此，我们首先从适应战略，或者说适应差异的战略开始谈起。

对现实中所有跨国企业而言，它们或多或少都需要适应跨国差异。比如，我们可以看一看第一部分讨论过的两个案例：

> 虽然水泥非常近似于技术成熟的纯商品（pure commodity），但是西迈克斯仍然必须要适应各国之间存在的差异，如能源价格差异以及对袋装水泥与散装水泥的不同需求差异等等。

> 从历史上看，距离阿肯色州的本顿维尔（沃尔玛总部所在地）越远，沃尔玛的业绩表现就越差。固执己见，不适应跨国新环境似乎是最

第四章

明显的原因,比如在对英式足球疯狂的巴西销售美式足球就是一例。沃尔玛此类的销售失策,大家有目共睹,比比皆是。但是,真正的问题远不止于此:据我估计,沃尔玛在其美国本土所执行的50项政策和惯例中,有35项几乎是完全移植给了其国际分部,有12项至少是部分移植给了其国际分部。对于一个存在巨大跨国差异的行业而言,这种全盘移植实在令人匪夷所思。

沃尔玛的案例说明,跨国战略不重视适应性似乎是一种普遍的现象。[1]正如前文所言,问题的部分解决方法是分析各国家之间依然存在的差异,不能因为盲目相信这些差异无关紧要(或将变得无足轻重)而忽略它们。不过,对企业来说,寻求一系列适应这些跨国差异的完整方法(即改善条件使企业能够在实践中适应这些差异)也是非常重要的。为了更深入研究适应差异的困难以及各种可能的解决办法,本章将会详细分析一个需求极度多样化的行业,即大型家电行业,特别会关注其中全球前十大家电竞争者的战略。[2]然后,本章会用其他许多案例来讨论更一般的适应方法,最后本章还将讨论适应战略管理过程中产生的一些组织问题。

大型家电行业

虽然从20世纪60年代起,美国和西欧的大型家电行业企业就一直在合并,但是直到20世纪80年代中期,跨区域的全球化才姗姗来迟,掀起了一轮大规模的并购潮。1986年,欧洲大型家电行业的领袖伊莱克斯收购了美国第三大家电生产商怀特联合工业公司(White Consolidated)。自1989年到1990年,美国主要的竞争者开始出手反击:美国最大的家电生产商惠而浦收购了飞利浦公司的大型家电业务(飞利浦公司的大型家电业务勉强位居欧洲第二);美国第二大生产商通用电气收购了英国通用电气公司(GEC)家电业务的股份;第四大生产商美泰(Maytag)收购了胡佛(Hoover)品牌吸尘器,将其足迹拓展到了英国和澳大利亚。随后的整个90年代,在欧洲其他竞争者(特别是博世—西门子),以及亚洲其他竞争者(如开始跨入世界级行列的松下之类的日本公司,以及韩国的LG和三星、中国的海尔)的参与下,家电行业国际化扩张之势愈演愈烈。

在1994年的一次访谈中,惠而浦CEO戴维·惠特万(David Whitwam,他在任时收购了飞利浦的家电业务)一针见血地道破了当时的全球扩张状况,"今后无论我们公司是否选择全球化之路,我们的行业都将义无反顾地走向全球化。因此,我们有三个选择。我们可以无视这种必然趋势,这项选择无异于宣告惠而浦将慢慢死去;我们可以静待全球化的到来,然后倾力应对;或者我们也可以主宰自我,引领我们行业的全球化进程。"[3]

但是大型家电行业的国际扩张并没有提高企业的业绩。图4-1显示了全球前十大家电竞争企业近年的利润率。[4]根据这些利润率数据,我们可以看出,先期跨区域扩张的几家企业(伊莱克斯和美国的四家大公司)似乎并没有获得先行者优势。而且,它们家电业务的业绩也没有显著增长:在2002至2004年间,先期全球化的几家企业的收入增长率(图中括号内的数字)也都处于这10家企业的后几位。同样,这10家企业中最大的企业(全球化地理范围最广的企业)一直都不是赢利能力最强的。因此,尽管大型家电行业的企业合并时有发生,但合并却通常会拖累合并企业的业绩。为什么结果总是事与愿违呢?

第四章

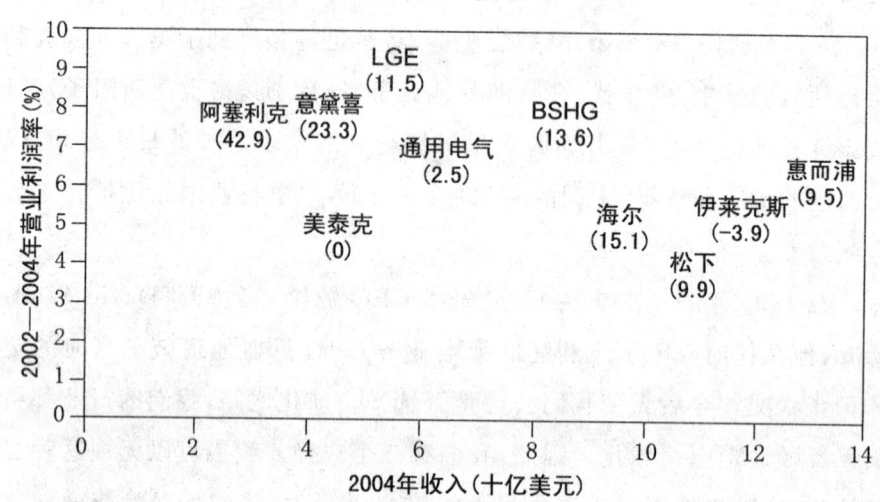

图 4-1 大型家电行业前十家企业的利润率与收入规模(和增长率)

```
10
 9
 8        LGE
          (11.5)
 7  阿塞利克  意黛喜
    (42.9)  (23.3)          BSHG
 6                          (13.6)                         惠而浦
                 通用电气                                     (9.5)
 5                (2.5)
          美泰克              海尔      伊莱克斯
 4        (0)               (15.1)   (-3.9)
                                     松下
 3                                   (9.9)
 2
 1
 0
   0    2    4    6    8    10   12   14
            2004年收入(十亿美元)
```
纵轴:2002—2004年营业利润率(%)

资料来源:图中所示公司的年报;Freedonia Group, "World Major Household Appliances: World industry Study with Forecasts to 2009 and 2014," Study 2015 (Cleveland: Freedom Group, January 2006);Pankaj Ghemawat and Catherine Thomas, "Arcelik Home Appliances: International Expansion Strategy," Case 705-477 (Boston: Harvard Business School, 2005);Pankaj Ghemawat and Thomas M. Hout, "Haier's U.S. Refrigerator Strategy 2005," Case 705-475 (Boston: Harvard Business School, 2005);全球市场信息数据库(Global Market Information Database);松下公司的利润率是 2002—2003 年的数据;通用电气和海尔的数据是估算的。

行业环境

惠而浦是秉持特德·莱维特式理念(认为全世界的消费者所需要的产品都是无异的),希望通过全球扩张而增加企业价值的最典型的案例。正如公司 1987 年年报所述,"主要工业化国家消费者的生活模式正逐步趋同,而且他们对于消费产品的期望也越来越相似"。

对于大型家电行业和其他许多行业来说,这种推理存在的问题是,它是内在意识感觉的结果而不是观察的结果(如查尔斯·达尔文所言)。21世纪初的几年间,大型家电的领军制造商们所提供的家电种类仍多达成千上万种,其中伊莱克斯就有15 000种之多。第二章所提出的CAGE模型有助于我们找出阻止偏好趋同的全部跨国差异,第三章所提供的诊断工具(增值计分卡)有助于我们认识到这些差异对(已经很弱的)跨国扩张动机的削弱程度(见表4-1)。

表4-1 跨国差异提高了顾客对大型家电的多样化需求

文化差异	行政差异	地理差异	经济差异
➢特殊偏好 ➢外化 ➢产品大多比较成熟 ➢缺少消费外部性*	➢电气标准 ・插头和插座 ・电压 ・周波 ➢其他规定:环境 ➢保护主义:美国进口关税高达20%	➢气候 ・温度 ・日照 ・体积或低的价值重量比	➢收入水平:低成本或支付意愿 ➢增长:新的家庭构成情况 ➢替代品或互补品的价格及可获得性 ・空间 ・电

* 消费外部性是指当消费同样产品的其他使用者的人数变化时,某一使用者消费该产品所获得的效用变化量。

从左至右通览表4-1,首先由于一系列文化差异(一些特殊偏好,以及由其他更根本差异衍生的其他特殊要求)的存在,我们发现若要在多个市场中展开有效竞争,企业所需要提供的产品品种数量大大增加。洗衣机是一个存在特殊偏好差异的例子。通常,人们认为这种产品的差异相对有限,而事实则不然:

在法国,上载式洗衣机占据了市场70%的份额。尽管前载式和上载式洗衣机的成本相差无几,但前载式洗衣机总是要比上载式洗衣机稍微便宜一些。西德的消费者则更喜欢800

第四章

转/分钟以上的高转速前载式洗衣机。而意大利的消费者喜欢600—800转/分钟的前载式洗衣机。英国人也喜欢800转/分钟的前载式洗衣机,但要求洗衣机不仅能够提供冷水,而且能提供热水。[5]

多样化的偏好似乎更多地源于其他更根本的国际差异。从文化的视角来看,各个国家不同的烹饪方式会对许多家电产品的需求产生重要影响。例如,与美国的冰箱消费者相比,德国人需要更大的空间来放肉;意大利人需要独立的空间装蔬菜;而家里既有素食者又有非素食者的印度家庭,则要求冰箱内部密封防止食物串味。为了烤制圣诞火鸡,英国人所需要的烤箱就要比德国人做烤鹅的烤箱大。同时,德国人也不需要具有自我清洁功能的烤箱,因为他们烹饪时的温度比法国低。而印度家庭则通常不需要烤箱。

此外,人们对传统家电的偏好相对更为稳定。就像一位营销专家解释的那样,"家庭是人们生活当中受文化影响最大的部分,巴黎的消费者才不关心纽约人用什么样的冰箱"。[6]

其次,从行政上讲,由于各国电器标准各不相同(在全世界范围内,共有13种主要类型的电源插头和墙内电源插座,而且各国电压和电频也不尽相同),这也就不可避免地提高了家电产品的多样化需求。[7]其他的一些规定特别是环境保护规定,各国之间也千差万别。贸易保护主义以及高额运输成本的存在,使得在不同地方生产的产品品种不可能一致,不同产品品种也不能相互完全替代。也就是说,贸易保护主义和高额的运输成本等因素限制了行业内的贸易(增加所提供产品的种类却不增加各地的销量)。纵观历史,大部分贸易都局限于一定的区域之内,而且近几十年来贸易的区域化趋势更加明显。[8]

再次,在影响产品多样化需求的地理相关因素差异中,气候差异就是其中之一。比如,天气不热的地方(时候)就不需要空调;在阳光明媚的地中海式气候区,干衣机就行销不畅。

最后,就严格的经济差异而言,导致跨国需求差异唯一最重要的因素可能就是地方收入水平。在美国,一台冰箱的价格只占美国人均年收入的百分之几,与之相比,一台冰箱的价格却占印度人均年收入的一大部分。因此,尽管印度天气炎热,印度市场上所售冰箱品种也较美国市场容量更小,功能更简单,价格更便宜,但是其冰箱的拥有量却依然很低。对顾客多样化需求产生较大影响的其他经济因素还包括是否存在相应的替代产品或互补产品(例如空间和电),以及这些产品价格的高低。美国的购买者通常拥有很大的生活空间,因此他们更喜欢购买体积较大的冰箱,而且他们也能接受较高的噪音。由于美国以外的国家的用电成本通常较高,所以企业跨国经营时应更多地考虑到能源效率问题。不稳定的电力供应也会创造利基市场机会(针对被市场统治者忽略的某些细分市场,企业选定一个较小的产品或服务领域,通过专业化经营,成为该细分市场领先者,之后再扩大市场范围,逐渐形成持久的竞争优势。——译者注),例如,这类国家的消费者就对停电后可以自动重新启动的电子控制冰箱大感兴趣。

除了所有这些跨国多样化需求差异之外,国内消费者对冰箱的特征偏好也存在着巨大的差异,如颜色、材料、尺寸、能源效率、噪音、环境友好性的其他方面、基本设置、门的设计、外形构造,以及带有除霜器和控制装置的冷冻室的位置等。跨国消费者对冰箱品种多样性的需求,加之国内消费者对冰箱特征复杂性的要求,使得冰箱生产商面临着重重挑战。此外,上述内容仅讨论了导致偏好多样化的跨国差异,并没有涉及所有的跨国差异。第二章所讨论过的其他许多差异依然适用于这个行业的分析,而且考虑所有这些差异会使得企业的跨国管理变得更加困难。正因为如此,由于英美两国语言的差异限制,在推广一款真空吸尘器产品的广告活动中,伊莱克斯公司在英国的平面媒体上用了"没有什

第四章

么东西比伊莱克斯更能吸了"（Nothing sucks like an Electrolux）这样的广告语，然而同样这句广告语在美国就被理解成了"没有什么东西比伊莱克斯更烂了"，而且"suck"一词在美国俚语中意思更为下流，因此伊莱克斯这句吸尘器广告词在美国臭名远扬。

    有一种跨国差异却会起到显著的相反作用（即有利于跨国扩张），那就是劳动力成本差异。如果按照在劳动力成本较高的国家进行生产所产生的销售收入计算的话，这种劳动力成本的节省额将占这一数字的20%—30%。但是，由于运输成本相对较高，跨国销售特别是跨区域销售的产品品种子类繁多，企业的劳动力成本竞争优势相当有限。因此，虽然海尔从中国（世界上成本最低的生产平台）将许多冰箱运到了美国，但是算上运输成本之后，出口大型冰箱几乎无利可图（这还没有算上美国的关税）。

    为了更系统地分析家电行业的经济状况，我们可以看一看各种不同类型的支出在企业收入中所占的比例。就广告、研发和劳动力支出比例而言，大型家电行业超过了制造业的平均水平，但仍与制造业前10%的水平相差甚远。同时，家电行业的广告特别是研发支出比例也落后于汽车行业，这表明尽管许多家电行业的管理者把汽车行业当成自己的"大哥"和"领头羊"，然而家电行业的跨国扩张动力依然较弱。所以，为了保持跨国竞争的优势，家电企业仍不得不考虑跨国消费者对产品多样化的需求和国内消费者对产品特征的复杂性要求。

    与那些即将实施并购的企业不同，我们认为这是一种助推而不是一种障碍。大型家电行业不仅提出了一个极端的适应性挑战，而且它也为不同的竞争者尝试用不同方法应对挑战提供了余地（因为在全球扩张的过程中，家电行业缺少价值创造的主导思想）。尤其是，这10家最大的家电行业竞争者所采用的竞争策略，涉及了大多数应对适应性挑战的方法，随后我将对其作简要介绍。

竞争策略

在这前10大家电企业中,有些企业仍沿用倚重单一国家战略、低成本(如松下和海尔)和差异化(如博世—西门子和LG)的最基本竞争策略。诚然,如果成本和差异化的竞争优势相当突出的话,它至少可以抵消适应不同市场的部分压力。但是,面对国家间的差异,这些企业已经被迫对其基本竞争策略作出了重大修正。为了缓解其他国家竞争者给自己造成的压力,松下公司不得不重新调整了其基于规模的成本领先策略,即改变了其在日本少数几个工厂生产相对标准化产品的策略。在"先难后易"思想的指导下,海尔对美国的出口策略也发生了转向,由原来出口大型冰箱和不易运输的产品,改为现在开始出口紧凑型小冰箱和其他易于运输的产品。不仅如此,它还邀请了一名非凡的企业家迈克尔·贾马尔(Michael Jemal)加盟海尔,任海尔美国地区总裁。而博世—西门子和LG为新兴市场和发达市场所提供的产品也是琳琅满目,千差万别。如欲深入理解这些以及其他应对跨国差异的策略,提高企业战略的自由度和广泛适应性,企业需要超越低成本和差异化竞争策略的羁绊,及其他增值计分卡价值组成成分的束缚。保持较高的分值并不能替代对战略内容的思考。

依据这种观点,这10家最大的家电企业所采用的竞争策略,涵盖了应对适应差异挑战所需的所有主要方法,如图4-2椭圆形阴影部分所示。

适应跨国差异的第一种也是最显而易见的方法就是改变。瑞典的伊莱克斯就是一个例证,并将这种方法应用到了极致。伊莱克斯公司总共合并了500多家公司,截至20世纪90年代末,它为消费者提供的家电品种达到15 000多个。实际上,伊莱克斯当时甚至尝试过消费者自助式定制的方法。单就冰箱产品而言,顾客就可以在一万多种颜色和材

第四章

料组合中搭配选择!⁹ 不过,由于家电行业足迹遍布范围极广,仅仅是简单的"改变"还不足以满足来自各地的所有不同需求。由于业绩不佳,伊莱克斯近期已经开始尝试合并一些产品品种。

图 4-2 适应的方法

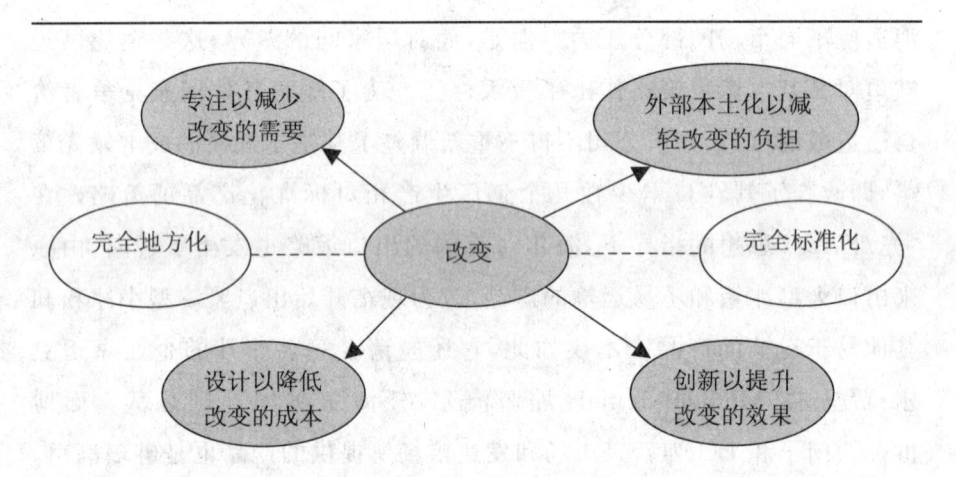

```
完全地方化  ←——  专注以减少改变的需要
                 ↑
                 改变  →  外部本土化以减轻改变的负担
                 ↓
设计以降低改变的成本   创新以提升改变的效果
                              完全标准化
```

应对适应性挑战的第二种方法是,专注于某些特定的地理区域、产品、纵向阶段等进行生产,目的就是为了降低消费者需求的异质性。因此,前10大企业中几家稍小的企业,如意大利的意黛喜(Indesit)公司、土耳其的阿塞利克(Arcelik)公司、美国的美泰克(Maytag)公司(在2005年被惠而浦收购之前),都是将目光集中于某些特定地理区域,而没有选择在全球市场遍地开花。前文也已提到过,海尔侧重于提供紧凑型的家电产品。而巴西的恩布拉克(Embraco)公司则是专注于某一纵向阶段的例子。该公司是一家压缩机制造企业,它所生产的压缩机占据了全球家电压缩机市场近1/4的份额,这几乎是伊莱克斯在家电市场中份额的两倍。虽然惠而浦也拥有恩布拉克公司的大部分股份,但是它们在全球范围内合并其他企业时差异较大,这种差异与它们所生产的产品特征有关(压缩机研发密集度较高、价值重量比特别高),而与其管理方法无关。

适应的第三种方法是外部本土化,即通过合资、合作等方式减轻公司内部负担。例如,海尔与迈克尔·贾马尔合作,其目的就是适应陌生的美国市场需求。前10强中的其他企业也很重视本土化的适应方法。其中比较典型的是通用电气家电公司:它购买了英国GDA公司50%的股份,与其在英国合资经营家电业务;为了获得在日本的分销渠道,它与一家日本的大型零售商缔结了合作同盟;通过授权本地制造商贴牌生产,控制自己对中国的投资。(但是,2002年通用公司又把自己所持有的GDA50%的股份卖给了意黛喜公司,以强化其北美区域的经营业务。)

第四种适应方法是通过设计降低产品差异化的成本,但不是减少对差异化产品的需求。在大型家电行业中,最明显的例子可能就是意黛喜公司。意黛喜的每家工厂都使用一种基本生产平台,而且每家工厂只生产一种类型的家电产品。通过这种策略的实施,意黛喜大获成功。

适应差异性需求的最后一种方法是创新。由于创新的影响是多方面的,所以人们可以将创新视为提升各种适应活动的效果。在这些主要大型家电企业中,市场领袖惠而浦正是践行这一方法的最好例证。在平台化生产浅尝辄止之后,惠而浦自2000年起开始将其战略中心转向"基于品牌的创造价值",使"创新无人不及,无处不在"。美国人长久以来一直偏好上载式洗衣机,但惠而浦却将其欧洲团队设计的双前载式洗衣机引入到了美国市场,并从美国市场中受益颇丰。此外,惠而浦还有一个雄心勃勃的计划,那就是开发一款能够行销全球的"世界冰箱",但是这一计划却没有那么成功。

此处对前十大家电生产商竞争策略的讨论,侧重于把适应战略视为应对跨国差异的一种方法。除此之外,实际上本文所涉及的其他所有竞争者同时还关注其他两个战略,即基于区域的集群战略(或者以某个特定区域为依据进行集群,或者根据企业的跨区域组织方式进行集群),以及在价格和利润压力日益增大的现实面前,为降低成本而实施的套利战

第四章

略。而集群战略与套利战略分别是本书第五章和第六章所研究的内容。

实施适应战略的方法及子方法

在决定如何适应跨国差异时,我们需要避免极端的本地化和标准化,这已不是什么新鲜的话题了。不过,我们在此提出的实施适应战略的多种方法汇总(见图4-2)却是全新的。图4-2为我们提供了一份菜单,其中内容并非一些诸如"平衡全球化和本地化"或"全球本地化"之类的抽象含糊指令,而是给出了实施适应战略的各种可能的方法。由于(需求)多样化是适应战略的核心概念,所以在这些方法中,每一种方法又可分解成一系列具体的子方法(见表4-2)。通过这种细分,我们能够并将详细阐释这些方法。

请注意,表4-2并没有列出所有的子方法。至少对某个具体的行业或公司来说,我们很容易就可以找到实施适应战略的其他子方法。例如,在"外部本地化"方法之下,我们可以把特许经营和其他形式的公司内部承包等子方法加入其中。[10]尽管如此,表4-2列出的20条子方法却足以证明这样一个基本观点:实施适应战略的方式远不止一种。

表4-2 适应的方法与子方法

改变	专注:减少改变的需要	外部本地化:减轻改变的负担	设计:降低改变的成本	创新:提升改变的效果
➢改变产品	➢专注于产品	➢战略联盟	➢弹性经营	➢移植
➢改变政策	➢专注于地理区域	➢特许经营	➢分割	➢本地化
➢重新定位	➢专注于纵向阶段	➢用户适应	➢平台化	➢重新组合
➢改变基准目标	➢专注于分众	➢关系网络	➢模块化	➢改造环境

无论是方法还是子方法,它们相互都不冲突。尽管如此,由于它们

的使用条件和要求各有不同,如果企业想要把所有不同方法或子方法的作用都发挥到极致,那么这也许仍是一个愚蠢的做法。原因之一,对于任何一种适应方法而言,若要获得最佳效果都需要一种特定的组织形式予以配合。原因之二,企业在进行选择,作出战略决策时,必须处理好复杂性的问题,而复杂性恰恰是大型家电行业发展的要害之处。请注意,就增值计分卡所列大多数价值组成成分而言,复杂性可谓是一剂毒药:它可以削弱规模经济的作用,提高成本,减少产品的差异化或降低为消费者服务的能力(使品牌形象模糊化或造成与分销商的冲突),加剧企业风险和降低企业灵活性,耗尽而不是增加企业(其他)资源(尤其是管理资源)。需要在各种方法和子方法中进行甄选的最后一个原因也与集群战略和套利战略的要求息息相关,本书接下来的两章将分别介绍这些要求。

换言之,表4-2列举的方法和子方法只是一份供企业备选的菜单,而不是一份必选的方法清单。如果企业不加辨别地同时使用所有这些方法和子方法,必然会导致企业消化不良。虽然这份菜单本身并不能解决战略选择的问题,但是通过扩展可供战略选择方法集合,它可以改善企业适应差异性需求的条件。例如,正如前文所介绍的那样,为了让可口可乐更具适应性,道格拉斯·达夫特在没有改变亚特兰大总部所制定政策的前提下,根据各国具体情况对其重新进行调整,只是他这一举措效果有限。但是,如果他有更多的实施适应战略的方法或子方法可供选择,那么结果可能就会不同。因此,我们将结合一系列案例,对这些方法或子方法稍加详细介绍。

改变

"改变"是企业适应各国之间差异的最明显同时也是最常用的一种

第四章

方法。"改变"不仅包括产品的改变,而且还包括企业政策、商业定位,甚至是基准目标(如目标收益率)的改变。社会科学家们效仿生物学家们,长期以来一直强调改变在逐渐改善过程(改变—选择—保留或扩散的循环)中的关键作用。从不同的战略视角来看,改变不应当是盲目的,它需要一个方向指引。而战略恰恰起到了这种方向指引作用,而且它还为进一步改进这些方法或子方法预留了空间。

改变产品

即使是那些人们认为是比较标准化的产品也必须作出较大的改变。为了让 Windows(现在是 Vista)适应各国差异,微软公司首先需要应对各种语言差异:例如希伯来语的书写顺序是由右自左,德语的单词比英语单词长 30% 左右,这些都要求用户界面根据这些语言特征相应改变;其次,图标和位图也不是全球通用的;再次,需要处理内嵌区域疆界划分(即 Windows 操作系统中"控制面板"里的"区域选项"所涉及的内容。——译者注)的争议,更不用说各个国家盗版率及人均收入水平的差异了。联合利华在全球所销售的力士品牌香皂的品种就有 100 多种,就连传统可口可乐(利用最原始配方生产的怀旧版可乐。——译者注)的甜度和其他口感在世界各国也不尽相同。事实上,品牌大师马丁·林德斯特伦(Martin Lindstrom)认为,品客(Pringles)薯片是唯一行销全球而又完全标准化的主要消费品,而宝洁公司却由于坚持在全球推行完全标准化的产品,付出了惨痛的代价。[11]

相对于全球性产品来说,上述这些改变都是些小改变。其他产品在某些特定的国家常常差别很大,即使是作为全球标准化程度最高的产品之一的可口可乐也是如此。比如,我们在第一章"可口可乐在日本"中介绍过,可口可乐公司在日本市场销售的可乐多达 200 多种。据报道,参加位于亚特兰大的可口可乐免费体验展览的游客(主要是美国人),在品尝到日本或其他国家市场上的许多畅销品种可乐时,经常会神情突变,狂吐不止,因为这些国家可乐的口味与美国可乐的口味简直是天差地别。[12]

改变政策

改变政策的需要或多或少没有改变产品的需要那么明显。我们可以看一下位于美国俄亥俄州克利夫兰市的林肯电气(Lincoln Electric,生产焊接设备及耗材的公司)的例子。[13] 由于它的生产效率在行业中遥遥领先,所以它的业绩比本国市场中的其他竞争对手都出色,就连通用电气和西屋电气这样比它大得多的公司都不在话下。正因为如此,林肯电气一直是哈佛商学院课堂教学中最常使用的案例之一。而林肯电气所取得的这些成绩都是通过使用计件工作和人力资源支持政策来实现的。

在海外扩张时,林肯电气的首要目标是在全球最大的市场占据一席之地。假如它在选择市场时使用了CAGE模型,那么它将会做得更加出色:因为像美国这样的国家对计件工作没有限制,所以它在跟美国类似的国家中经营效果异常明显。此外,在那些限制计件工作的国家中,林肯电气的业绩现在也开始出现了明显的好转。林肯电气之所以能够扭转这一局面,是因为它在政策的搭配组合中费了不少心思,即尽可能地使公司内部政策的连续性与外部环境的适应性之间保持平衡,而没有简单草率地偏重其中一个,偏废另一个。[14]

重新定位

改变企业的整体定位与改变产品甚至是政策都有所不同,它要比后两者更彻底。如第一章所言,当可口可乐公司在中国和印度这样巨大的新兴市场使用撇脂战略获得大量回报之后,它开始认真考虑仅仅依靠撇

第四章

脂战略不是长久之计,于是它重新自我定位,将撇脂战略调整为薄利多销战略,降低售价、降低成本并提高市场普及率。

另一个更为生动的重新定位案例同样也出自饮料类行业,那就是韩国的真露(Jinro)。对于大多数读者而言,真露的名字可能不如可口可乐那样耳熟能详,但是从销量上来看,它可是世界畅销的酒类品牌。虽然真露大部分销量都来自韩国国内,但是它却已经打入了几十个国家的市场(尽管西方人把它的味道比喻成防腐剂),其中的重点是日本,现在它已成为日本酒类市场的领导者。[15] 为了在日本酒类市场占据一席之地,真露公司除了花费 20 多年时间的努力之外,还采取了许多办法:将酒中含糖量缩减至原来的 1/10;更改配方使真露酒可以加入热水或者冷水稀释后饮用(在韩国是直接饮用);为了使真露看起来更像威士忌,将包装改头换面;采用溢价定价,大幅提高价格(有别于真露出口其他国家的价格战略);在电视广告中使用白人模特,以至于大多数日本消费者根本不知道真露来自韩国。[16]

改变基准目标

改变的最后一个子方法是调整企业在不同国家的基准目标。正如第三章所述,即使是同一行业,其在不同国家平均利润率的差异也有着云泥之分。这表明,如果一家公司真想渗入所有不同国家的市场,那么它就必须得把不同国家的利润率目标定在不同的水平上。土耳其的阿塞利克公司凭借自己国内 2 500 多家专营零售店的优势,赢得了土耳其家电市场 50% 以上的占有率,而且利润率可达两位数之多。但是,如果阿塞利克公司顽固坚持两位数利润率的回报,那么它可能就不会选择向海外市场扩张,即使海外扩张可能还有其他十足的理由(如降低风险)也不例外。2001 年,土耳其的一场经济危机导致国内需求下降了 1/3,此时阿塞利克公司方才如梦初醒,改变了目前进军海外市场的国际化目标

(即两位数的利润率)。

虽然提出了改变基准目标的观点,但是我还要补充一点:企业在海外扩张过程中改变基准目标是有限度的,即当基准目标的改变不再能增加企业价值,反而损及企业价值时,企业即应当适可而止。尽管惠而浦在欧洲的利润率要比美国低得多,但是惠而浦是为了保持其在欧洲较大的市场份额,部分原因是它想通过这种方式增强自己的竞争力,撼动其竞争对手伊莱克斯在欧洲的"母国庇护"优势。然而,我们可以给惠而浦的这种竞争行为算一笔账:收购飞利浦欧洲业务花费的10亿美元、与此有关的后续损失估计值以及货币的时间价值,所有这些加在一起的净现值成本超过了惠而浦当前市场价值的一半。通过计算我们可以看出,惠而浦也许本应该通过成本更低的其他方式进入欧洲市场。

专注:减少改变的需要

仅通过"改变"来适应差异的最大问题是"改变"会增加产品的复杂性。通常,有一种方法与"改变"方法互为补充,可以将复杂性降低到可控水平,那就是专注于某些市场或自觉缩小市场范围,以免"嘴里塞得太多而无法吞咽",从而降低跨国经营中需要适应的差异数量。在此,我将详细分析四种具体子方法,即专注于产品、专注于区域、专注于纵向阶段和专注于分众。

专注于产品

专注于产品可能是应对适应战略挑战的一种有效的子方法。理由如下:企业为了在地方市场的竞争中立于不败之地,必须改变产品,增加产品品种数量,适应地方市场的不同需求,而在这些林林总总的产品品种之间,通常还存在着许许多多的差异,但专注于某一产品就可以有效

第四章

地降低差异化产品品种的数量,降低产品的复杂性。比如,我们可以拿电视节目与电影作比较。一般来说,在大多数大国中,地方的电视节目在本地处于垄断地位。但是,好莱坞的电影特别是动作电影,仍然垄断着世界各国的电影市场,因为好莱坞有着更为显著的规模经济和范围经济的优势,而且还有大牌明星和特技为之助阵。然而,如此囫囵地分析电影和电视节目又太过笼统了,在遇到挑战或机遇时我们通常需要更精确的分析。

举例来讲,我们可以看一看在其他各国遭遇惨败的美国动作电影《阿拉莫之战》(又译做《边城英烈传》,这是一部于2004年搬上荧屏的动作电影,而不是19世纪墨西哥军队与得克萨斯反叛者之间的战争)。影片投资商迪士尼公司为这部电影花费了1亿美元,当然称得上是大制作,可是它在英语国家却没有赚回与此相称的票房收入。但是,真正令人瞩目的却是迪士尼尝试吸引那些拉丁裔观众(得克萨斯州有1/3的人口都是拉丁后裔,有些是墨西哥移民,有些是中美洲或南美洲移民。——译者注)的举措。除了采取其他措施之外,迪士尼还竭力平衡处理非墨西哥血统白种人与墨西哥人之间的关系,极力塑造影片中提加洛人(Tejanos,即西班牙语的得克萨斯人,是指在得克萨斯州独立运动前就住在此地的居民。——译者注)民族英雄的形象,并且单独配上了西班牙语进行营销等等。问题是,无论迪士尼的这些战术举措多么完美,实际上却不可能起到任何作用。援引一位权威人士的话来说,这是因为"阿拉莫之战是所有美洲西班牙裔人永远不可愈合的伤口"。[17]

相反,有一些电视节目在国外却取得了极大的成功。探索网络公司的探索频道(Discovery Networks,我国引进的《探索与发现》节目就是由该公司制作的。——译者注)就是其中一个极好的例子。探索频道专门制作真实事件类节目,尤其是纪录片。正如公司创始人约翰·亨德里克斯(John Hendricks)评价的那样,"自然和科学纪录片是少数几种可以行遍几乎所有国家的电视节目之一,因为各国对于这类节目没有文化和政治偏见"。[18] 此外,自然与科学纪录片,特别是自然纪录片,对配音和字幕要求极低。然而,这并不是说各国观众的需求都千篇一律,没有差异。即使是纪录片也众口难调。例如,据说东亚人偏好"血腥动物表演"类节目,而澳大利亚人喜欢看鉴定取证类节目。因此,探索频道大约有20%的节目都是专为地方制作的。但是,比起其他各类电视节目来说,这都算不上什么问题。这就是为什么探索频道及其相关频道(包括学习频道、旅游频道和动物星球)在全世界累计拥有14亿订户的原因。

专注于区域

专注于区域是降低必要差异需求的另一种有效子方法。通过主动限定地理范围,企业可以专注于那些相对而言不需要大幅调整企业在国内的价值主张的国家。而且,区域细分还可以使管理者集中精力适应世界某一局部市场,提高企业在这些市场成功的几率。专注于母国所在区域是企业最常用的办法:大型家用电器行业前10强中的大部分企业很明显都沿用此法。这种区域专注不仅可以缩小企业经营的区域差异和跨时区协作问题,而且还能减少行政差异(因为区域贸易和投资协议数量较多),甚至可以减少文化和经济差异(因为在许多案例中,区域内的文化和经济与跨区域文化和经济相比具有更大的相似性)。

各区域好比是组成企业全球战略的一块块积木,全球战略更注重多区域策略的组合,这在第五章会详细予以介绍。但是,在这中间我们必须注意两点。首先,旨在利用相似性的区域细分方法,也可以采用专注于企业母国区域之外的其他形式。因此,当20世纪80年代西班牙经济开放时,西班牙公司将大笔投资集中投向了讲西班牙语的拉丁美洲,而没有投向其母国区域欧洲。其次,即使当企业的国际战略侧重利用各国之间的差异而不是相似性时,区域细分的方法也同样适用。例如,跟其

第四章

他软件服务企业一样,高知特(Cognizant,这是一家印度软件服务供应商,总部设在美国新泽西州,在美国纳斯达克上市。——译者注)公司也重视立足印度进行套利(第七章将会更详细地讨论这家公司),但是它更多地却是以一家印度本土企业的形象活跃在印度市场中,并以此尽力使自己与其他印度软件服务企业区别开来。这也正是高知特直到最近一直专注于美国市场(该公司主要承担大量美国科技公司在印度市场的外包服务。——译者注),而利用专注于区域的方法适应于印度的结果。

纵向专注

除了运用专注于产品和专注于区域的方法之外,企业还可以选择专注于整个生产价值链中的某个纵向阶段,从而大大精简企业的跨国业务。例如,巴西最大的猪肉和禽肉加工商和方便冷冻食品生产商萨迪亚(Sadia)公司,在将业务重心从上游移向下游,专门从事受文化差异影响较大的冷冻和加工食品的生产之前,就是靠出口生肉起家,并藉此最终成为世界最大的鸡肉出口商。[19] 再如,美国休闲游艇和游艇发动机市场的领导者宾士域(Brunswick)公司,在开始向海外销售游艇(专注于高端游艇)之前,最初是以销售发动机的方式来试水国际市场的。

专注于分众

自发动机试水国际市场获得成功之后,宾士域公司继续专注于出口高端游艇,以消除跨国经营中地理距离和相关运输成本对自己的不利影响。西班牙服装零售连锁品牌飒拉(Zara)是另一个使用专注于分众的方法的例子。飒拉已经成功打入59个国家的市场。不论是其生产线还是专卖店的观感,乃至橱窗展示风格、店铺布局以及店内的音乐和香氛,飒拉都实施标准化的管理。尽管如此,飒拉的资本收益率还是能够一如既往地保持在40%以上。

飒拉之所以能够取得以上骄人业绩，是因为它专注于为那些时尚敏感的消费者提供服务。比起那些时尚不敏感的消费者，各国时尚消费者对时尚的追求可以说更为趋同。（除了专注于分众之外，同样起到关键作用的还有另外一种战略，它让飒拉能够与地方服装供应商分庭抗礼，一举占据地方服装市场好几十个百分点的市场份额。）其他各种各样的公司，如印度包装食品供应商和墨西哥媒体运营商，都是通过专门为本国在美国的侨民提供产品或服务，从而打入美国市场的，因而它们不需要花费太多精力来适应差异。尽管这类移居的侨民规模通常都比较小，但他们却比国内同类人富有，因此他们仍能成为上述这类公司获利的目标。

外部本土化：减轻改变的负担

本土化方法与专注方法密切相关。不过，与单纯缩小范围的专注方法相比，本土化方法还特意根据组织边界将企业经营活动一分为二，以此减轻适应国外差异的公司内部负担，达到提高组织效率的目的。本土化方法包含若干种子方法，此处我们只关注其中四个，即战略联盟、特许经营、顾客适应和关系网络。

战略联盟

通过战略联盟，企业可以深入了解当地情况（用金钱是难以购买到的），融入当地价值链（其他途径是无法做到的），建立当地关系（包括政治关系），以及获得其他相关好处。当企业想要进入某个距离自己母国较远的市场时，这种战略联盟尤其适用。[20] 此外，战略联盟还可以降低某些特定风险，比如企业可以逐步收购盟友，而不用一口吞下（如惠而浦收购飞利浦家电业务的案例）。当然，战略联盟本身也存在着成本和风险，

第四章

比如财务安全性降低、组织失控以及知识产权滥用。[21]鉴于上述原因以及管理复杂性的考虑,企业只能将战略联盟当做减轻差异适应负担的一种可选子方法,而不能像战略联盟的拥趸那样将其视为一种万能药。

正因为上述因素错综复杂,所以就像抽签时运气有好有坏一样,有许多战略联盟获得成功,也有许多战略联盟最终归于失败。但是这也有例外,有些战略联盟就不是靠运气获得成功的。其中,美国礼来(Eli Lilly)公司就是利用战略联盟来克服技术困难以及 CAGE 模型相关的其他差异的最著名的案例之一。[22] 20 世纪 90 年代后期,一股并购浪潮席卷了整个制药行业,此时礼来公司并没有随波逐流,而是选择了联盟的战略。但问题在于,外界调查结果普遍认为礼来公司此方面的能力落后于其同类企业。为了跻身一流企业行列,礼来公司投资设立了一个与其他五个事业部平行的"联盟管理办公室",成立了一个标准化的管理结构来管理其 100 多家联盟企业,开发了一套系统的培训课程和联盟管理工具(包括一个共享各联盟企业情况的数据库),而且还对每个战略联盟的运营状况进行每年一次的调查。在所有的联盟中,礼来公司与日本武田(Takeda)制药公司的战略联盟最为成功。通过与日本武田公司的合作,礼来日本公司所研发的治疗糖尿病的药物吡格列酮(Actos)销量剧增,从而在美国一鸣惊人,一改往日自己在美国处处不如人的境遇。这次联盟的成功也从整体上提高了礼来公司在盟友选择中的名声和威望。[23]而且,目前公司的第四代领导仍在沿用战略联盟方法,这也说明战略联盟具有持久的生命力。

特许经营

有一种子方法跟战略联盟原理相类似,也适用于公司之间的其他正式合作。因为前面我们已经介绍过百胜品牌的案例,所以此处我将直接用它做例证。同其他快餐连锁一样,百胜公司也形成了一种成熟的特许

适应战略

经营模式。其特许经营店可以与百胜公司双向广泛地共享知识,即特许经营店可以将自己的知识传递给百胜,百胜也可以将自己的知识传递给特许经营店。这种双重形式的组织结构使特许经营店与公司自有店之间形成了强力的互补。[24]特许经营可以帮助连锁店缓解企业增长的内部资源约束,提高对地方市场需求的响应能力,实现创新(发明麦当劳巨无霸汉堡和麦满分汉堡的正是麦当劳的特许经营商)。企业还可以选择自愿的特许经营商作为试验对象,并将试验的真实结果提供给企业决策之用。相比之下,公司自有店可以缓解合格特许经营店不足对企业发展的约束,公司可以在关键时刻对其自由支配、命令,而无须采取劝诱的方式,而且还可以起到树立特许经营商信心的作用(例如可以从自有连锁店迅速获得新观念)。当然,特许经营店和公司自有店之间相互学习似乎也很重要,但这需要某些协调机制,例如交叉事业机会开拓和棘轮效应(把一种经营方式作为其他经营方式的标准)。

用户适应和关系网络

如果将本土化的范围再扩展一些,我们可以把消费者以及其他明显独立的第三方也视为适应跨国差异需求的挑战。最近常用的扩展方式有发展领先用户(lead-user,即让用户积极参与产品或服务的开发过程。——译者注)、"mashups"〔它是一种新颖的基于 Web 的应用程序和网络现象,它源于交互式用户的参与和第三方数据的集成。即使是没有任何编程技能的人也可以利用它来编写程序,通过多源头信息整合,轻松创建一项新服务。例如你可以利用它将芝加哥警局在线数据库中的犯罪记录(API,即应用编程接口)与 Google Maps 上的地图(另一个 API)整合在一起,从而可以得到一份标有犯罪记录的地图。——译者注〕、"创新大会"(Innovation Jam,这是 IBM 为了鼓励内部创新,运用网络科技,号召全球 IBM 员工、客户和商业伙伴等共襄盛举的头脑风暴

第四章

大讨论。在短短几个月时间里,他们为 IBM 提供了 46 000 个商业创意。——译者注)。[25]在这方面,最合适的例子莫过于 Linux 了。李纳斯(Linux)是开发开放源代码软件的几个发起人之一,不过本案例所讨论的 Linux 指的是一种计算机操作系统。Linux 操作系统是由芬兰一位名叫李纳斯·托瓦兹(Linus Torvalds)的程序员开发的,现在它已经成为微软操作系统的全球劲敌。但是,如果你想找到像雷德蒙德市的微软总部那样的 Linux 公司的话,最终注定是徒劳一场,因为 Linux 是一个松散的互联网络,它由全世界个人和企业义务编程者(必须开放源代码。——译者注)自愿组成。[26]

在这种情况下,Linux 是如何编写、应用与改进的呢?大概过程通常是这样的:首先托瓦兹为 Linux 下一代改进版本制定一些总的指导方向,然后义务编程者们(大部分都是非美国人)通过各种方式将他们精心编写的改进程序代码发送给托瓦兹及其主要副手,而后者最终会作出决定,或者同意或者不同意将这些改进程序代码加入 Linux 操作系统内核。在此操作系统内核基础之上,个人程序开发者可以自由添加代码,编写出各种不同的软件产品。除了有这些用户的创新支持之外,Linux 还获得了全球众多开源专业软件公司的支持,其中包括红帽(Red Hat,美国)、Suse(德国)、TurboLinux(日本和中国)、Conactive(巴西)、Mandrake(法国)和红旗(Red Flag,中国),另外还有像 IBM 之类的互补企业(指那些提供互补性而不是竞争性产品和服务的公司。——译者注)也支持 Linux 操作系统,以此来对抗微软。

虽然 Linux 是一个不同寻常的典范,甚至连传统意义上的"商业企业"都算不上,但是它所开发出的 Linux 操作系统适应用户需求的能力,在很多方面都远远超过微软公司保密源代码的 Windows 操作系统。除了用户可以根据自己的需要自行改变之外,Linux 操作系统内核(由托瓦兹在 Unix 的基础上开发而成)本身可以编译升级,所以它可以用做从手表到电脑等很多产品的驱动系统。而且，微软 Windows 操作系统的源代码可能会引发一些政治忧虑(某些国家政府就担心微软源代码中存在漏洞，给国外间谍留有可乘之机)，但 Linux 操作系统就不会产生同样的问题，而且由于它是免费的，所以人人都用得起。

设计：降低改变的成本

Linux 的案例也暗示设计的重要作用不在于减少改变的需求或减轻改变的负担，而在于有针对性地降低改变的成本。降低改变的成本的一般方法有弹性法、分割法、平台法和模块法。

弹性经营

弹性经营是这样一种思想，即企业专门设计出一种经营模式，通过这种经营模式，企业可以降低生产多样化产品的固定成本。在此，大型家电行业又是一个很好的案例，因为大型家电行业存在两种殊异的生产制造模式：一种是大型的、纵向一体化的美国工厂，其目标重点是需求相对趋同的北美长期市场；另一种是小型的、一体化不强的工厂，它们的目标是迎合对产品多样化需求较大的欧洲市场。一般而言，大型美国家电制造商都希望，其工厂中每种批次产品都能达到百万台生产规模以上，这也是前期研究认为能够获得较大规模经济的水平。相反，与美国重视生产规模相比，更具有革新精神的欧洲家电制造商历来都更重视降低产品的绝对生产成本。因此，欧洲家电工厂的设计相对美国而言效率较高，但批次产量太少，其年生产规模总计仅为美国工厂的一半甚至是1/3。

家电行业这个案例仅仅说明了生产的弹性，但是近来，弹性经营也越来越多地应用到了其他一些行业和产品当中，因为弹性经营可以改变

第四章

传统的经营模式,降低企业存货和分销的成本。据估计,随着网上书店所提供的书目种类日益繁多,消费者剩余也随之增多,而增加的消费者剩余相当于网上低价购书所节省费用的十倍之多。[27] 毋庸置疑,开辟这些价值来源的正是互联网,它为众多"长尾产品"(鉴于成本和效率考虑,通常在市场中人们只关心那些处于正态分布"头部"的产品,而大多数处于"尾部"的产品往往被忽视。但是,互联网的兴盛大大降低了专注于尾部产品的成本,提高了效率,使得企业专注于尾部产品的整体获益与专注头部产品相当,甚至会超过头部产品。此处的尾部产品即正文所言的长尾产品。——译者注)提供了价值利用空间。[28] 例如,亚马逊(Amazon)网上书店可以为消费者提供250万种图书,可实际上它的库存图书仅仅是其中的一小部分,它之所以能够做到这一点是因为它利用互联网改变了传统的图书销售模式,即只有消费者在网上下了订单之后,它才根据订单需求向出版商和发行商订购图书发售给消费者。而且我们还注意到,电子图书或按需印刷出版物(print-on-demand publishing,简称POD,是一种基于数字技术的网络出版方式。——译者注)还可以进一步为读者提供更为多样化的供给,进一步提高图书产品的适应能力。在这种情形下,存货成本不仅得到了降低,而且实际上还可以彻底被消除。

分割

分割法有多层含义,就其最简单的定义而言,它是指能够将国别差异因素与复杂系统中必需且不容分离的因素清楚地区分开来的一种方法。虽然这听起来有些简单,但是对于许多企业组织来说,如何分割仍是一个难题。因此,据沃尔玛副总裁约翰·门泽(John Menzer)说,沃尔玛花费了数年的时间才解决了企业"责任边界"的问题,也就是界定地方经理无须考虑后方本顿维尔总部就可以自行决策的领域。[29]

麦当劳被公认为是使用本方法的行家能手。消费者尤其是美国的消费者,一贯把麦当劳当做是巨无霸汉堡之类快餐食品的供应商。不过,如果你有兴趣游遍麦当劳世界各地的店铺的话,你就会发现它在每个国家所售的产品都大不相同。单就一些亚洲国家为例,麦当劳在菲律宾销售麦当汉堡(the Burger McDo,一种甜汉堡)和麦克意面(McSpaghetti,一种意大利面加腊肠,但是它在意大利的餐厅就不卖这种麦克意面!);在日本销售红烧麦堡(Teriyaki McBurger);为了避免印度教的忌讳,麦当劳在印度则提供羊肉汉堡。2005年,中国台湾的麦当劳还推出了一种大米汉堡(两片轻烤的、调过味儿的大米饼取代了传统的小面包),2006年它又开始将这种汉堡推向了中国大陆市场。

对于一向以严格追求效率和一致性的经营系统而闻名的麦当劳来说,这种一次性的变革(即每种变革只适用于一个国家)显然要求麦当劳将其全球化策略选择一分为二,即一部分是那些适应地方可行的变革,另一部分是适应地方会损害系统整体表现的变革。在这一点上,麦当劳大致上遵循20%地方、80%全球的原则。但是这种分割并不仅局限于产品上的选择。虽然麦当劳在也做国际广告,但是其形象代言人(即吉祥物麦当劳叔叔的原型)罗纳德·麦克唐纳(Ronald McDonald)在法国大力推销葡萄酒,在澳大利亚则推销麦香鱼;在北欧庆祝圣诞节,在中国香港则庆祝中国春节。可是有一点,这些广告从不会在全球收视媒体播出。[30]麦当劳这样做的目的是,把麦当劳叔叔的故事融入到世界各地的地方文化中去。

平台化

这里要介绍麦当劳的另一个法宝是它的标准化厨房炊具。由于这种炊具包含一个"多功能烤炉",所以在同一个厨房中,人们能利用它同时制作多种菜式,而这又会进一步提高麦当劳餐厅所提供产品的多样性。[31](比如世界各地行销的罗非鱼三明治、炸薯条和墨西哥鸡肉卷。)

第四章

平台能够让企业更经济划算地满足顾客的不同需求，其中麦当劳的"多功能烤炉"只是平台化的一个范例。家电行业的意黛喜公司为我们提供了另一个好例子。意黛喜认为，它之所以能够取得骄人的业绩，主要是因为它能够将其生产的每类产品都简化成一个或两个基础平台，然后在此基础上开发出上百种不同型号的产品。在平台的利用上，意黛喜的做法与惠而浦形成了鲜明的对比。虽然惠而浦也使用了平台法，但它的平台化做法更多的是流于表面形式，因为惠而浦的平台侧重于节约采购成本，而不是关注企业组织内部更深层次的变革。结果，当惠而浦把产品平台数量由意黛喜的大概20倍降到10倍左右时，其节省的成本仅占销售收入的2%，远未达到预期的业绩水平。所以，当惠而浦在21世纪早期将其主要战略转向创新时，平台法就被贬为一种形而上的战略方法了。

模块化

模块法与平台法之间的界限并不那么清晰，不过从概念上来看，模块法要求所有备选模块之间都具有标准化的接口，而不是只有平台与平台配件之间的对接接口，所以在模块法下，所有的模块都能够自由混合搭配。[32]例如，自从20世纪60年代初IBM推出System360（这是IBM在1964年4月7日推出的具有划时代意义的大型主机，是世界上首个指令集可兼容计算机。——译者注）以来，模块法就一直是计算机系统设计所采用的不二法则。也正是基于这种方法，计算机的不同硬件才能在各自专门的指令下独立运行。20世纪70年代末，爱立信（Ericsson）花费了5亿美元的费用（大概相当于公司年销售收入的一半）开发出了AXE数字交换机。AXE可以说是模块化设计的一大突破，能够适应各国之间存在的差异。由于AXE交换矩阵的规模调整方便，因此爱立信这一产品的销售范围遍及全世界100多个国家。[33]而且，为了提高行业业绩,家电行业也开始生产模块化的产品。[34]

关于模块法在组织设计中的优势和局限,雅虎为我们提供了一个生动的例子。雅虎开发了一种"即插即用"式的结构,在这种结构中有100多种独立的"模块",每一种模块能够分别满足特定目标顾客群的需求。雅虎需要集中控制的是这些模块与外界环境的界面接口(尤其是它们的观感)、这些服务与公司核心目录搜索平台的界面接口,以及公司与内容提供商合作伙伴所签订的合同条款。多年来,凭借这些设计安排,雅虎公司的规模大幅增长,业务所覆盖的地理范围也迅速扩张,同时也暴露出一些模块化策略的风险。在一份最近被外泄的公司内部备忘录中,雅虎的一位副总裁用一种生动的比喻说明了这一问题:"我感觉我们的战略就像向面包片上摊花生酱一样。网络在持续不断发展,投资机会也蜂拥蝶簇,公司将投资资金投向如此多的投资机会,面面俱到,无所不及,其结果是花生酱摊得面积很大,但却极其稀薄,毫无重点。"[35]该副总裁所指出的具体问题包括:缺乏"专注愿景";各业务单元相互独立,"彼此之间少有往来,各自为政";"整个组织中存在着大量的冗余人员和资源浪费"。在本案例中,相对于模块化而言,侧重强调专注也许更有意义。从更普遍的意义上来说,适应性设计通常是以牺牲部分效率为代价换来的。

创新:提升改变的效果

在介绍本章最后一个重要方法"创新"时,我们可能会再一次涉及前面讨论过的方法及子方法(如重新定位和设计)。有时,创新可能是全球性的。例如,宜家家居开发设计的产品都是平板式的,这大大缓解了地理距离及运输成本对产品销售的约束,在此基础上,宜家成功地将卖场扩张到了36个国家。但是,由于各国之间存在差异,所以通常这也意味

第四章

着创新的范围也许更狭窄一些。在本节讨论移植、地方化、重新组合和改造环境这些越来越常用且最基本的子方法时,我们会说明这一点。[36]

移植

在多种不同环境下经营的其中一个好处就是,企业利用自身的经验可以在一种环境下实现创新或提出创见,而这些创新或创见是可以移植到其他环境中的。我们之前曾经讨论过西迈克斯,它将多种创新从世界上的一个地方移植到另一个地方,就是这方面的一个例子。第二个例子是惠而浦,它将欧洲设计的双前载式洗衣机成功引入美国市场。第三个例子是迪士尼,它提醒我们创新并非总是产生于最先进或最重要的地方。尽管拉美迪士尼全年的收入不到迪士尼总收入的2%,但是近几年,迪士尼通过共享服务提高国际运营效率的创见,更重要的是通过分享各主要业务区域经验提高顾客吸引力的创见,主要都来源于拉美迪士尼。之所以如此,恰恰是因为拉美迪士尼正好面对当地宏观经济的挑战,当地主题公园不能获得充沛的现金流。[37]

地方化

移植常常带有运气的成分,而地方化则是指针对某一特定目标地区进行的创新。例如,第二章所讨论的肯德基(中国)的案例,以及下面我们就要讨论的联合利华印度公司的案例。印度利华(Hindustan Lever)最为人所知的可能就是其庞大的深入印度农村的分销网络。经营包装零售消费品的其他跨国公司也有这样的销售网,而这些公司往往主要用其销售网络"捕获"市场中的(小规模)高端客户。而与其相反,印度利华形成了自己的地方化创新能力,将其销售网络的作用发挥得淋漓尽致。印度利华的地方化创新产品有手洗衣物所用的洗衣皂、与手指(印度传统)而不是与牙刷配合使用的牙膏、美白霜以及

适应战略

独特的含发油洗发香波。

其他方面的创新都与解决印度市场对价格的极端敏感性有关,其中的案例包括低价的小包装产品(例如小袋洗发香波),地方化以降低生产成本,利用先进技术给肥皂一头罩上塑料包装(从而延长肥皂使用时间)。在一个对价格极其敏感的印度市场中,这些以及其他许多创新,加上遍布各地的分销网络,使得印度利华的毛利润率接近50%,资产回报率据称超过100%!

重新组合

重新组合指的是将母公司模式中的因素与新环境产生的机会相融合的过程。正如本章开始所指出的那样,适应绝不仅仅指为了更好地适应当地市场,而简单地将现有产品或服务进行组合。嫁接一些新"基因"但仍保持主体不变,通过基因组合就可以创造出一种新的有趣物种。

在第二章,我尽是在批评新闻集团的星空卫视,所以在此我也应该说说它的一个成功案例。这个案例始于20世纪90年代末,是星空卫视印度公司的一个非常有趣的重新组合案例,也是新闻集团星空卫视投资组合中最成功的一笔投资。说起《考班戈一百万》(*Kaun Banega Crorepati*),可能没有人熟悉,但是这个节目是经英国西来多(Celador)制片商授权,由其电视真人秀《谁想成为百万富翁?》(*Who Want to Be a Millionaire?*)改编的印度语版本。在这个印度版电视节目中,星空卫视使用了与原版相同的基本布景、背景音乐和游戏规则,但是它认为节目的参与者、问题和市场营销手段应该结合印度当地的特色。特别是,它还雇用了当时走红的印度语演员做主持人,让他飞到伦敦观看英语原版节目的录制,并与他一起探讨敲定适用于印度的节目口号。与此同时,为了确保节目的开播能够对印度广播影视行业造成轰动性的影响,星空卫视在节目的市场营销方面也投入了巨额资金。《考班戈一百万》的成功

第四章

催生了不少模仿者,但是结果都不甚理想,甚至当以前印度当地电视行业翘楚 ZTV(Zee TV,印度最大的整合性媒体娱乐公司,也是印度最大的媒体节目供应商。——译者注)把节目奖金数额提高 10 倍时,也难以打败《考班戈一百万》。实际上,任何一家外国或当地竞争者都可以从西来多公司获得节目授权进入印度市场。正如星空卫视 CEO 詹姆斯·默多克(James Murdoch)对我说的那样,"我们公平竞争"。[38] 不过,由于星空卫视对当地观众的偏好有着独到的见解和把握,加上新闻集团出色的节目制作技术(包括其他游戏类节目在内),这使得星空卫视比别人更胜一筹:在许多方面,它能辨别出并投资于那些更适于尝试重新组合或融合方法,而不太适用传统适应方法的节目。

改造环境

改造环境是指企业可以通过改造其经营所置身的当地环境(而不是前面所讨论的提高适应能力)直接降低适应性需要的一种方法。麦当劳依靠自己业已建立起来的体系而不是其他方法来拓展市场,被誉为是在全球范围内首批践行改造环境策略方法的最成功典范之一。同样,星巴克也是一个有趣的例子。虽然大家常常认为这家总部坐落在西雅图的咖啡巨头是美国文化帝国主义的急先锋,但实际上这种指责存在一些误解。在撰写自传时,星巴克 CEO 霍华德·舒尔茨(Howard Schultz)描绘了自己创业时的迷人蓝图:起初他想在美国再现一种意式咖啡馆的风情体验——从唱片里的歌剧音乐到带着领结的服务生。[39] 虽然歌剧音乐和领结不久就被取消了(这也是适应的一种形式),但是舒尔茨却成功唤醒了顾客品尝咖啡的体验,这种体验与在唐恩都乐(Dunki' Donuts,全球最大的咖啡和烘焙食品连锁品牌。其热咖啡、冰咖啡、甜甜圈和贝果四个品种的销售量为全球第一。——译者注)之类的咖啡店的体验截然不同。舒尔茨已经彻底改变了美国人喝咖啡的喜好,他们现在喝咖啡的时候都希望咖啡馆能提供舒服的椅子、说唱音乐和无烟的环境,以提升他们喝咖啡的过程体验。

当星巴克到日本开店时,改造环境的经历就更具戏剧性了。星巴克公司坚持要将美国咖啡店的禁烟令移植到日本,因为禁烟曾让星巴克美国店在美国其他咖啡店中脱颖而出。但是,意见相左者却认为,禁烟肯定会使星巴克日本店倒闭,因为烟不离口的日本生意人以往都是光顾日式咖啡店,而禁烟却会把这一大批顾客拒之门外。但是,禁烟政策却帮了日本星巴克一个忙,吸引了那些平日根本就不光顾日式咖啡厅的时尚女性顾客。

我们需要再三强调的是:虽然星巴克也在适应地方环境,但是因为它能够改变地方市场,所以它才能最终把适应差异的需求降到最低程度。然而,需要注意的是,我们不要一味盲目认为所有的环境都可以很容易改造,因而放弃其他适应方法。正因为如此,在中国经历10年的连续亏损之后,微软公司已经放弃其改造中国市场环境的努力。现在公司认为,它还要在中国再等上10年或者20年才有可能赢利。正如一位记者写到的那样,"很显然,微软已经不再试图改变中国了,反过来却是中国正在改变微软"。[40]

适应战略分析

本章所讨论的很多例子,尤其是家电行业的例子,都反映出企业适应跨国差异的主要目的是为了向右上方平移企业产品的需求曲线,即增加产品的销售量或提高顾客的购买意愿,又或者两者兼顾。为了从更广的视角来研究适应战略,我们有必要再分析一下增值计分卡的几个价值组成成分:能够影响计分卡中一个或者多个价值组成成分是适应战略的重要目标,甚至可能是最重要的目标。

第四章

在地方化小节中讨论过的几个产品地方化的举措,都是旨在降低成本的适应方法的例子。从过程方面讲,波士顿咨询集团(BCG)最近向大家着重推荐了制造企业适应新兴市场环境的一个有趣方法:建设一次性工厂,即劳动密集型的、承担临时性大规模生产任务的专用工厂。[41]这种工厂的建造成本一般仅为装配有柔性自动化设备(在许多行业异常昂贵)的美国工厂的20%—30%,而且前期筹备时间相应减少。此外,虽然这样的一次性工厂往往在产品的搭配和产量规模上不太灵活,但是在高度不确定性环境条件下,它在成本、筹备时间和退出壁垒方面却有着无与伦比的优势。这也提醒我们,正常化风险或优化风险的办法不止一种。

在强调过适应战略可能带来的诸多好处后,我还要补充一点:适应战略不仅对增值计分卡中的多个价值组成成分有积极影响,而且还可能存在着消极影响。在这种消极影响下,规模经济相关问题,特别是产量和成本之间的关系显得尤为突出。原因在于,适应战略是全球扩张的一个根本制约条件,实施适应战略必然会牺牲全球规模经济。在市场规模或企业市场份额相当有限的情形下,当适应战略需要大幅增加企业在某个国家的固定成本时,牺牲全球规模经济的确是项艰难的选择。

例如,我们可以看一看欧莱雅在韩国美容护肤品市场中遭遇爱茉莉挑战的案例。在第二章中,我们已经介绍过在与爱茉莉这个土生土长的市场领导者竞争时,欧莱雅以及其他跨国公司在韩国市场所面临一系列不利之处。欧莱雅本来可以根据韩国人肤质和审美观念量体裁衣,专门生产适应其需求的产品,这至少可以减轻在美容护肤品市场显得比较重要的文化劣势。可是问题在于,如果欧莱雅想在研发费用上与爱茉莉一较高下(据报道,爱茉莉2006年的研发费用占当年销售收入的3.6%),在其韩国市场份额不足爱茉莉的1/6的条件下,这就意味着欧莱雅要将研发费用提升到销售收入的20%才行。而且,由于欧莱雅在韩国本地市场规模有限,欧莱雅模仿爱茉莉的"门到门"分销模式异常困难(尽管这种分销模式是爱茉莉获利最多的渠道)。因此,欧莱雅转而专注于利用其全球规模经济优势(尤其是其法国原产优势),或者至少是区域规模经济优势(如作为其"地理化妆品"战略的一部分,它重点在亚洲范围内推广其皮肤美白产品)。

欧莱雅的例子相对比较简单,因为若欧莱雅想更多地适应韩国市场的话,还可能会同时损及韩国欧莱雅甚至是整个公司的利润。然而,就实施某一具体适应战略决策而言,跨国公司在某国经营所获利润与整个跨国公司利润变动方向有可能不一致,这时情况会更棘手一些。这一点我们会在下文看到。

适应战略管理

各国更多的是支持适应性变革,很少会站在企业的角度上去考虑这样是否有意义,这样的例子举不胜举。我们将集中分析荷兰皇家飞利浦电子公司(Royal Philips Electronics,迄今为止飞利浦公司开展跨国业务已经有一个多世纪了)的例子。[42] 鉴于海外市场落后的交通与通信网络、地方保护主义和为获得市场准入而建立合资企业的需要,飞利浦就像早期许多其他欧洲跨国公司一样,建立了企业内部的"联邦"体系,其中企业的国家组织(national organizations, NOs)拥有高度的自治权。第二次世界大战的爆发迫使飞利浦公司通过独立信托的方式将其资产转移到欧洲大陆以外,这更加强化了飞利浦公司的联邦制。二战结束后,飞利浦的管理者决定围绕海外 NOs 重建公司,因此在原来适应性营销功能的基础上,NOs 又增加了设计和制造能力。除了 NOs 之外,飞利浦公司矩阵组织的另一项是主营事业部(Main Industry Groups,MIGs)。理论上这是一个负责产品政策协调的部门,但是在众多精明能

第四章

干的海外经理(常被人称为"荷兰的黑手党",他们支持 NOs 基于国家的地方化观点)面前,MIGs 显得较为软弱无力。

结果到 1970 年时,飞利浦在全世界共有 500 家工厂,遍布于近 50 个国家之中,并正面临着诸如松下电器这样竞争者的竞争压力,而后者已经开始通过工厂合并,将工厂迁往低工资地区,从而降低成本。于是,从 20 世纪 70 年代早期开始,飞利浦就开始加大对 MIGs 的授权(当时已更名为产品事业部,Product Divisions,PDs),但是此举并没有取得太大进展。自此之后,飞利浦形成了一种"浓厚"的企业文化:世故、复杂、官僚,抵制新知识和激励。飞利浦历届 CEO 前仆后继,都试图重新调整地理—产品事业部矩阵式组织,使其由侧重 NOs 偏向 PDs。在此期间,飞利浦的市场份额还在不断地丧失,并相继调整业务,从一个又一个业务领域退出。最后,在 1996 至 1997 年间,外聘的新 CEO 考·布恩斯特拉(Cor Boonstra)进行了大刀阔斧的改革,取消了矩阵式组织结构中的地理行列——NOs。从最初通过 NOs 适应各国差异的战略重心,最终转向通过利用 PDs 提高全球规模经济,25 年已经过去了!

除了阐明跨国经营有可能出现适应过度之外,飞利浦的案例还表明,最优的适应程度因行业而不同,随时间而改变,而且改变企业适应现状可能存在较长的时滞,成熟企业尤其如此。至少从适应的角度来看,这个案例还对是否存在最好的企业组织结构这一争论具有启示性的意义。具体而言,人们(尤其是在欧洲)通常认为,欧洲跨国公司的"联盟"模式要比美国跨国公司的集权模式具有天然的优越性,因为前者所提供的产品更具多样性。[43]

但是飞利浦的案例提醒我们,事情并非那么简单。如果企业制定了一套刚性原则,即使在不断变化的现实面前也不容许调整组织机构或过程,那么这无异于自找麻烦,问题将会接踵而至。有些时候企业权力必须集中,而另外有些时候企业权力又必须分散到海外地方机构。秘诀在于,企业选择集权和分权要积极主动、有主见,不能简单地把绝对的分权或集权视为最好的方法。如果采取绝对的分权或集权方法,那么企业就会陷于可口可乐公司的窘境(见第一章可口可乐公司的案例)。

从更广泛的意义上来看,我们可能会想到企业会犯的两类错误,即适应过度和适应不足。前面章节中所讨论过的适应方法及子方法,有助于避免完全地方化和完全标准化两种倾向,但是有个问题仍然悬而未决,那就是我们应该适应到什么程度。

如何在各种适用战略方案中择优,既要避免适应过度也要避免适应不足,这就要求企业具备一种所谓的全球思维能力。但是,说起来容易做起来难,经理自评调查结果表明,培养全球思维能力并非易事。20 世纪 90 年代中期,在对 12 家大型跨国公司的 1 500 名经理人员的一次调查中,组织者要求他们根据自己所认为的影响企业国际竞争力的重要因素,来评价其业绩。"被调查者把培养企业全球思维能力排在了末位,也就是在所有 34 个影响企业国际竞争力的重要因素中,全球思维能力位列第 34 位。"[44]

更糟糕的是,这些经理心中所指的全球思维,普遍低估了适应战略,而只是把它视为一种具体的战略方法。因此,在另一项旨在找出全球思维评判依据的调查中,研究人员不得不增加了与响应能力有关的调查内容,因为被调查者太容易忽略这些因素了。[45]这大概能够反映出,人们很容易将全球思维与标准化和集权混为一谈。

如何补救呢?专家们认为,尽管企业培训时常常让管理人员去学习国外文化,然而机械地学习异国文化中的信仰、风俗和禁忌(例如在印度,竖起大拇指表示侮辱而不是表示称赞),不会适用于所有各种具体情形。[46]相反,这要求企业形成一种培养机制,培养企业对各种文化和市场的开放观念与学习能力(参见"培养开放性、学习能力和跨国整合能力")。这种机制也有助于本书所涉及的其他应对跨国差异的战略,即集

第四章

群战略和套利战略。

培养开放性、学习能力和跨国整合能力

我们不能简单地机械学习各种互不关联的异国文化,如欲成功适应跨国差异,企业应尽可能利用各种开放机会,培养自己对不同文化的学习能力。

1. **雇用有适应能力的人**:在全新环境中或与陌生文化背景的人交往时,需要人们能够举止得体、行事有效,但是就此项能力而言,人和人是有差异的。尽管培训和经验有助于提高个人此方面的能力,但是一开始最好还是雇用那些主观上乐于驾驭时局的人。

2. **正式教育**:正式教育不仅发生在教室里,也可以通过与世界各地的同事交流来实现。当然,适合这种正式教育的内容条件要求较高,比如跟飞利浦的经理们强调地方化的重要性,或跟沃尔玛的经理们大谈标准化的重要性,都毫无意义。所以,当我要为企业制定全球战略培训大纲时,我总是要花很多时间设计而不是急着交付。

3. **参加跨国业务团队、参与跨国项目**:在建立人与人之间的跨国个人关系中,团队和项目工作起着关键作用,也是顺利完成正式授权工作的重要补充。近些年来,随着信息技术的发展,分散在全球各地的团队协作起来已经变得越来越便利,而且信息技术本身也已被视为建立广泛个人国际联系的重要推动者。

4. **利用机会在不同地方召开团队和项目会议**:我最近参加了在班加罗尔召开的IBM证券投资分析会议。IBM的CEO萨姆·帕米萨诺(Sam Palmisano)向我解释说,选择在班加罗尔召开这次会议主要是为了向外界宣布IBM的承诺(即未来三年,IBM将其在印度的投资规模扩大两倍,达到60亿美元。——译者注),帮助IBM印度公司整合业务

(在三年的时间里,IBM 印度公司已经从原来不足 1 万人的规模发展到现在近 5 万人的规模),并不是因为只有在这里才能解释 IBM 的战略。

5. **把经验融入异国文化**:在这方面,三星集团于 1991 年开始实施的"海外地区专家计划"一直是一个典范。每年有 200 多名经过严格筛选的受训者,要选择一个他们感兴趣的国家,在韩国接受三个月的语言和异地文化培训后,被派往他们所选国家见习一年,见习间没有特定的工作任务,也不必联系当地的三星公司,但是回到首尔后要做两个月的报告。

6. **外派**:作为融入异国环境的更激进方式,外派不仅经济成本非常昂贵,而且当事人精力消耗也很大。所以,外派人员必须是那些适应潜力大的管理者,而不能把外派当成一种"流放"与己相左的人的惩罚手段。

7. **培育多地区多文化的高层**:在母国市场之外拥有众多海外机构的大公司很常见,但是在这些海外机构中,高级管理层(和董事会)几乎全部都是母国人。这一点尤其以中国的例子最为典型:在西方大型跨国公司高层中,中国人代表依然屈指可数。

8. **事业部总部或卓越中心**(即人才荟萃和研究基地。——译者注)**的分布**:宝洁公司把事业部总部分散设置在全球各地,其 CEO 拉夫雷(A. G. Lafley)把这种做法看做是宝洁公司与其竞争对手最大的不同。当然,选址一定要谨慎。宝洁公司曾把某个全球事业部总部设置在加拉加斯,结果很快就遇到了问题,最后不得不易址。

9. **制定一套通行于整个企业的核心价值观**:尽管跨国公司海外机构所处地区不同,市场条件各异,但浓厚的企业一体统筹文化(one-firm culture)可以帮助企业克服本土狭隘观念,许多专业服务公司就是很好的例证。

10. **跨越组织边界,对外开放**:若将开放问题限定于组织内部的开

第四章

放,那么这种理解实在太过狭隘。例如,开放创新所带来的好处表明,组织可以通过对外开放获益。

资料来源:Vijay Govindarajan and Anil K. Gupta, *The Quest for Global Dominance* (San Francisco: Jossey-Bass, 2001), 129–136。经作者同意,本文对原文内容作了修改和扩展。

即使企业业已形成了所有这些培养机制,可是要扫除战略变迁的所有障碍,还需要组织自上而下的大力推动。在这方面,三星集团是一个最典型的例子。[47]尽管这些年来三星采取了很多措施,其中包括"把经验融入异国文化",但是三星集团董事长李健熙还是对公司全球化的进度不满意。于是,在1993年,他把150名高级主管召集到了法兰克福的一家豪华酒店,推出了他的新管理计划(New Management Initiative)。他于晚上8点开始发言,就"将公司打造成真正的世界级公司"的必要性,滔滔不绝连续讲了7个小时。据一位与会者透露,整个讲话期间他连洗手间都没去过一次。最后他大声疾呼道:"改变一切,除了你的家庭!"发言结束后,他安排与会者在法兰克福停留一个星期,让他们感受感受外面的世界。另外,他还率领全部高级主管去了其他地方旅行,其中为了"让他们知道我们真实的地位远低于我们的想象",他还带他们去了洛杉矶。这些活动的象征意义在于,三星要倾力重视质量(和创新)而不是数量,这更能让三星像索尼一样在世界市场上地位显赫。此后,三星重新调整了其产品组合,从夕阳业务中淡出,并通过区域化以及大型收购和战略投资等计划,使集团2000年海外产量占集团总产量的比例达到了60%,较以前提高了三倍。

十几年后,当谈及文化转型激励时,人们仍能想起这次法兰克福会议。在韩国大财阀中,只有三星在亚洲经济危机中毫发未损地存活了下来,不仅如此,其市值达到了索尼的两倍多,超过了这家日本公司(以及飞利浦和松下),一举成为全球最具价值的消费电子产品品牌。[48]

结 论

"全球化综述"总结了本章讨论所得出的具体结论。从更普遍的意义上来说,适应战略无疑包括一系列不同的方法。企业在使用所有这些方法时必须深思熟虑,不能机械照搬,照猫画虎。值得庆幸的是,用全面综合的视角来分析适应战略可以大大拓展适应差异的空间。不幸的是,企业即使充分利用了各种适应方法,在半全球化的环境中,适应作为一种战略还受到两种不同限制条件的制约。第一,适应战略假设集中决策是在全球层面上制定的,地方分权决策是在地方层面上制定的,但是这种假设并没有考虑介于国家和世界之间中间层的跨国集群机制。第二,按照定义,适应战略总是把各国之间的差异当做约束条件,应当予以消除,因而忽略了利用差异的可能机会。后面两章将讨论应对半全球化的两种基本战略,即集群战略和套利战略,它们会有针对性地解决适应战略的上述两种局限约束。

全球化综述

1. 没有几家企业可以在完全地方化或完全标准化的基础上进行跨国经营。

2. 在完全地方化和完全标准化两个极端之间,还有若干适应方法(和子方法):改变、专注、外部本地化、设计和创新。

3. 适应过度和适应不足都是有可能出现的,但后者更常见。

4. 行业特征会对最优适应程度产生重大影响,而且随着时间的推移,最优适应程度也会改变。

第四章

5. 改变当前适应程度总是存在较长时滞。

6. 灵活、现实和开放的思维会推动变革,但有时还需要组织自上而下的大力推动。

7. 对于大多数公司而言,其适应能力还有较大的提升空间。

8. 使用适应战略,还需要结合集群战略和套利战略。

第五章 集群战略

克 服 差 异

> 我们将一如既往推进全球化的进程……通过提高本地化水平和每个丰田地区机构的自主性。
>
> ——丰田汽车公司董事长 张富士夫,2003年

第四章讨论了本书中适用于成功进行远距离跨境交易的3A战略中的第一个战略,即适应差异。本章将继续讨论3A战略中的第二个战略,即克服差异的集群战略。集群是利用各种归类方法来创造更大的范围经济,这是逐国适应战略所不能比及的。

集群是指创造和利用某些跨国机制,使其既能在个别国家适用,也能在整个世界通用。集群通常利用公司内中层管理者的影响力,而非仅仅依靠工商巨擘和地方力量,它侧重于依赖组织中的中上层管理者。与传统的适应战略相比,其目标是更积极地利用各国之间的相似性,但却不是完全的标准化。其核心思想是第二章所强调的差异中的差异观点:利用归类方法会有许多收获,通过这种方法,与不同类别之间的差异相比,同一类别内部的差异就被最小化了。

虽然本章将讨论多种不同种类的集群战略,但与第四章强调多样性

第五章

的论述方法相比,本章的主要论述方法是深入探讨一种基于地理区域(CAGE框架中的G维度)的集群战略。本章首先解释了地理区域在跨国经营条件下显得特别重要的原因,然后评述了一系列不同地区战略,其中丰田汽车公司就是具有代表性的案例,最后本章进一步讨论了不同的集群依据以及在管理过程中产生的问题。

区域化的现实

支持区域化观点的最常见理由是全球化已经停止,基于地区的战略日显重要。[1]但是,区域化的观点往往被边缘化,往往被视为全球化的次优选择。事实上,地理区域并没有被全球化的浪潮淹没,而且事实表明其正变得越来越重要。首先,以贸易为例,我们考察一下下列数据。

图5-1显示了1958年以来,各地区之间贸易占国际贸易总量的比例的发展状况。例如,1958年,亚洲和大洋洲有大约35%的贸易是在本地区内部国家之间发生的。2003年,这个比例超过了54%,巧合的是,这个数字也正好是所有地区之间跨地区贸易的平均值。唯一出现明显下降的地区是东欧,但那是缘于苏联的解体。换言之,图5-1中的数据表明,二战之后的时期被认为是全球化急速发展的时期;在此期间,国际贸易的大幅增长,其中跨地区贸易对国际贸易的影响要比地区内部贸易更大。不过,图5-1也对这个假设问题提出了质疑,即地区内部贸易比跨地区贸易层次要低,也就是说地区内部贸易不能真实反映各国参与国际经济的价值。相对于急速增长的跨地区贸易而言,低层次的地区内部贸易通常都是与某个地区较差的经济状况相关,如非洲地区、中东地区和东欧转型经济地区。

图 5-1　区域内贸易(1958—2003 年)

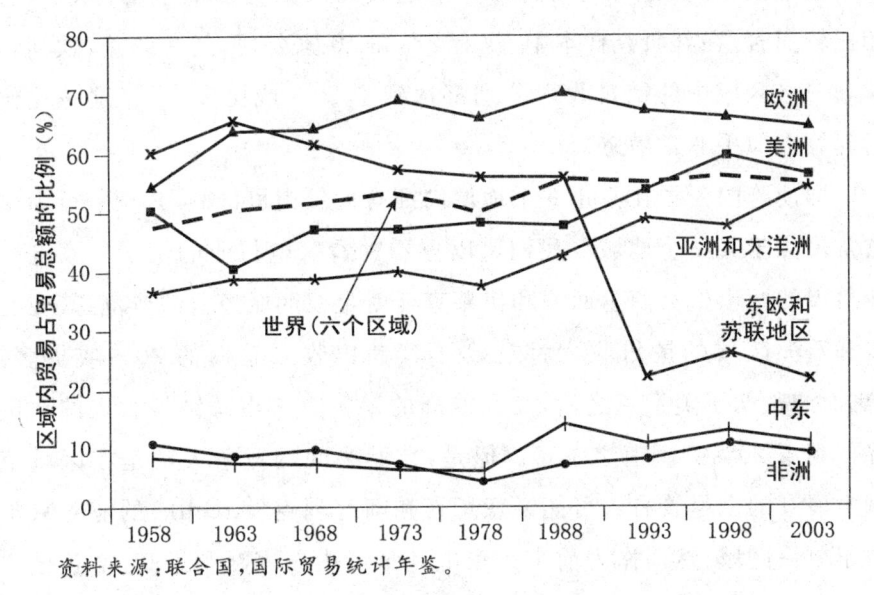

```
                                         欧洲
                                         美洲
                                         亚洲和大洋洲
                      世界(六个区域)
                                         东欧和
                                         苏联地区
                                         中东
                                         非洲
```

纵轴：区域内贸易占贸易总额的比例(%)，0—80
横轴：1958　1963　1968　1973　1978　1988　1993　1998　2003

资料来源：联合国，国际贸易统计年鉴。

区域化不仅在贸易中表现非常明显，而且在其他市场的跨国经济活动中也是显而易见的。因此，对外直接投资——因为对外直接投资的地理限制条件要比贸易条件宽松，所以对外直接投资的地区化程度明显要比贸易低——的确也呈现出明显的地区化倾向。来自联合国贸易与发展大会的国家层面数据表明，24 个国家的对外直接投资占据了世界对外直接投资流出存量的近 90%。2002 年，地区内部对外直接投资在世界对外直接投资总额的平均比例为 52%。[2]

公司层面的数据与国家层面的数据所反映的问题也无二致。美国许多公司只在国外拥有一个经营机构，而这些美国公司国外经营机构所在的国家有 60% 的可能是加拿大。[3]墨西哥也在竭尽全力吸引美国公司投资。这些数据涵盖了所有拥有国外经营机构的美国公司，即使那些最大的跨国公司也表现出强烈的地域偏好。艾伦·鲁格曼(Alan Rugman)和阿兰·沃比克(Alain Verbeke)从可得数据中研究分析表明，2001 年，

第五章

在《财富》全球500强的366家公司中,88%的公司至少有50%的销售收入来自于其母国区域,这类公司在本地域内的销售份额平均为80%。[4]相比较而言,在其研究样本中,仅有2%即10家公司,其在北美、欧洲和亚洲三极区域中的销售收入分别都达到了20%或更多(尽管这一比例对起算点似乎非常敏感)。[5]

即使跨国公司在不止一个地域内拥有大量销售份额,其竞争行为也常常聚焦于某一个地域。我们可以再看一看家电行业的例子。家电行业最大的两家生产商惠而浦和伊莱克斯就是双区域经营的典范,其在北美和欧洲区域的销售收入都达到了其销售收入总额的20%或更多。(惠而浦收购了美泰克之后,其在欧洲的销售收入占总销售收入的比例降低到了20%的阈值之下。)。但是,它们之间的竞争大都是在区域范围内展开的。尽管有人可能说意黛喜和阿塞利克(Arcelik)的业务只集中于单一区域,然而作为前十大家电竞争者中三家赢利最高、增长最快的两家,它们如此不俗的表现进一步强化了家电行业区域化的意义。这也就是说,家电企业在行业中的地位通常是建立在区域水平之上的。

我还可以继续列举其他区域化的成功范例。虽然硬数据(即能客观度量的数据,与之相对的是主观的不能准确度量的数据,即软数据。——译者注)难以获得,但是专家们都一致认为,随着美国作为跨区域信息交换中心的重要性的降低,近年来网络流量已经变得越来越区域化了。

跨国活动的程度、持续性,以及至少在某些案例中跨国活动区域化增强的趋势都反映了,不仅仅是相邻的地理位置,CAGE模型的其他维度(即文化、行政以及经济)的邻近关系对跨国活动的重要性也丝毫未减。这些因素都是息息相关的:那些地理上彼此相邻的国家就很有可能在CAGE模型的其他维度上也呈现相似性。而且,在过去的几十年中,自由贸易协定、税收协定、其他区域偏好趋同甚至是货币统一,使得这些相似之处在某些方面愈加明显,其中北美自由贸易协定和欧盟就是两个最明显的例子。而且有趣的是,即使是同一区域内各国之间的一些差异,也可以与其相似之处一起,起到扩大总体经济活动中的区域经济活动的份额的作用。惠而浦因此提供了一个模式范例,这种模式可以应用于许多行业的美国公司:惠而浦将生产设备"近岸外包"(将业务外包给距本国较近的劳动力成本较低廉国家的公司。——译者注)给墨西哥,从而可以利用两个国家之间的经济差异进行套利,与此同时还保留了地理相邻、行政和政治相似的优势。就这一点而言,距美国较远一些的国家,如中国,是无法与之相比的。同样,许多西欧国家的企业也乐意将生产"近岸外包"给东欧国家。后面几章将更详细地讨论这种集群加套利活动。

丰田的区域化战略

上一节中的相关数据与案例都强调了这样一个观点,即区域化是半全球化最清晰的一个体现。不过,这些数据与案例给人的感觉仍然是,区域化只是全球化掺了水的版本。改变这种想法的最好方法就是看一看丰田汽车的案例:这家重量级的全球跨国企业一直将区域化视为其跨国竞争战略的基石之一。

2007年,丰田汽车一举超越通用汽车荣居世界最大汽车制造商榜首。即使按照《财富》杂志世界500强的标准,其收入来源也是高度全球化(双区域化)的。然而,丰田汽车公司推行的却是一系列精细的区域性战略计划。下文内容是根据丰田汽车公司自己的发展总结来组织的(见图5-2)。

▶ 阶段1:进入汽车行业的最初50年,形成了一个生产基地(日本)。1985年,海外汽车生产量占总产量的比例不足5%,到1990年这

第五章

一数字接近15%，1995年接近30%，2006年达到46%，这一根本性的变化使得公司区域重心发生了重大转变。

➢ 阶段2：20世纪80年代，开始大笔对外直接投资，特别是在美国，尽管有保护主义政策与情绪干扰，日本汽车销售量仍迅速增长。在销售量日渐增加的国家生产汽车既可以降低更多进口限制措施出台的可能性，同时若新的进口限制措施果真出台，又可以将潜在损失降低到最小。

➢ 阶段3：始于20世纪90年代。在此阶段，为了提高较差的业绩水平，减少对日本本国的依赖，公司建立了各个区域的生产基地或中心。公司开始限量生产本地专用车型——这在丰田汽车公司的传统上是个禁忌——标志着公司开始认真考虑在每一个区域设置更为完整和精干的组织。

➢ 阶段4：阶段4与阶段3在任务上有些重叠。在此期间，为了分担汽车开发和设计的固定成本，公司进一步跨区域推广极其相似的全球统一车型汽车——卡罗拉（Corolla）、凯美瑞（Camery）、雅力士（Yaris）和海拉克斯（Hilux）。与此同时，公司将其主要生产平台的数量由11个削减至6个。

➢ 阶段5：公司开始进行区域合并和区域专业化生产，一些工厂或区域开始接受来自全球的订单委托。所以，丰田公司敞篷小型载货卡车（即俗称的皮卡，又名轿卡。——译者注）的生产就是一项全球工程，即将卡车所需的普通发动机和手动换挡变速器集中由亚洲工厂生产，然后在亚洲以及拉丁美洲和非洲四个装配基地组装成车，销往世界所有主要市场。（美国不在其列，因为美国皮卡往往更大一些。）

➢ 阶段6：建立全球网络，需要更多投入来优化全球生产和供应。根据总裁张富士夫的说法，这个全球网络是基于区域建立和组织的，因为丰田汽车期望在美洲、欧洲和东亚区域内部扩大自由贸易协定的范围，而不是跨越这些区域建立全球网络。[6]

丰田汽车公司的案例是一个特别有用的参考坐标，因为丰田汽车公司的发展，特别是20世纪80年代以来的发展，展示了下一节内容将要介绍的一整套区域化战略。

图5-2　丰田汽车过去及未来的生产结构（2004年）

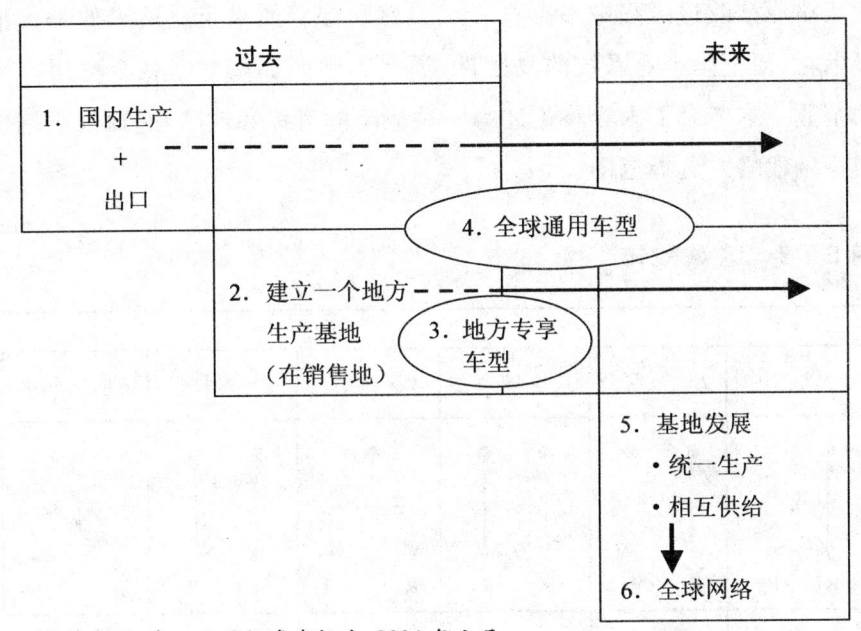

过去	未来
1. 国内生产 ＋ 出口	
	4. 全球通用车型
2. 建立一个地方生产基地（在销售地）	3. 地方专享车型
	5. 基地发展 ・统一生产 ・相互供给
	6. 全球网络

资料来源：丰田公司投资者报告，2004年9月。

注：为区分不同阶段，图中添加了数字序号，除此之外，其他内容和框架都来自丰田公司报告，未作改动。

区域化战略原型

图5-3概括了丰田汽车公司发展的六个阶段所折射的六种区域化战略原型，以及与每种战略原型相对应的基本战略使命。需要注意的

第五章

是，第1栏至第3栏在某种意义上都是区域内战略，第4栏至第6栏都是跨区域战略。这六栏战略表示了区分区域边界的越来越复杂——越来越不常见——的方法。所以，就从第1栏到第6栏的演化过程来看，丰田汽车公司的战略确实与众不同。在成为世界最大的汽车制造商过程中，丰田汽车公司同时还能赢利。对于丰田汽车公司取得的这一成就我们不禁交口称赞，但称赞之余我们不能忽略一点，那就是在这些区域化战略原型演进过程中不存在什么自然顺序。如果企业追求的是价值最大化，而不是企业系统的复杂性，那么不同的区域战略就会适用不同的企业。本节余下内容将论述每一种战略的目标和缺陷，并通过举例说明每种战略的选择范围。

图5-3 区域战略

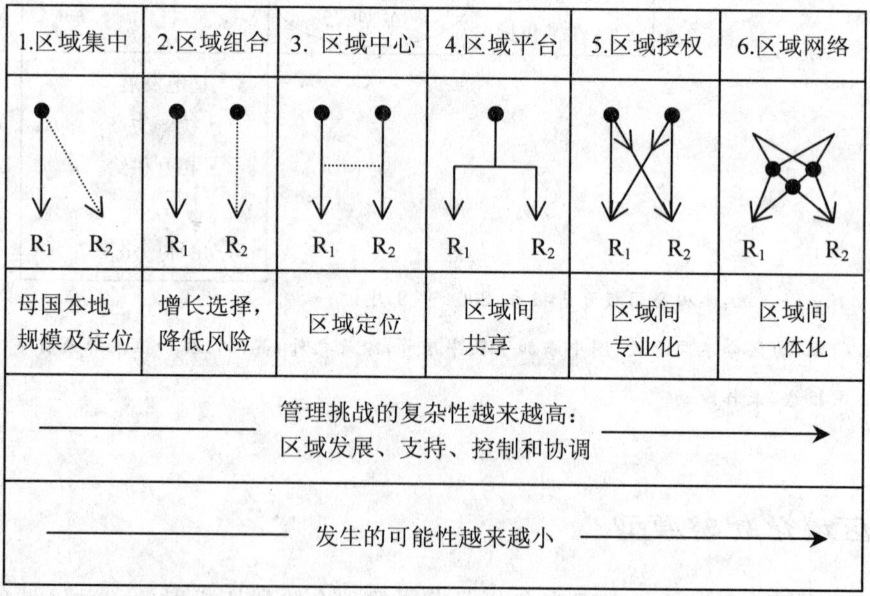

1.区域集中	2.区域组合	3.区域中心	4.区域平台	5.区域授权	6.区域网络
R_1 R_2	R_1 R_2	R_1 R_2	R_1 R_2	R_1 R_2	R_1 R_2
母国本地规模及定位	增长选择，降低风险	区域定位	区域间共享	区域间专业化	区域间一体化

管理挑战的复杂性越来越高：区域发展、支持、控制和协调 →

发生的可能性越来越小 →

注：实点（●）表示不同的产品类型，R_1、R_2代表两个区域。

1. 区域集中或国内集中战略

我们已经在前文讨论了集中问题,其中地理或区域集中值得再次强调一番,因为实际上几乎所有的公司都从此栏起步。当然,也有极少数例外的"天生全球化"公司,这类公司多出自高科技领域〔如罗技(Logitech)公司和Checkpoint公司〕。根据前文介绍的基于收入的20%的区域化阈值定义,《财富》杂志全球500强企业中近90%的企业仍处于区域集中这一栏。许多已经跨越了这一栏的公司(如丰田),过去在区域或国内集中阶段都曾停留了很长时期。有些企业最终又回到了区域集中这一栏,这常常是作为其去全球化战略的一部分,例如家电行业的惠而浦公司和医药行业的拜耳(Bayer)公司。

对其他企业而言,它们的区域集中既不是因为它们不作为,也不是因为其战略倒退,而是因为它们把区域集中战略当做其理想的长期战略。因此,在高度全球化的内存芯片(DRAM,即动态随机存储器)市场中,三星公司的产品行销全球——实际上,对于任何一种主打产品,其遍布世界的销售渠道都位居最优之列——但是三星大多数研发和生产中心都设置在韩国总部周围的同一地区,并将其视为核心竞争优势。由于运输成本相对于产品价值是如此之低,因此全球集中——能够使研发和生产得到迅速转化和相互促进——决定了地理分散的程度。

低价时尚服装连锁品牌飒拉,以一种有些与众不同的方式在西班牙西北部靠近其生产和物流中心设计和生产紧跟时尚潮流的服饰。服装设计出图之后2—4周内,飒拉会将生产出来的服装用卡车运送到西欧市场。飒拉的服饰一经推出,消费者便迅速响应,纷纷慕名光临,加之飒拉很少需要减价销售,这足以抵消掉飒拉不在亚洲生产而在欧洲生产的额外生产成本——至少在西欧市场如此。但是,在欧洲之外的其他区域,飒拉西班牙中心的这种"快速时尚"运作模式(追求服饰的新颖、流

第五章

行、稀缺和低价。——译者注)运行得并不如意,原因是对消费者需求的快速响应需要飒拉支付较高的空运成本,而这有悖于其在欧洲所追求的低价定位目标。

三星和飒拉的例子说明,区域或国内集中战略被采纳需要具备不同条件:当全球规模经济足以允许至少一些活动可以在一个区域或地点集中时,或者当核心规模经济在区域,而不是在本地或全球内发挥作用时。在许多特定的条件下,像飒拉那样的区域—区域的集中也比像三星那样的区域—全球的集中更受青睐。这些特定的条件包括以下几个方面:

➢ 区域或国内市场赢利丰厚(例如惠而浦在美国的家电产品),尽管这很有可能吸引其他区域的进入者(例如海尔)。

➢ 需要了解更多能够降低有效管理宽度的本地市场信息[例如,利丰(Li & Fung)集团聚焦亚洲,为零售商建立全球供应链并提供全球供应链管理]。

➢ 对区域自由贸易协定和区域偏好高度敏感(比如在零部件和整车双向贸易数量一定的条件下的汽车产业)。

➢ 能有效消除区域内部距离,而不是区域之间距离的其他因素(例如区域能源网络)。

与更为全球化的标准战略相比,这些条件是企业生存的支柱。区域化或国内集中战略的许多风险都与这些条件不足有关。从概念上而言,区域化或国内集中战略也存在着被更为本地集中的战略超越的风险。在母国,这通常不算什么问题,但是在母国之外的国家,问题常常会凸显出来。人们常常会争论,在制定区域化战略时,母国究竟应该起到多大的作用。

最后,奉行区域化集中战略的企业可能也会耗尽发展的空间,或不能完全控制风险。飒拉在欧洲业务的增长就是眼前争议最大的问题。缺少风险套期保值已经成为飒拉所关注的一个主要问题,因为截至2006年,与那些更多依靠美元从亚洲进口的竞争者相比,美元对欧元的贬值已使飒拉在欧洲的生产成本开始上涨。

2. 区域组合战略

第2栏区域组合战略由这样的战略组成,即在某一区域外开展更广泛的经营。当企业希望将其战略从第1栏转移到第2栏的时候,它们的理由常常是业务增长的选择和降低风险(换言之,即规避飒拉所面临的挑战)。促使企业战略从第1栏向第2栏转移的具体动因包括:非母国区域业务的快速增长;公司总部资金充裕,能够产生大量自由现金流;为进入国外市场需要在当地市场投资(在某种意义上,丰田早期对外直接投资的案例即因此而生);熨平冲击、周期等经济波动的机会。

虽然这种地理拓展有包括完全分散在内的许多形式,但是与其相对应的具体措施通常是以建立进军那些特定区域或次区域市场的基地为目标的。即使具备必要的资源条件,这种市场基地的形成仍至少需要十年或者更久的时间。有例为证。丰田为了实现其进军北美市场的目标,早在20世纪80年代早期,就与美国通用汽车合资成立了新联合汽车制造公司(NUMMI)。同时,我们也应看到,丰田拥有一种核心竞争优势,即丰田生产系统(丰田生产系统由准时制生产和自动故障检报两大支柱组成,再辅之以全面质量管理发展而成。——译者注),丰田只是不得已才将这个生产系统简单地移植到日本之外的地区。对于一家缺少这种优势的汽车制造商而言,在一个新的区域建立规模庞大的自生市场基地则更是遥遥无期。

比较而言,即使在最纯粹的组合管理案例中,也存在着长期时滞,也就是说,通过收购而不是自生增长(organic growth,企业增长模式有两

第五章

种，一是依靠并购的外延式增长，二是通过内部改造、革新等方式实现公司核心业务的真实增长。自生增长即属于第二种模式，是企业的一种内生式增长。——译者注）实现区域集中也需要很长时间。通用电气进军欧洲市场就是其中一个例子。20世纪80年代晚期，当通用电气CEO杰克·韦尔奇开始启动通用电气全球化计划时，他的目标尤其集中于公司在欧洲市场的扩张。他授权其好友纳尼·贝加利（Nani Beccalli），赋予其自由收购其他企业的决策权，从而加速了通用电气在欧洲扩张的进程。2000年初，通用电气在欧洲的收入已经提升至其美国之外收入总额的一半，这在很大程度上是纳尼·贝加利在欧洲实施并购的成果。

可是，收入的提高远非整个事件的全部。韦尔奇的继任者杰夫·伊梅尔特（Jeffrey Immelt）对此直言不讳。伊梅尔特几年前就承认，"欧洲是我所关注的重点，主要是因为我认为现在我们在欧洲并不受欢迎"。结果如此令人沮丧，原因是什么呢？通用电气选择把欧洲事业部以独立的经营机构来运营，其直接通过事业部组织向坐落在美国的全球总部负责。总部据说都是由"全球领导者"来管理的，而这些"全球领导者"中许多都是美国人，他们从没有在美国以外的国家生活或工作的经历。与此同时，通用电气在非金融业务领域的强劲竞争对手大多数都是欧洲公司，它们对自己的地盘了如指掌，并准备与通用电气在主场一决胜负。

欧盟否决了通用电气兼并霍尼韦尔（Honeywell）案后，通用电气认为必须重塑自己在欧洲的形象，更为欧化一些，并在欧盟总部布鲁塞尔树立自己的重要地位。公司还决定加大对欧洲公司基础条件和资源的投入，部分原因是为了吸引、培养和留住欧洲最优秀的雇员。结果，通用电气最终超越了区域组合战略，于2001年在欧洲设立了以欧洲新CEO为核心的区域总部，并在随后的2003年在亚洲也设立了同样的亚洲区域总部。杰夫·伊梅尔特把这些区域组织视为公司各种全球计划的主要的变革促进者。

新区域总部的设立标志着通用电气开始由区域组合战略向最低端版本的区域中心战略(下一节将详述)转型。可是,通用电气从欧洲得到的教训是,尽管通用电气在欧洲的业绩不尽如人意,尽管通用电气整体上管理出色,它的区域组合战略却持续了很长时间。

进一步而言,区域组合战略往往会将一些资源配置和控制权力从公司总部转移至公司区域机构。然而,除了这种权力转移之外,区域组合战略很少考虑如何对本地市场施加影响。

3. 区域中心战略

在大前研一提出的"三位一体"战略观点中,他明确指出了提高区域附加值的另一个更有效的方法,即建立区域基地或中心,为区域内地方(国家)的经营机构提供各种共享资源或服务。这种观点的推理逻辑是,由于区域中心具有团性(lumpiness,该词是由经济学家奈特在解释边际产量曲线先上升后下降时提出的,用来指单位生产要素是不可以分解的。——译者注)、规模收益递增或外部性,区域中心可能不能保证中心内任何一个国家都能从中获益,但是从跨国视角来看,区域中心仍然是值得投资的。虽然某个或某些地区(国家)也常常能够提供这些共享的资源和服务,但是在某些情况下,区域中心可能是虚拟的。

最纯粹的区域中心战略,即那些只聚焦于区域的战略,代表了图5-3第1栏所论及的区域集中战略的结构化多区域模式。比如,如果飒拉准备在欧洲之外的亚洲再增加一个区域中心,那么它就会从一个单区域集中者转变成一个多区域中心集成者。因此,促使单一区域集中的某些条件同样也会促使多区域中心的形成,这些条件有:(1)区域水平的规模经济;(2)有效消除区域内部距离,而不是区域之间距离的因素;(3)引发区域市场地位争夺的其他条件。单区域集中战略与多区域中心战略的不同在于,多区域中心战略不止涉及一个区域,因此也应该考虑不同

第五章

区域之间的异质性。各区域之间条件要求差别越大,为共享资源和服务而在公司内设立各区域集中机构的理由就越弱。

区域总部(RHQ)可看做是最低端版本的区域中心。不过,区域总部的影响十分有限,仅具备一些支持功能,与经营活动关联不大。所以,尽管沃尔玛国际部设置了一个亚洲区总裁职位,履行沟通与监控职能,然而他在战略与资源配置方面似乎影响甚微。

如果举出一个有代表性的区域中心战略(真正集经营活动与支持功能于一体)的例子,我们可以看一看戴尔(Dell)。[7] 戴尔公司依靠其在订单定制和规避地方销售障碍方面的独特经营能力,形成了自己的商业模式,在全球范围内销售较为标准化(根据网络传输协议、电源等的不同稍作些改变)的个人计算机。当攀升为北美个人计算机业务的领导者时,戴尔调整了战略,也想谋求在其他区域(美洲、亚太及日本区、欧洲)的领导地位,其中举措之一就是放弃那些业绩增长不如全球个人消费者业务的主要全球大客户业务或公司业务。

区域总部的优势和局限

研究者与实践者都对区域总部的各种活动给予了极大的关注。[8] 区域总部的确值得关注,这是因为如果决策正确、布局合理,这些区域总部将有助于企业重要目标的实现。所以,欧洲商学院(INSEAD)的菲利普·劳舍尔(Philippe Lasserre)教授研究提出了一系列区域总部的核心功能,其中包括搜索(商业发展机会)、战略扶助(以帮助企业分支机构了解和适应区域环境)、区域承诺宣传(对区域内外受众)、协调(利用协同优势和保证跨区域政策的一致性)以及整合资源(利用区域规模经济)。[9]

根据区域总部在跨国战略中所扮演的角色,劳舍尔还提出了一套区域总部的分类方法。在这些分类中,区域总部的角色包括:创始人,侧重提供战略扶助与协调,支持本地经营机构;主持人,既负责一体化整合、战略扶助,也负责宣传;协调人,专门负责战略和经营协调;管理人,主要提供支持功能,如办公、税收、资金。[10]迈克尔·恩莱特(Michael Enright,曾任哈佛商学院教授,现在香港大学任教。——译者注)在其有关亚太区域总部的著作中,为这种分类提供了实证性的支持。[11]

然而,关注区域战略中区域总部的角色,多少有点像只看公文包外表,而不看公文包内所装文件的内容。如果对区域总部覆盖范围应如何增加企业价值没有清晰的认识的话,企业也就不可能明确区域协同的具体内容要求,更不用说区域总部能否帮助其实现上述内容要求了。最糟糕的情形是,区域总部沦为检验企业区域战略的试验品。更明确地讲,对于只有少数几个或根本没有区域总部的企业,它们仍可能把区域当做其整体战略中重要的工具。

为了更形象地阐述这个问题,我们可以再看一看丰田的案例。提及区域总部,人们也许马上就能想到丰田汽车1996年设立的北美总部和2002年设立的欧洲总部,也许还会想到丰田汽车的东南亚次区域中心,除此之外,也许再也想不出其他的了。由此可以看出,区域总部并不足以成为区域战略的特点。

迄今为止,戴尔的区域经营机构仍处于不同发展水平。北美发展最快,欧洲次之(特别是早期目标中的英语地区),再次是亚洲,最后是南美。尽管如此,每一个区域仍沿用相似的发展思路,都拥有自己的区域总部、制造工厂、营销团队和IT基础设施。特别是,制造中心都是围绕零配件生产而组建的,然后在爱尔兰(1990)、马来西亚(1996)、中国(1998)和巴西(1998)的工厂组装成机。区域中心的位置选择要以为本区域内各国市场需求提供快速响应服务为重。因此,戴尔在巴西的地区总部位置远离巴西成熟的IT聚集区,坐落在南美洲两个最大城市圣保

第五章

罗与布宜诺斯艾利斯的中间。

邻近供应商和消费者是执行这个战略的关键,因为在个人计算机行业,零配件供应链是分割的,其物流成本常常会超过某些特定制造工厂自己生产组装的成本。因此,戴尔的区域中心还有一个特点,即都集中了本地供应商以及供应物流中心。在戴尔定制订单集成系统呼叫全球供应商之前(见图5-4),计算机零部件都是由全球供应商库存的(算做全球供应商自己的成本)。有了与供应商之间的这些业务关系,戴尔的生产系统可以从亚洲供应商那里获得大约70%的计算机零部件,尽管这些供应商在地理上较为分散。这种管理全球供应链关系和物流的方法甚至引起了丰田的关注,更不用说戴尔的直接竞争者PC制造商了(它们复制了戴尔的成功因素,削弱了戴尔的竞争优势)。

如大多数区域战略一样,区域中心战略实施效果如何,还得与那些本地化和标准化都更强的战略相比才能得出结论。戴尔的战略目标不在超低成本PC市场,因为那是本地竞争者的市场。然而戴尔竟置本地竞争者于不顾,跨越雷池进入该市场,与本地竞争者展开价格战。结果,戴尔放弃了其在中国市场成为领导者的目标,因为中国市场的消费者更信奉眼见为实,不接受戴尔的直销模式,更愿意直接到PC零配件供应商那里购买PC。相比之下,来自高度标准化战略的威胁却是有限的,不过戴尔近来被广为报道的问题更多来自其前端业务所遭遇的困难,涉及从整体需求量增长率下降到服务问题的方方面面。

虽然区域中心战略对国际市场变化反应速度较快,但是该战略也存在着风险:或者成本增加过大,或者丧失太多跨区域共担成本的机会。[12]利用这种共担(或共享)机会则是下文紧接着讨论的区域平台战略所关注的核心问题。

4. 区域平台战略

我们已经看到,区域中心可以将固定成本分摊到区域内的各国身上。与之相比,区域平台可以将固定成本分摊到各区域身上,因此也可以称之为"跨区域平台"。平台化对后端活动具有特别重大的意义。如果进行跨区域协调的话,这些后端活动将会给企业带来规模经济和范围经济。因此,大多数大型的汽车制造商,如丰田,都在尽力缩减其在全球范围内基础平台的数量,以期在设计成本、制造、管理、采购和销售方面获得更大的范围经济。区域平台战略的目标不是减少在售产品品种的数量,而是将地方客户定制需求建立在经精心策划、适用于所有品种产品的共同平台基础之上,使其所销售的各品种产品更经济划算。同时也应注意到,平台化在汽车行业比在家电行业运营得更有效,这是因为汽车制造业资本、研发更为密集,与资本、研发相关的规模经济更大。(例如,2005—2006年,世界范围研发支出最多的六家公司中,汽车公司占了四家)。[13]

另外值得补充的是,尽管平台化潜力巨大,势不可当,但诸如丰田汽车这样的平台化计划仍不得不在汽车行业的全球标准化面前戛然而止。正如福特汽车公司前首席运营官谢尼克爵士(Sir Nick Scheele)所指出的那样,"(汽车行业)全球化的唯一最大障碍……是美国相对较低的汽油成本。美国与世界上其他国家之间存在着巨大的差别,这种差别使得美国所偏好的一些汽车最基本的性能特征(规格和动力)也因此而不同"。[14]

第五章

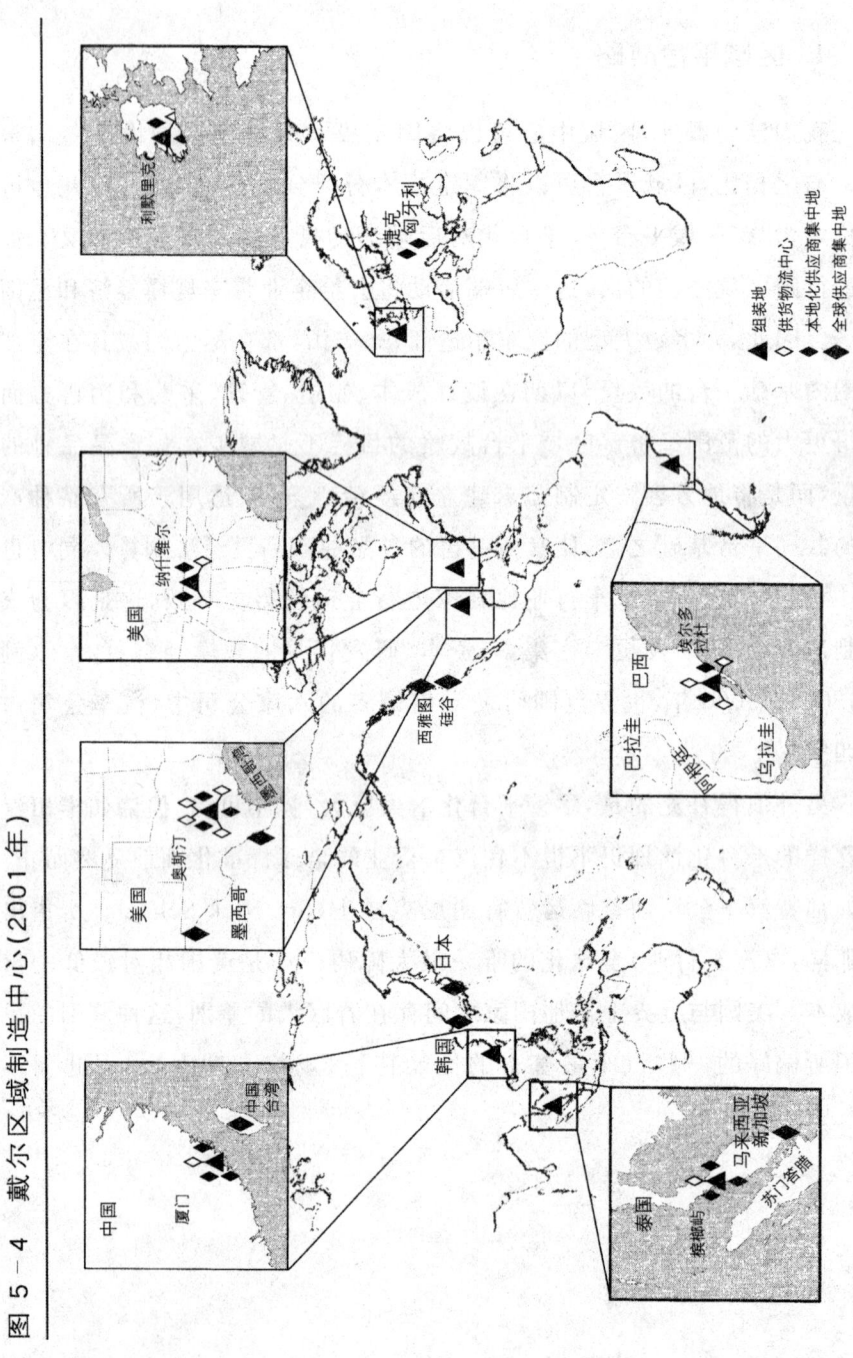

图 5-4 戴尔区域制造中心（2001 年）

资料来源：Gary Fields, *Territories of Profit* (Palo Alto, CA: Stanford University Press, 2004), 212.

此处的潜台词就是,福特汽车在 20 世纪 90 年代中期犯下了一个严重的失误,即"福特 2000"计划。福特的失误揭示了平台化战略蕴涵的主要风险:平台化战略对标准化操之过急,牺牲了本地市场的多样性需求。[15] "福特 2000"计划是一项雄心勃勃的一体化方案,目的是将福特的区域市场(主要是北美和欧洲)合并到一个统一的全球市场之中(有位分析家将该计划称为当时历史上最大的商业合并)。福特公司削减北美和欧洲重叠部门的做法给公司内部造成了很大的混乱,也给福特公司的欧洲组织机构造成了极大的破坏。该计划牺牲了区域产品开发能力,把毫无吸引力的折中产品推向了一个根本不接受它们的市场。结果如何呢?2000 年福特在欧洲市场损失了 30 亿美元,其在欧洲市场的份额也从 12%下降到 9%。

在许多公司总部都有集中化冲动的情形下,这种风险至关重要,值得提防。(许多管理者,尤其是那些汽车领域的管理者,可能会认为问题被淡化了。)集中化的倾向强化了跨区域平台过度标准化的风险。

5. 区域授权战略

区域授权也可称为跨区域授权,这是因为在区域授权战略中,为了开发专业化经济以及规模经济潜能,企业需要给某些特定区域扩大授权,要求其供应某些指定产品或者履行某些特定的组织职能。丰田授权给亚洲各个工厂,让其为丰田的全球(不包括美国)皮卡生产企业供应发动机和手动变速器,这在前文已经当做案例讲过,其他案例也比比皆是。同理,惠而浦的大多数小厨具都是从印度采购的。因为小厨具具有较高的价值重量(或体积)比,所以这比大型家电采购要容易得多。许多全球化公司正在扩大其在中国生产机构的授权。此外,虽然这种授权需要在区域、国家或地方集中配置资源,但是授权的范围通常会随着世界范围内产品"标准化"程度的提高而扩大。

第五章

（跨）区域授权也会出现在产品开发和生产之外的领域。因而，拥有咨询、工程、金融服务和其他服务类业务的全球化企业常以卓越的中心著称，这些中心即企业的专门知识和技能宝库，负责将其所掌握的知识或技能应用到企业其他领域。这些中心通常聚集在某一个地区，围绕一个人或一小群人而建，地理上并不分散。因而，中心的地理授权范围要比中心所在地区范围大得多。[16]

当然，将大范围的地理授权职能交给个别几个地区也存在若干风险。首先，地理授权战略为地方、国家或区域利益偏好提供了借口，进而不适当影响甚至是"劫持"企业的全球战略。其次，大范围授权不能很好地适应地方、国家或区域的各种不同条件，尽管其他战略如平台化此时可发挥些补充作用。最后，企业将专业化程度推向极端会造成企业运营不灵活，缺乏必要的补救机制。在变化莫测的世界里，这些风险都是不容忽视的。

6. 区域网络战略

为了实现不同区域之间的互补，同时又避免过度专业化和缺乏灵活性，区域网络战略既涉及一体化，也涉及根据资源在不同区域的分布来进行分工。虽然学术界对网络化已经展开了广泛的研究，但是大多数公司仍然唯一体化马首是瞻。故而，我们对网络化的讨论较为简洁。由于世界上正式确定建立区域和全球网络战略的公司为数不多，而丰田公司即是其中之一，所以本部分内容将以丰田公司为例，集中讨论区域网络战略。

也许，从丰田公司的案例中我们得到的最直接的启示是：实践中，我们最好不要把网络化理解为管理区域市场的一种具体方式，而应将其视为跨境资源配置和协调控制的一种思想。（当然，从这个角度来看，每一个组织机构都可以把自己视为一种网络，其存在就是为了获得什么。）因此,当丰田公司按照各种区域战略原型前进的时候(从图5-3的第1栏到第6栏),新的跨境价值创造模式就形成了对旧模式的补充,而不是取代了旧模式(如丰田图5-2所示)。

我们可以按数字顺序看一看图5-2的各部分内容。当丰田在日本的一个生产基地(区域集中战略)之外又新建了生产基地之后,丰田从日本出口到世界其他地方的销量占其总销量的比例仍达25%以上,利润所占比重还要比25%大很多。同样,虽然丰田已经跨越了区域组合阶段,但是对美国保护主义与美国本土偏见(促使日本在美国第一次进行海外投资)之类问题的忧虑仍然存在,并反映在其广告之中——广告凸显了丰田汽车创造就业机会和环境友好的历史。

就区域中心而言,丰田北美和亚洲的区域中心相对比较成熟(仍在成长),但是亏损中的丰田欧洲公司仍在发展之中。另外,继张富士夫之后,生产和采购专家渡边捷昭(Katsuaki Watanabe)晋升为丰田汽车公司总裁,这预示着在海外生产速度正在快速提升的时期,丰田公司将更加关注并着手把丰田生产系统从日本转移至新生产中心。丰田还继续准备削减大型生产平台,并通过跨区域授权追求更深程度的专业化。所以,与其说丰田按照图5-3中六个区域战略原型在发展,还不如说丰田正在尝试同时使用这六个区域战略。

其次,丰田排除万难获得成功(利用一系列区域战略创造价值)的能力是与前文提及的它的核心竞争优势分不开的,也就是说丰田生产系统能够生产质优价廉、安全可靠的汽车。如若没有此类核心优势,丰田正在使用的某些更复杂的区域协作模式肯定会亏得一塌糊涂。

最后,正如我们在前文所指出的,丰田当初并没有那么一个宏伟的长期愿景,即让汽车和汽车零部件能够在全球自由流动。更准确地说,丰田公司预料到美洲、欧洲和东亚内部自由贸易协定范围会逐步扩大,但没有想到它们之间也会如此。随后,丰田公司发现区域是表现和实现

第五章

这个较保守但更现实的半全球化世界愿景的最好单位。在这个半全球化的世界里,既不能忽视各国之间的联系,也不能忽视各国之间的屏障。

在本节结束之前,我们来花几分钟来完成"区域化潜能诊断"表中的诊断问题,评估一下你们公司区域战略的潜力。

区域化潜能诊断

下面有八个问题,从每个问题中圈出一个答案。若你对某个问题的答案举棋不定,可以跳过这个问题,继续回答下一个问题。注意,虽然每个问题分值数据都是有依据的,但每个答案的分值只是约数。

公司足迹

1. 设有大型分支机构国家的数量:
   (a) 1—5 (b) 6—15 (c) >15

2. 来自本国区域的销售额所占百分比:
   (a) >80 (b) 50—80 (c) <50

公司战略

3. 跨区域分散目标:
   (a) 减弱 (b) 不变 (c) 增强

4. 集群依据数量:
   (a) 1 (b) 2 (c) >2

国家关联

5. 区域内贸易百分比:
   (a) <50 (b) 50—70 (c) >70

6. 区域内对外直接投资百分比:

(a)＜40　　　(b)40—60　　　(c)＞60

竞争因素

7. 区域之间赢利能力差异：

(a)小　　　(b)短期　　　(c)长期

8. 主要竞争者战略：

(a)去区域化　(b)不变　　　(c)区域化

评分同样也是粗估值。选择(a)得-1分,选择(b)得0分,选择(c)得+1分,然后将每个问题所得分加总。若总分为正,则你们公司区域化战略潜力较大。总分越高,潜力也就越大。

从区域化到集群

对一系列区域战略(包括其优点和局限)进行全面分析和思考,是解析集群战略机会的一种有用方法。实际上,集群战略为公司寻求开发和利用跨国规模经济潜力提供了更广阔的讨论机会。

区域重新调整

行文至此,本书大多数案例都是以洲为单位进行分类和定义的,在这些案例中,我有意回避了对区域这个词给出一个明确清晰的定义。我的目的不是为了逃避这个问题,而是为了避免将这个词限定为某一特定地理范围,作出不恰当的解释。因为国家这一单位的范围已经足够大,不同战略原型既有可能涉及国际区域范围,也有可能涉及国内区域范围。例如,石油公司将美国汽油市场分成五个不同的国内区域。同理,

第五章

我们也可以从巴西水泥或中国啤酒等各种不同市场中看到国内市场区域划分的机会,因为在这些产品市场中,相对于产品成本而言运输成本较高,市场地理范围广阔。在洲内区域水平上,我们还可以扩大范围。如果跨大西洋自由贸易协定能够达成(当然,也有许多原因使它不能达成),那么它将会催生一个占世界GDP比重55%以上的超区域市场。至少在某些行业,这样一个区域将会变成其战略发展的下一个目标。

此处也正好可以讨论一下许多公司正在实施的多层级地理集群计划。饮料公司帝亚吉欧(Diageo)的业务机构就是根据其四个市场区域设置的,即北美区、欧洲区、亚太区和国际区,其中国际区由非洲中心、拉丁美洲和加勒比海地区中心,以及全球漫游区(Global Travel,包括布鲁塞尔、汉堡、赫尔辛基、伦敦、迈阿密、新加坡、斯德哥尔摩、悉尼、东京和多伦多。——译者注)和中东地区中心三个"中心"组成。注意,之所以把全球漫游区(免税)列入国际区,是为了提醒人们认识到,不规则或不对称的市场区域结构,可能比我们到目前为止的讨论中所涉及的赏心悦目(且在某些方面更简单)的对称结构更务实有效。

更重要的是,区域表现为各种不同的地理层次,人们可以据此解释前一节所讨论的区域战略原型的本质内涵。区域战略的地理层次可以是全球、洲、次大陆、国家、国内或地方,区域的布局与企业在此地的赢利水平密不可分,对这些地理层次进行评估有助于指引企业进行合理的地理层次调整。换言之,世界经济是由从地方到全球的许许多多层次交互重叠组成的,关键是企业不能只集中在某一个区域层次,而应该同时考虑多个区域层次。依照区域战略重新调整地理层次有助于将区域化概念转向不同地理层次的分析,增强企业区域战略的灵活性。

依据CAGE其他维度进行区域集群

除了重新调整地理差异之外,人们甚至可以进一步提出创见,根据非地理维度(即文化、行政或政治以及经济维度)的差异来划分战略区域。根据 CAGE 框架的这些其他维度集群战略区域,有些时候仍意味着地理上毗邻区域的集中。(丰田根据现有或预期自由贸易区来对各国进行分群分类就是这样一个例子。)不过,在其他时候,这种战略区域的重新定义会创造出一些地理关联不大的"伪区域"。

塔塔咨询服务公司(TCS)是印度最大的软件服务企业,其业务遍及全球 35 个国家以上,它为我们提供了一个文化集群的案例。鉴于后面章节还将更详尽地讨论 TCS 的案例,此处我们只考虑其率先开创的区域交付中心(与其在印度和中国的全球交付中心形成互补)。2002 年,TCS 先是在乌拉圭首都蒙得维的亚,随后又在巴西各设立了一个交付中心,其服务范围不仅是拉丁美洲,还包括西班牙和葡萄牙。接着,TCS 在匈牙利设立了一个区域交付中心(在匈牙利,德语是许多人的第二语言),专门服务中欧市场。为了给法国和其他法语国家提供服务,目前公司正在分析在摩洛哥(该国中许多人说法语)设立区域交付中心的可能性。因为在 TCS 的业务中语言差异至关重要,所以基于语言的集群战略对 TCS 具有特别的吸引力。

就行政维度而言,我们可以看一看雷神(Raytheon)公司的"英联邦咨询小组"的案例。小组成立数年前,这家总部坐落在马萨诸塞州的国防承包商认为,英联邦是一个良好的业务组织基地,公司可以在此为那些英联邦国家提供咨询服务。主要理由之一是,这些英联邦国家中大多数采购程序和采购业务都雷同。

就经济集群而言,最明显的就是那些区分发达国家和新兴市场国家的公司案例,以及那些业务极端地集中于发达国家市场或新兴市场的公司案例。在首次对外直接投资西班牙后,墨西哥西迈克斯公司就是依据经济维度集群发展起来的。这也就是说,西迈克斯公司向外扩张的其他新兴市场都与其母国墨西哥相似,比如袋装水泥的销售量都很大,其目

第五章

标是将业务扩展至赤道附近所有国家,为地球戴上一只"灰金戒指"。(近几年来,西迈克斯公司已经开始更多地关注基于地理的集群。在水泥行业地域差异明显的条件下,西迈克斯公司的这一举动似乎是有意义的。)许多金融机构在发达国家和新兴市场国家都有经营业务,但是它们在新兴市场国家是以独立于机构的方式运营的(即在公司总部之外成立独立发展的地区公司。——译者注)。

值得补充的是,许多拥有众多国际和跨区域分支机构的公司正在对现代测绘技术进行大量投资,将根据 CAGE 模型重新定义的区域和伪区域用可视化的方法表示出来。这种技术是由增强聚类技术、分析网络优化方法以及双边、多边和单边国家扩展数据等来支持的。最起码,这种测绘激发了企业的创造力,因此值得认真思考。

在非国家基础上的集群

CAGE 模型原本是以国家(或广义的地理单位)为基础进行分类的,但是在跨国公司的实践中,还有许多其他不是以国家为基础的跨境集群,其中包括渠道销售商(如思科公司还根据合作伙伴的类型进行集群)、客户服务产业提供商(如埃哲森和许多其他 IT 服务公司)、全球大客户服务提供商(如花旗集团旗下的公司银行业务),以及最常见也是研究最多的公司业务部(如宝洁公司的全球业务部,其他许多公司也是如此)。

在特定条件下,这些集群方法每一种都具有特别的意义,同时也都存在着自己的风险。因此,在 B2B 业务环境中,作为为顾客提供单点联系、协调和标准化服务的一种方式,全球大客户管理备受瞩目。[17]但是,这也带来了许多忧虑:全球大客户的谈判能力可能会逐步提高,同时管理本地客户和全球大客户会比较困难,创造消费者孤岛(consumer silo)会带来风险。对于多元化经营的公司而言,根据业务进行集群特别具有吸引力,因为各项业务之间的差异常常比国家之间的差异更为突出,这表明公司业务应该成为追求跨境规模经济的主要依据。同样,依据业务集群也存在风险,企业必须予以管理,将风险最小化。在这种情况下,风险就是业务孤岛可能会危及跨业务的范围经济。

概括来讲,集群代表了一种潜力巨大的超越逐国适应战略的战略方法。通过物以类聚的方式,每一个集群依据都为精心制定介于地方层面和全球层面之间的战略提供了多种可能的机会(尽管区域是分类的唯一依据,本章对此将会详细予以讨论)。也就是说,集群不是万能良方,理由有如下几个。第一,集群经常会带来产生孤岛的风险,孤岛的存在会扰乱企业组织的正常运行。第二,在企业组织内部,集群需要所有必要的关联机制支持,因而集群还常常会提高企业组织的复杂性,特别是根据多重而不是仅仅一重CAGE维度进行集群分类时更是如此。第三,由于企业通常不可能同时采用所有可能形式的集群战略,因此在它们中间作出选择是非常重要的——这是第二章和第三章提出的分析框架能够完成的任务。第四,经常调整集群依据终究会成为企业的祸端,因为企业打造一个集群基础往往需要花费数年的时间。最后两点理由中的问题将在以下两节内容中予以解决。

集群分析

集群是企业组织在面对处理差异的挑战时的本能反应,这种集群应该来自清晰的公司战略,而且公司战略必须根植于公司所在行业的现实,以及行业所提供的价值创造机会。所以,通常CAGE差异框架以及增值计分卡有助于指导跨境集群的选择。

前文我们已经讨论过,在帮助企业从各种可能的集群依据中进行选择时CAGE模型所起的作用,因此本节主要将增值计分卡运用到前一节所讨论的两个案例之中:TCS计划增开另一个区域的决策,以及宝洁

第五章

于20世纪90年代重新思考区域在其全球战略中的作用。

我曾经有机会直接目睹了TCS就是否在拉丁美洲增开区域交付中心进行决策的过程。TCS所面临的最大不利因素是，由于拉丁美洲本地薪酬比印度高，再加上（最初）小规模的不经济运营以及外来者劣势等原因，拉丁美洲的成本水平要比印度高。但是，上述考虑也并不那么绝对：与选择仅继续在印度扩张的方案（见表5-1）相比，TCS选择增加拉丁美洲中心的方案会给公司带来额外收益，因此TCS必须权衡比较这些成本与公司增加拉丁美洲中心所带来的额外收益。TCS的管理层认为，表5-1中灰色阴影部分的内容特别重要，所以下面我将一一详述灰色阴影部分内容的好处。

表5-1 TCS设立拉丁美洲区域交付中心的决策

价值因素	评价
扩大规模	＋拉丁美洲业务 ＋＋大额全球订单需要在拉丁美洲开展业务
降低成本	－拉丁美洲绝对成本较高 ＋印度成本正在提高
差异化或提高客户购买意愿	＋语言优势 ＋时区优势 ＋＋"统一全球服务标准"目标
提高行业吸引力	＋消除跨国公司对TCS非全球化的抱怨的能力 ＋保持未来在印度竞争者中的领先地位
正常化风险	＋降低"印度风险"
创造和更新包括知识在内的各种资源	＋营造舆论 ＋＋多文化主义 ＋＋努力将公司的交付能力扩展到世界各地

第一，TCS的公司战略要求扩大大宗、复杂综合项目交易的份额。

不过，至少在某些案例中，签订这类外包合同的全球性大客户，已开始偏爱那些在多个地方拥有交付中心的服务提供商（他们希望外包服务能在自己选择的交付中心完成），或者那些具备跨语言区和时区服务能力的服务提供商。当荷兰银行在一份价值 20 亿欧元的合同（截至目前印度软件服务商所获得的最大一宗 IT 服务合同）中选择了 TCS 时，这些全球性大客户的意图得到了初步验证，至少在 TCS 的拉丁美洲（也是荷兰银行的重要战略区域）全球交付中心是如此。

第二，拉丁美洲交付中心帮助 TCS 将自己定位为世界范围内"统一全球服务标准"的提供者。虽然西方大型竞争者，如埃哲森，拥有比 TCS 大得多的全球交付网络，但是由于它们依赖地方合作伙伴，所以客户认为那些网络的服务质量高低不一。

第三，与前两点相关，拉丁美洲交付中心为其独有的全球网络交付模式（Global Network Delivery Model）制造了大量舆论宣传。2006 年《纽约时报》（*New York Times*）专栏介绍了 TCS 的拉丁美洲中心，其中托马斯·弗里德曼写道：

> TCS 伊比利亚美洲公司近期不会很快招募员工。我到公司总部采访的时候，他们还在走廊和楼梯间搬运电脑……事实证明，许多跨国公司推崇风险分散，不把所有外包业务在印度离岸完成的观点……同在孟买一样，公司按照严格的塔塔规则运营，因此我们就可以看到乌拉圭人冒充印度人在美洲开设软件服务公司，这可谓是一大景观……在今天的世界里，让一家由一位匈牙利裔乌拉圭人〔加布瑞尔·罗兹曼（Gabriel Rozman），TCS 拉丁美洲中心的负责人〕领导、由已学会吃乌拉圭素食的印度技术专家管理蒙得维的亚（乌拉圭首都）的工程师的印度公司为美洲银行提供服务，已经成为一种新的常态。[18]

第五章

第四,如灰色阴影最后一部分所示,建立拉丁美洲交付中心的计划与公司的目标不谋而合,即把多元文化融入公司,使得公司90%以上的业务都来自印度之外,而90%以上公司员工都是印度人。

最后,也许是最重要的,就是努力将公司交付能力扩展到世界各地的思想。在印度软件开发商竞争日益激烈的条件下(第六章将有更详细的论述),形成一种在印度之外的其他地区实现较高的统一交付标准的能力,可能是改变竞争规则的一大举措。

上述这些好处以及表5-1所列出的其他好处足以打消高成本的顾虑。所以,这个案例会起到一种提醒作用,即提醒我们全面考虑各方面利弊在决策时的有用性,其中包括定性分析以及定量分析因素,这也是增值计分卡所提倡的方法。

另一个案例是有关在前后两任CEO德克·贾格尔(Durk Jager)和A. G. 拉夫雷(A. G. Lafley)领导之下,宝洁公司重新思考区域在其全球战略中的作用的。20世纪80年代和90年代,宝洁公司用了相当长的时间将以国家为中心的组织结构调整为偏重以区域为中心的组织结构,特别是欧洲市场。但是,20世纪90年代末,公司越来越重视创新和加速全球新产品的推出,这使得公司战略开始转向,将全球事业部作为集群的首要标准依据。第七章讨论了这种战略下的组织结构。不过,值得关注的是,宝洁公司并没有完全抛弃区域战略。相反,宝洁公司重新聚焦于区域规模经济最强的因素,其依据就是表5-2所示的方法,因为该表体现了典型的快速消费品产业的经济学特征。

表 5-2　区域规模经济：一个示例

	品牌 A （区域品牌，百万欧元）	品牌 B （本地品牌总计，百万欧元）
营业收入总计	100	100
生产成本	40	48
运输成本		(3)
营销支持费用	10	12
交易支持费用	10	10
研发费用	4	5
企业管理费用	10	13
利润	26	15

从表中的数据我们可以看出，区域规模经济最大的一块是生产成本，其次是企业管理费用，再次是营销支持费用（通常是是否标准化的讨论内容）。这些简化数据虽然只与增值计分卡前两项内容有关，但是却足以解释为了降低管理费用，为什么宝洁公司在欧洲采取集群措施，由大型工厂和集群国家（如比利时和荷兰、伊比利亚半岛、北欧国家、英国和爱尔兰）向多国次区域供货。

当然，宝洁公司的战略转变（以及前文丰田公司的那些战略转变）也表明，宝洁公司的战略需要依次向前推进，而不能只顾眼前，也不能几十年都不变。采用新战略或调整战略时，宝洁公司可能需要处理旧战略遗留下来的问题，但是这一转变过程太慢了。由于这个原因，在转变战略前深思熟虑一番是很重要的，而不要将集群战略当做一个自由可变的选择。下一节所讨论的案例将更深入探讨这个问题。

集群管理

集群有一系列可能的依据，这意味着企业在这些依据中选择的时候可能相当随意。但是欲使集群依据发挥作用,通常还要求企业多年孜孜不倦的努力——对大公司而言,通常需要近10年的时间。

如果在这方面举个具有警示性的例子,我们可以看一看ABB公司的案例。ABB公司是一家跨国公司,是由瑞典的阿西亚(Asea)公司和瑞士的布朗·勃法瑞(Brown Boveri)公司这两家电器设备和机械制造商在1988年合并创立的。援引一位权威人士的话来说,ABB公司的组织设计"于20世纪90年代受到的关注比其他所有跨国公司的加总都多,包括企业界和学术界"。[19]鉴于在许多不同情景中有关ABB公司的文字资料较多,此处我将简单概述一下20世纪80年代晚期ABB公司集群依据转变的特征。表5-3概括总结了ABB公司集群依据的演变(每种集群依据持续时间长短不一),这在下文将稍作详细介绍。

表5-3 ABB公司集群依据的演变

	CEO或时代					
合并前 (到1988年)	巴内维克 (1988—1993)	巴内维克 (1993—1998)	林达尔 (1998—2001)	森特曼 (2001—2002)	多尔曼 (2002—2004)	金德尔 (2004—?)
➢国家	➢事业部	➢事业部	➢事业部	➢技术	➢核心业务部	➢事业部*
	➢国家	➢国家	➢国家	➢客户行业		➢国家
	➢区域	➢全球大客户				➢区域

*截至2006年1月1日。

在阿西亚公司和布朗·勃法瑞公司合并之后,ABB公司新任CEO珀西·巴内维克(Percy Barnevik)决定打破公司以前的官僚行政和地理分封制度。他将公司组织改为扁平化结构,将公司各事业部拆分成一个个小型的本地化运营公司。这些运营公司既要向所在国的总部经理汇报(总部公司在每个业务国家都设有总部经理。——译者注),又要向事业部区域经理汇报(即"矩阵式组织结构")。1993年,在矩阵式组织结构的基础上,巴内维克在地理维度上又添加了区域因素,将公司的业务国家分成三个区域。

制定这个组织结构的关键是建立一个共同的管理信息系统,将七个参数的数据汇报给巴内维克个人参阅,其中每一个参数的数据都最终形成2 000个利润中心。模块化的界面接口也为日后新增的收购业务和业务区域的重组随时纳入该信息系统提供了便利。但是,利润中心数量庞大,加之利润率不高以及进一步的收购,这些都为20世纪90年代后期公司爆发的严重危机埋下了种子。

宏观组织结构稳定发展了10年之后,亚洲金融危机爆发,公司组织结构和战略中存在的问题开始暴露出来,ABB公司开始加快组织变革的步伐。因成本太高,巴内维克的继任者戈兰·林达尔(Goran Lindahl)撤销了原来组织结构中的区域组织设置,并努力将ABB公司的组织结构调整为三维组织结构,即在巴内维克原来的事业部和国家矩阵结构之上增添了全球客户管理结构。

然而,来自ABB公司的外部压力与日俱增。除了亚洲金融危机之后需求量的下滑之外,负责集合不同业务区域产品(其主要客户是全球客户或区域客户,而不是本地客户)的营销系统也给公司提出了挑战。同时,自主权较强的本地化公司也给ABB公司带来了许多其他问题。2001年,新任CEO约恩·森特曼(Jorgen Centerman)对此作出了回应。他将矩阵式组织结构替换为前端—后端组织结构,其目的是把ABB公司变成一个"知识型公司"。具体来讲就是,ABB公司期望四个主要客户或前端部门(根据客户行业而非地理区域划分)能够提高其为全球和区域客户创造价值的能力,而且这四个前端部门是与两个后端技术部门(电力技术部和自动化技术部,统一负责ABB公司两项主要技术能力领

第五章

域所有业务的技术开发)紧密相连的。

由于需求持续减少,收购美国内燃机工程公司(巴内维克任期内)不幸摊上的数十亿美元的石棉事件相关债务(内燃机工程公司在其生产的锅炉产品中使用了含有致癌物质的石棉为隔热材料,后被10万名使用者起诉,ABB公司为此先后支付了数十亿美元的赔偿金。——译者注),以及新组织结构呆滞,ABB公司走到了破产的边缘。2002年,森特曼因此被迫下台。ABB董事长约根·多尔曼(Jurgen Dormann)接任CEO,他打破了前端—后端式的组织结构,卖掉了部分前端业务,把剩余事业部门集结成两个核心部门,即电力系统部和自动化部。

最近几年,在多尔曼及其下一任CEO弗雷德·金德尔(Fred Kindle)的领导下,ABB公司一直致力于业务和财务重组,逐步解决前一时期由于企业过快增长以及集群依据频繁变换所产生的问题。得益于企业外部环境以及内部环境的改善,公司最终从21世纪前几年的艰难困境中恢复了过来:销售收入最终达到20世纪90年代末的水平,而公司员工数量仅是原来的一半。最近,公司将两个核心部门(由五个事业部组成)拆分成五个事业部,并把各个业务国家聚集归类到各个区域,它们都是自负盈亏的。矩阵式组织结构又回来了!

ABB公司的传奇故事内涵极为丰富,对组织设计具有普遍的借鉴意义,对集群战略管理更是如此。下面,我们仅选择其中六个予以介绍:

1. 尽管有人不满巴内维克最初推行的矩阵式组织结构,但是事实上一体化和快速响应能力不可兼得,十全十美的集群方案是不存在的。只有认识到上述集群方案都没有真正解决套利(例如,通用电气,这家ABB公司曾将视它为主要竞争对手的公司,追求的套利战略要有效得多(见第七章)。有关套利战略下一章将有详尽论述。)带来的挑战,这个结论才能更有说服力。更一般地说,人们对解决复杂组织问题新方法的乐观情绪应当适度些了,因为人们已经认识到,寻求一种通用的组织结构本身就意味着愿望对经验的胜利。

2. 虽然每一种集群方案都存在缺点,可是根据多维依据进行集群的挑战无疑是其中比较重要和有趣的。集群的可能依据(其中许多都由 ABB 公司在较短时间内试验过)越多,这种战略所面临的挑战也就越大。企业的理想选择应该是,专注于集群的可能依据中的某一经过深思熟虑的具体依据,而不是以未经验证的假设作为集群依据。

3. 比起可供企业选择的集群依据的数量,更为重要的是企业如何有效地管理它们。很容易找到成功的三维甚至是四维矩阵式组织结构(特别是在信息技术行业),就连公司有效应对一维集群组织结构的挑战的案例也很容易找到。在集群管理方面,超出正式组织结构范围的适当的关联机制显得非常重要。另外,虽然 ABB 公司最近又恢复到原来的矩阵式结构,但是 ABB 这样的公司却萌发了这样一种意识(这种意识根植于许多大公司的经验中,如第四章所讲的 CEO 布恩斯特拉上任之前的飞利浦公司),即当一家公司真正在推行多依据集群战略时,"把多个依据置于同一个平面上"不失为破解这一僵局的良方。换句话说,建立各依据之间的等级次序常常看起来很有必要。

4. 在选择集群方法时,有时简单类推所起的作用比它们应当起的作用更重要。我们可以看一看 ABB 公司最短命的集群方案——森特曼创立的前端—后端结构,这明显是效仿 IT 公司的组织结构。转换为这种组织结构时,ABB 公司似乎没有很好地考虑过自己跟 IT 公司之间的差别。许多 IT 公司所服务客户的行业纵向范围比 ABB 公司宽,毫无疑问它们必须提高横跨各个行业进行集群的能力。所以,许多 IT 公司将自己的组织结构由原来的功能型结构调整为前端—后端结构。这种转型要比 ABB 简单得多,原因见下文。

5. 在集群方法中进行合理选择需要分析——分析行业动态、公司历史和公司绩效。巴内维克在任后期,ABB 公司的矩阵式组织结构压

第五章

力重重,原因是行业状况发生了变化:需求减少,定价竞争压力增大,越来越注重全球一体化而不是对地方市场的快速响应。ABB公司的历史不适于将其矩阵式组织结构调整为前端—后端结构,因为ABB公司起初的组织结构应当按业务功能进行拆分。相反,在公司亟须重新调整组织结构的情形下,多尔曼将不同业务部门聚合成一个形单影只的核心部门结构毫无疑问是有意义的。

6. 从长期来看,选择集群依据的唯一一个最有力的标准就是,看其是否能够提升企业竞争优势,这也是企业国外经营机构的目标指向(更多讨论见第七章)。将一些主要集群依据嵌入正式的组织结构只是提升企业竞争优势的必要条件,而不是充分条件。只有在十分必要的情况下,组织结构才可以随意变动;因为组织行为改变、中断等时滞所导致的成本非常高。这一点我们可以从ABB公司与其他公司的对比中略窥一斑:ABB公司组织结构频频更换,而其他公司并非如此。比如,丰田公司始终不轻易改变自己的组织结构;再如,在将重心转向全球事业部之前的20年的大部分时间里,宝洁公司都致力于基于区域集群的组织结构。

结 论

"全球化综述"概括总结了本章得出的具体结论。广而言之,集群为我们增添了处理跨国差异的战略工具。然而,集群也有自己的局限。正如适应一样,集群仍然侧重利用各国之间的相似性作为价值创造的源泉。不过,正如TCS公司的案例所提示我们的那样,差异不仅仅是阻碍全球化的一个问题,它们——至少选择的CAGE维度的差异——也能成为价值创造潜能的重要源泉。下一章(该章集中讨论了套利问题,即拓展全球战略思维的3A战略中的第三个战略)将会更深入地讨论这个问题。

全球化综述

1. 不仅世界在许多方面仍是区域化的——半全球化的表现——而且至少在一些CAGE维度上,区域化水平与日俱增,而不是与日俱减。

2. 包括那些全球最大的公司在内的绝大多数公司,销售收入仍主要来自于其母国区域。有些公司经营非常成功,在多个区域都拥有大型经营机构(如丰田公司),即使是它们也常常把区域当做它们集群的主要依据。

3. 区域战略类型数量有许多,而不止一种:区域集中、区域组合、区域中心、区域平台、区域授权以及区域网络。

4. 区域或伪区域是根据CAGE维度来定义的,而不是根据地理位置来定义的。

5. 区域本身仅代表了跨国集群的一个依据,其他依据还包括销售渠道、客户行业、全球客户,以及对多元化经营公司特别重要的全球事业部或产品部门。

6. 集群方案的目标是减少群内差异,正因为如此,群与群之间相互关系的风险被忽略了。

7. 追求多依据的集群会极大地提高企业的复杂性,而且这通常要求企业对这些依据进行等级排序。

8. 虽然认识到对集群依据进行排序的重要性很重要,但是在选择集群依据时,CAGE模型和增值计分卡也非常有帮助。

9. 迅速改变集群依据通常是挽救企业业绩的良方;大型复杂企业组织在实践中推行某种依据的集群战略通常需要数年时间。

第六章 套利战略

利用差异

> 全球化就是在最有成本效率的地方进行生产,在融资成本最低的地方融资,在利润最高的地方销售。
>
> ——Infosys 公司董事长　N.R.纳拉亚纳·默西,2003 年 8 月

在我们有关距离与成功跨国经营的 3A 战略中,第三个战略就是套利。套利是利用差异的一种方式,它寻求绝对经济优势的差异,而不是通过标准化寻求规模经济。套利将跨国界的差异视为机会,而不是将其视为阻碍企业全球化拓展的约束条件。

本章首先强调了套利交易的绝对重要性,然后利用 CAGE 模型解析了套利交易的文化、行政、地理和经济依据。为了便于解释套利交易战略的多样性,我采用了一个源于制药行业的复杂案例——在该行业中,套利交易的行政和经济依据都非常重要。最后,本章讨论了如何利用增值计分卡来分析套利,以及在利用套利机会的过程中所产生的一些管理挑战。

第六章

套利的绝对重要性

众所周知,套利是最原始的跨国战略。历史上,许多大贸易商都是通过买卖奢侈品发迹的,而这些奢侈品在绝对成本和稀缺性方面存在着极大的国别差异。想当年,欧洲香料的销售价格是印度的几百倍,所以欧洲与印度之间的香料贸易得以发展。由于只有北美才盛产毛皮和鱼类产品,这就促成了横跨大西洋的毛皮和鱼类产品贸易,并逐渐使北美大陆沦为英国的殖民地。同理,地理位置的迥然差异催生了18世纪晚期的全球捕鲸舰队(据说因为拥有流动作业船只,全球捕鲸舰队被认为是离岸制造业的雏形),同时也催生了19世纪早期农业与矿业公司的纵向一体化。

19世纪晚期,自由企业在英国对外直接投资中占据主导地位。当时,为了在英国法律允许的范围内追求对外投资机会,它们曾尝试利用行政结构(和权力)的差异进行套利。另外,19世纪轻工业产品(如服装)出口开始日显重要,虽然其中不乏套利的原因,但是这是一种利用经济差异的套利,而不是一种利用地理或行政差异的套利。

虽然拥有这么长的历史,但是套利却常常被当今全球化与战略的研究所忽视。以沃尔玛为例,大多数有关其国际化的讨论都围绕着其全球卖场网络。沃尔玛在全球其他国家拥有2 200多家卖场,2006年这些卖场的销售额共计630亿美元(占公司总销售额的1/5),营业利润33亿美元(接近公司总营业利润的1/6)。最不为大家所关注的是沃尔玛在全球采购方面的努力,特别是在中国。2004年,沃尔玛提出要从中国直接采购价值180亿美元的商品,其中还不包括卖场中通过供应商间接从中国采购的商品。即使我们以180亿美元这一数字为基数,并以通常的估算方法估算,沃尔玛的成本节省额也接近30亿美元。也就是说,沃尔玛在中国的成本节省额与其全球卖场所产生的经营收益是旗鼓相当的,但其在中国的投资规模与其在全球卖场的投资规模相比却小得多。[1]根据我于2004年对沃尔玛卖场所作的一个小样本调查的结果,沃尔玛直接和间接采购中国制造商品的总额可达这一官方数额(180亿美元)的两到三倍,这意味着从中国采购的节省额要远远高于其在全球其他所有卖场的营业利润!由此来看,低价采购中国产品之后,再以美国卖场的利润将中国产品销售出去,这是沃尔玛跨国战略的重要组成部分,它要比其全球卖场网络重要得多。

另外,我们还可以考察一下乐高积木(一家生产儿童积木及配套用具的丹麦生产商)的失败案例。乐高积木公司本应更早一些给予套利更多的关注。由于乐高公司在其核心业务上追求过度多元化和扩张性竞争,特别是与加拿大的美加品牌公司(Mega Brands, Inc.,该公司开始销售从中国采购的积木,其价格要比乐高公司的价格低得多)竞争,因此乐高的业绩在20世纪90年代末开始下滑。但是,乐高却一如既往地在丹麦和瑞士坚持使用喷射模塑法自己生产积木,结果其产品要比美加高75%,财务绩效也逊于美加(见图6-1)。[2]当乐高重新回到其核心业务,并将其大部分的产品生产外包给离岸合同生产商Flextronics后,乐高的业绩才开始恢复。

这些案例表明,在跨国界拓展业务的过程中,公司的成败不是其他原因造成的,而是因为评论员(commentators)或管理人员对套利机会的关注程度是不对等的。套利为何常常得不到应有的重视,其原因有多种,但是在纠正这些错误原因之前,我们有必要先了解一下它们。

第一,人们似乎通常都认为,传统形式的套利活动,如狩猎、捕鱼、农耕、采掘、编织等,都是极其落后的。当我们把这种套利活动应用于跨国界赢利的诱人任务时,难道我们没有超越传统的狩猎和采集活动,没有进步吗?如果你倾向于认为我们并没有进步,那么请再想一想,沃尔玛

第六章

每年千里迢迢从中国采购数百亿美元的产品，为美国这台低价销售机器提供商品的实际意义何在。正是基于这种挑战和机遇，沃尔玛才选择在中国深圳建立了全球采购中心，形成了自己独特的竞争能力。

图 6-1　美加与乐高

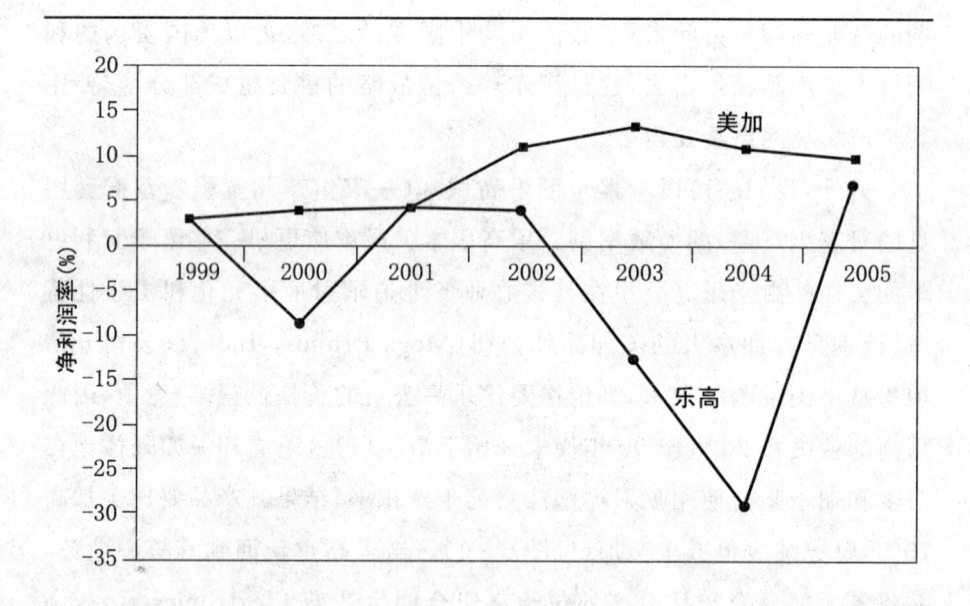

净利润率（%），1999—2005年，美加与乐高对比曲线图

第二，有一种观点认为，利用资本或劳动力等基本生产要素进行套利，企业鲜有机会形成自己的竞争优势。[3]然而，难道因为轻轻点击鼠标就可以全球采购，这些生产要素就难以成为竞争利器了吗？当然不是。我的答案的依据是，本书前文特别是第一章所述的半全球化的事实，以及诸如劳动力和资本这样的明显非专业化要素都隐含着属地的特性。尽管从中国采购会起到提高中国劳动力成本的作用，然而包括沃尔玛在内的许多公司从中国采购并未将中国劳动力成本推升至美国水平，而且未来几十年内也不可能。在本章最后一节，我会重新讨论可持续发展这个话题。

第三种常见观点与第二种观点有关,这种观点认为套利的利润空间相当有限。我的回答是什么呢?看一看前文对沃尔玛成本节省额的计算,或者看一看其他产业,如我在下文将以更长篇幅论述的印度软件服务业,大家就会知道我的答案就是"事实并非如此"。现在我们可以看一下 TCS 公司。作为印度最大的软件企业,在过去的五年中,TCS 的平均资本收益率都超过了 100%,同时其收入还在以每年 30% 多的速度增长。虽然 TCS 起初是一家地区性公司,但是纵观其发展历程,劳动力套利依然是其核心战略。

第四个观点涉及为什么跨国公司已经认识到套利的好处却不愿多谈套利机会的问题。对于套利交易,特别是劳动力套利交易,尽管已经司空见惯,然而在政治上却非常敏感。至于如何处理此类问题,本章将有更详细的论述。

最后,有关套利的讨论(如沃尔玛的案例)大多关注从新兴市场中购买劳动密集型产品(或服务),并在发达国家销售的套利交易。诚然,这是一种非常重要的套利方式,但却远不止此一种方式。如果想正确认识套利,那么我们就必须拓展视野。

拓展我们对套利机会认识的一种方法就是参考国外的一些案例。现在就让我们看一看一些案例,这些案例大多来自媒体新闻。张茵,这位全球最富有的自主创业女士(其净资产价值超过 30 亿美元),最初是从美国进口并循环利用废纸起家的。[4]泰国曼谷康民国际医院(Bumrungrad International Hospital,东南亚最大的私人医院,也是亚洲唯一通过美国国际认证联合委员会认证的医院,以及亚洲最热门的医疗观光目的地之一。——译者注),是医疗观光旅游的始作俑者,拥有五星级的设施,每年收治近 50 万国外病人。[5]东欧许多国家也在不同专业领域吸引了大量国外病人,如捷克的整容手术、拉脱维亚的膝关节手术、匈牙利的牙科和斯洛文尼亚的不孕不育治疗。[6]葡萄牙的投资者正在考虑为富有的北欧人建造大量退休公寓。[7]瑞士本地法律规定,不管个人在国外的财产和收入是多少,税收实行包干制,纳税额仅是住宅成本的若干倍。为了受惠于这些法律规定,全世界大约有3 500位富豪已经成了瑞士公民。[8]智利航空业业绩领先于世界平均水平,其战略是利用智利大量出口易腐产品(如鲑鱼、水果和鲜花)的特点,大力发展航空货运,其货运收入占其总收入的40%。与之相比,美国大型航空公司的货运收入则不足5%。[9]加纳、肯尼亚和南非等非洲国家都有一些较好的寄宿学校,吸引了海外的很多学生,这些学生大多都有着非洲血统。[10]在许多小国,如摩尔多瓦和尼加拉瓜,其海外移民向国内的汇款占其GNP的20%多。[11]在保加利亚、牙买加、新西兰和尼日利亚等国家,二手车进口数量要比新车进口数量规模更大。[12]

CAGE 模型与套利

人们一般都认为,在新兴市场低成本生产,然后在发达国家市场销售方可以赢利,但是上述案例却都是例外,或者至少有些不同。特别是,许多案例表明,服务的跨国界套利越来越多,但是它们却各有特点,不一而足。从更广的分析视角来看,我们可以利用CAGE模型来分析套利交易,因为各国之间每一种类型的差异都孕育着套利的机会。[13]

文化套利

长久以来,产品(或服务)原产国或原产地的有利影响一直是文化套利的资本。比如,凭借法国文化,或者更具体一些,凭借法国的海外形象,法国高级时装、香水、葡萄酒和食品得以风靡世界。

除此之外,文化套利还可以用于更新的、更大众化的产品和服务领域。比如,我们可以看一看美国快餐连锁企业在全球独一无二的主导地位。在20世纪90年代末,全世界排名前30位的快餐连锁企业中,美国快餐连锁企业就占了27家,销售额占全球快餐销售额60%多。[14]美国流行文化在全球大行其道,美国的海外快餐连锁店便不同程度地藉此在其所提供的食物中附加上美国文史百科元素(至少当地人是这样认为的),使美国流行文化与美国快餐一样畅销全球。东京红花餐厅(Benihana of Tokyo,它是由前日本摔跤与赛艇项目的运动员洛基青木于1964年在美国纽约开设的第一家日式铁板烧店,享誉美国之后又回归日本并向世界各地扩张。红花餐饮连锁是美国最大的亚洲餐饮连锁企业,已在纳斯达克上市。——译者注)即"日式牛排屋"则是更为极端的个案。虽然在日本东京曾有过一家小店,但公司网站将其在纽约百老汇开设的餐厅列为其第一家餐厅。

红花餐厅提供戏剧版的铁板烧厨艺表演,公司称之为逗顾客开心的"服务",其他人称之为日本风格。迄今为止,在红花餐厅连锁企业设在全世界的100多家餐厅当中(其中大多数在美国),在日本还是仅有一家。

这种"原产国"优势并非是富有国家的专利,贫穷国家也可能成为文化套利的重要平台。比如海地的孔帕音乐、牙买加的瑞格舞、刚果的舞蹈音乐都是饱含各自地域风情的优势名片。

我们常常听到这样的观点:由于世界正变得越来越千篇一律,文化套利的范围正随着时间而逐步缩减。但是,近年来许多成功的地区品牌化咨询机构的出现,证明这种观点并非适用于所有的国家和产品。或者我们可以举一个更具体的例子。一直以来,巴西坚持与绽放着青春活力的足球、狂欢节、海滩和性感女郎联系在一起,这就是企业刚刚才开始认识到其中存在文化套利机会的一个案例。因此,世界产能最大的比利时英博(Invev)啤酒集团,正准备利用巴西将博浪啤酒(Brahma,英博四大旗舰啤酒品牌之一,也是世界第五大啤酒品牌,是比利时最畅销啤酒品

第六章

牌之一。——译者注）推向全球。然而，英博出口的啤酒酒瓶奇异，定位较高，与其在巴西博浪啤酒品牌的营销方式大有不同。据英博啤酒集团副总裁戴文·凯利（Devin Kelley）所言，英博将啤酒视为一种能够捕捉和体现巴西本质内涵的产品，甚至连啤酒的口味都退居其次。"在这个名叫巴西的神奇国度的心灵深处，博浪啤酒的情感内涵是唯一最重要的因素，它体现了巴西灵魂中的激情。"[15]

事实上，文化套利的机会正在逐步到来。对于食品原产地标识，如意大利帕玛火腿、法国干邑白兰地，欧盟推行了严格的规定，从而强化了某些食品原产国或原产地的自然优势。近年来，芬兰因信息技术的卓越表现而声名鹊起。这表明，对于特定类别的产品，现在创造此类优势往往只需要几年，而不是几十年或几个世纪，其速度要比往日快得多。同时，CAGE 其他维度差异（如关税、运费）的缩小也使得文化套利更加可行。例如，利用故国引力向那些侨居海外的人销售产品或服务比以前要容易得多。

行政套利

各国之间法律、制度和政治的差异为企业提供了另外一种战略套利机会。其中，税率差异可能是一个最明显的例子。仅举一例。20 世纪 90 年代，鲁珀特·默多克的新闻集团所支付的所得税平均税率不到 10%，而其三个主要业务国家（美国、英国和澳大利亚）的法定所得税税率却都在 30%—36% 之间。与其相比，默多克的主要竞争对手（如迪士尼）所支付的所得税税率却接近于上述官方税率。

在新闻集团利润压力（20 世纪 90 年代后半期，净利润率一直低于 10%，资产销售额比率激增到 3∶1）重重的条件下，这些税收节省对其进军美国市场作用举足轻重。新闻集团将其在美国并购的公司资产注入开曼群岛的控股公司，这样它就不需要用其英国报纸公司的利润，来支付并购美国公司资产所欠债务的利息了。新闻集团在这些避税天堂总共设立了大约上百家的下属公司,享受低税率的公司所得税或免税政策,而且根据当地法律,公司财务信息实行有限披露制度。除此之外,信息资产的无形性也为新闻集团成功避税助了一臂之力。正如会计机构所言,"报纸是用来展示某些新闻事实的,绝对没有理由来限制一份报纸落户在什么地方,所以它可以落户在开曼群岛"。[16]

由于其中隐含着巨大的利用价值,所以大多数跨国公司的确都十分关注国际税率差异和行政套利机会。尽管如此,它们往往对此类问题避而不谈,因为它们担心自己所依赖的这种"行政灰色地带"的套利空间可能会大幅缩减,甚至是消失。因此,中国就出现了迂回投资(round-tripping,也称曲线投资、假投资。——译者注)这样一种现象:许多中国内地商人常常在中国香港出资与外方合作,然后再以外商投资的方式将投资资金投回中国内地,目的是为了获得更好的法律保护、税收减免,或者其他优惠待遇。实际上,在表面上流入中国的对外直接投资中,据估计大约有1/3或更多都来自于中国自身!无独有偶,弹丸小国毛里求斯(人口120万)多年来一直是印度最大的FDI来源国,同样是因为印度对FDI的税收优惠政策,其次是因为毛里求斯与印度的文化关联(2/3的毛里求斯人都是印度后裔)。广而言之,飞地、避税天堂、自由贸易区、出口加工区以及边境城市等地常常都是行政套利的热点地区,其中许多地区也从中受益良多。2006年,百慕大群岛人均GDP近7万美元(美国人均GDP的1.6倍),成为了世界最富裕的国家。

从生产制造到废物排放等经济活动的重新布局,上述行政套利活动,大都是在合法,或者至少是半合法地利用宽松的投资环境政策。此外,跨国犯罪,如制毒贩毒、拐卖人口、非法军火交易、其他形式的走私、造假、洗钱(仅举几个典型例子),往往也涉及某些套利活动,特别是行政套利活动。[17]虽然跨国犯罪在犯罪总量中所占比例的具体数值不能准确

第六章

确定,但是由于上述这些套利机会规模庞大,举不胜举,这足以说明这个数值有可能超过原来10%的假设。

本书所讨论的几类公司通常都会利用这些套利规则,或适应这些规则,而不是打破这种套利规则。不过,它们可以,也的确有能力利用自己的政治影响力来改变它们不满意的规则。2006年下半年,英国工业联合会(the Confederation of British Industry)警告说,英国的税负可能会导致企业外逃。很明显,这是联合会在呼吁英国税务当局,希望减轻守法纳税的负担。[18]另一个稍有不同的例子是,公司利用强势的母国政府向外国政府施压,要求外国政府给予其优惠待遇。例如在阻止莫桑比克与其南非竞争者的天然气交易时,安然(Enron)公司就曾获得过美国国务部(相当于外交部。——译者注)的支持和帮助。当时,美国国务部笑里藏刀地威胁莫桑比克(世界上最穷的国家之一),如果莫桑比克将天然气合同交给南非公司,而不交给安然财团,那么美国国务部将取消对莫桑比克的发展援助。

龌龊吗?答案很明显,特别是这个案例还涉及安然。但是此类案例提醒我们,企业也会影响到游戏中行政规则的结果。也就是说,在此类游戏中,企业并不仅仅是简单的规则执行者,也能够成为规则的制定者,其中起关键作用的就是政府以及企业的实力差异。

地理套利

鉴于那些所谓的"距离消失"(death of distance)的言论与著作铺天盖地,人们也就习以为常地看到,已经绝少有战略大师再把地理套利当回事了。诚然,最近几十年来,运输和通信费用大幅降低,这是不争的事实,但是这并不必然意味着地理套利战略机会的减少。我们不妨看一看航空运输的例子。与20世纪30年代相比,航空运输的真实费用已经下降了90%多,大大超过了同期其他传统运输方式的费用降幅。结果,由于航空运输的快速发展,地理套利的新机会不断涌现。例如,荷兰阿尔斯梅尔的国际鲜花市场,每天都会拍卖掉2 000万枝鲜花和200万株花木。在这里,从外地(如从哥伦比亚共和国)当天运抵的鲜花或花木,当天就会被美国或欧洲客户买走。虽然这是一个特殊的例子,但是在2003至2006年间,货运公司(所有的货运公司都可被视为地理套利者)却因鲜花贸易而兴盛起来,这提醒我们地理距离依然不容小觑。若没有鲜花贸易的繁荣,这些货运公司未来恐怕生死难料。另外,前面我们已经举了智利国家航空公司重视货运的例子。注意,除了国际货运之外,贸易的繁荣也能给国内货运商带来机会,如美国铁路公司将中国货物从西海岸港口运送到国内其他地区。所以,不论是在国内还是在国际间,地理距离依然值得重视。[19]

尽管通信费用比运输费用下降得更多,然而这同样也没有消除地理套利的机会。比如,在2005至2006年间,英国电信集团(Cable & Wireless,一家总部在英国的电信公司)的国际业务收入占总收入的比重为34%,但国际业务利润却占总利润74%。[20]英国电信集团高额的国际利润是通过利用残留距离(自然地理上与全球主要市场存在距离。——译者注)套利获得的。它所提供的通信服务遍布世界33个相对较小的市场,其中许多市场都是岛国,它们与外界的通信联系仍然由英国电信集团控制。

事实上,即使地理距离的有些影响已经减弱,国际电话的整个发展进程仍深受利用残留行政距离的行政套利的影响。从根本上说,支持高价的管理制度一直是阻碍通信技术进步的绊脚石。在电信垄断的年代,由于美国电话呼出资费特别低,为了利用这一优势,一位居住在美国之外的消费者向第三国的另一人打电话时,往往需要先接通到美国的计算机系统上,然后计算机系统会回呼这位消费者以及通话目的国(第三国)号码,并连接通话。现在,诸如Skype等网络软件所提供的服务就是利

第六章

用长途电话(资费对距离敏感,价格受到管制,资费较高)与 IP 电话(资费统一,与距离无关)之间的差异进行套利。

过去的地理套利商都是大型综合贸易公司,它们将大批产品从 A 国贩卖到 B 国,利用两国之间巨额的价格差来套利;然而近几十年来,地理套利商却渐失套利空间。由于运输费用越来越低,通信渠道和范围越来越广,制造商和零售商已经能够轻而易举地自行利用这些套利机会了。

不过,那些机敏的贸易公司已经摸索出了基业长青的经营之道。比如,中国香港的利丰集团就不再单纯依靠自己进行贸易,而是主要通过更加复杂精巧的地理(和经济)套利活动获利。利丰公司利用其在 40 个国家的办事机构,设立了客户跨国供应链系统(称其为供应网络可能更为贴切),并由其统一进行管理。例如,羽绒服的填充鸭绒可能来自中国,外部面料可能来自韩国,拉链可能来自日本,内衬可能来自中国台湾,松紧带、标签和其他装饰可能来自中国香港;可能在南亚染色,在中国缝纫,在中国香港进行质量检验和包装。产成品最后发往美国的"维多利亚姐妹"(The Limited,美国女性时尚品牌)或"阿贝克隆比 & 费奇"(Abercrombie & Fitch,掀起全球时尚旋风的美国第一大休闲品牌,当今年轻人最青睐的品牌。——译者注)这样的零售商。与此同时,利丰集团还有可能为其提供信用风险配对(一种使外币流入与外币流出在币种上、数额上及时间上相互平衡的机制,它既可运用于跨国公司的内部资金往来,亦适用于公司与第三方的交易结算。——译者注)、市场调研,甚至是设计服务。[21]

上述所有这些地理套利活动表明了什么?它表明,通过把价值链进行地理细分,或者说从事近来经济学家们所称的"任务贸易"(trade in tasks,相对于传统的商品贸易而言。——译者注),企业就可以创造各种套利机会。[22] 因此,运输费用和通信费用下降的主要影响并不在于经济套利本身,而是在于经济套利的范围(运输费用和通信费用的下降大大提高了经济套利的空间),这也正是我们下面所要讨论的内容。

经济套利

从某种意义上来讲,所有能够增加价值的套利战略都可以称为"经济套利"。但在这里,我用这个名词来专指"利用非直接源于文化、行政或地理差异的经济差异进行套利的活动"。这些差异因素包括劳动力成本和资金成本差异,以及行业专业投入(如知识)或互补产品可得性的差异。

人们最熟悉的一种经济套利就是利用廉价贴牌进行套利,常见于劳动密集、资本投入不大的制造业(如服装制造业)。此处值得强调的是,高科技公司利用这种战略也可以取得同样的效果。

我们可以分析一下世界两大支线飞机供应商之一的巴西航空工业公司(Embraer)的例子。虽然有许多因素(包括出色的管理和卓越的技术)铸就了巴西航空工业公司的成功,但是劳动力套利也在其中起了关键作用。具体来讲,2002年,巴西航空工业公司员工人均雇用成本为2.6万美元,与其竞争对手相比,坐落在蒙特利尔的庞巴迪支线飞机公司的支线飞机业务人均雇用成本估计为6.3万美元。假如巴西航空工业公司的成本结构与庞巴迪公司一样,那么其营业利润率将会从21%下降至7%,净利润也将变成负值。因此,我们就不难理解,巴西航空工业公司为什么专做飞机生产过程中劳动力最密集的总装,而把其他经营活动都外包给那些劳动力成本较高的富国供应商合作伙伴了。[23]可是,对庞巴迪公司和巴西航空工业公司而言,劳动力套利也是中国航空工业总公司(中国国有飞机制造集团,其在国际供应商网络的帮助下,所开发的大型支线飞机售价比前两家公司订单价格低10%—20%)给它们带来的挑战之一。[24]

第六章

　　由于企业之间资金成本差异只是个位数百分比，而劳动力成本差异则几倍于资金成本差异，达到10%—20%，所以，乍一看，资金成本差异似乎不如劳动力成本差异所提供的套利机会多。但是，鉴于大多数公司（至少美国如此）所赚取的利润只是其资金成本的2%—3%，所以企业间的资金成本差异也非常重要，这在资本密集型行业中更是如此。西迈克斯公司融资套利的案例为我们提供了一个有力的例证（见第三章）。

　　一般来说，我们都在企业的经营和融资活动中寻求经济套利的机会，但是我们也可以在企业其他职能活动中进行经济套利。我们可以看一下美国星运网络（Starent Networks）公司的例子。该公司2000年8月成立于马萨诸塞州的蒂克斯伯里（Tewksbury）市，其目标是将无线网络电话服务转化为全网际网络电话服务（all-IP telephony）。在成立后不久，公司就遭遇了创立者阿希拉夫·多哈德（Ashraf Dahod）所称的美国电信网的"核冬天"。[25]不过，公司通过把产品开发功能移至印度，最终还是存活了下来，而且日渐繁荣。星运网络公司的案例并非与众不同，除了呼叫中心或帮助台之外，很多美国公司似乎都把产品开发职能转移到了国外（尽管将呼叫中心和帮助台转移至境外受到了更多的关注）。[26]

　　上述内容都是围绕理解CAGE模型四个距离维度展开的，其中每一个距离维度都可能成为套利的依据。与这四个套利依据相比，套利策略更为多样。为了进一步理解套利问题，我们不妨用一个详细的案例来说明套利策略的多样性。

套利策略的种类：印度医药产品的案例

　　一提到制药行业，人们马上就会想到那些大型医药公司（Big Pharma，生物制药领域称呼几家国际医药公司的行话。——译者注），其中总部在美国和欧洲的跨国医药公司就不下12家，它们占据了世界医药市场价值的半壁江山。[27]过去,那些大型医药公司通过研发和销售那些专利药品获得了巨额收益,特别是那些"重磅药品"(blockbuster drugs,年销售额在10亿美元以上的创新药品才能被称为重磅药品)获利更高。

然而,近年来,那些大型医药公司也是压力重重。据埃森哲测算,整个医药行业(主要指大型医药公司)的市场价值已经从2000年的2万亿美元下降到了2005年的1.5万亿美元。[28]大型医药公司存在的问题多种多样,其中包括研发生产率下降,机构臃肿。正如我已退休的哈佛同事迈克·谢勒(Mike Scherer)所言,"(高)价格助推了成本"。[29]然而,我此处所关注的问题是非专利药品的仿制。长期以来,虽然非专利药品一直威胁着行将过专利保护期的专利药品,但是在市场结构的变化中,飞涨的药品制造成本以及买方联合采购近来对那些名牌药品的影响也越来越大。据美国美可保健公司数据显示,三大制药公司2005年专利到期的药品中,有87%的配方在一个月内就被那些非专利制药公司仿制了。[30]

虽然美国要求仿制的非专利药品必须达到名牌药品同样的质量标准,但是经过6个月的独家销售期(美国的《药品价格竞争和专利期修正案》规定,第一家获准仿制专利到期药的制药商可以获得6个月的独家销售仿制非专利药的权利。——译者注)后,第一家仿制药商就可以以低于同类品牌药20%—80%的价格销售仿制药。非专利药的市场价值占整个药品市场价值的10%—15%,数量比例甚至还要远远大于该数值。[31]而且,有人认为,随着一些关键药品专利陆续到期,未来五年美国仿制非专利药品的市场价值份额很有可能再增加30%。[32]

世界范围内有许多非专利药品制造商,其中大型制药公司大概有150家。在这些非专利药品制造商中,以色列的迪瓦(Teva)公司是最大的,其2005年的销售额达53亿美元。迪瓦公司成功的秘诀就是行政套利:据经营迪瓦公司26年的伊莱·赫尔维兹(Eli Hurvitz)说,公司能有

第六章

目前的成绩,还要归功于阿拉伯人对与以色列做生意的公司的抵制。[33] 于是,对于专利药品没有进入的地方市场,以色列就允许地方公司在地方市场仿制海外专利药品,这就是迪瓦公司建立其经营特色之路。

最近,印度一批非专利药品制造商也利用类似的行政制度漏洞大获成功。原来,印度的制药业长期以来奉行一种只承认工艺专利而不承认产品专利的政策,并奖励进口药品倒序制造(即研究进口药品配方,然后根据配方进行仿制。——译者注)。自从 2005 年之后,随着印度加入 WTO,印度专利法也根据国际惯例作了调整。但是由于印度长期以来劳动力成本和购买者支付意愿较低,加之国内市场竞争激烈,印度较大的制药商已经形成了低成本生产能力,这使得它们能够在国内非专利药品市场中雄踞一方,无人能及。其中表现之一就是,在向美国食品和药品管理局(FDA)递交的简化新药申请(ANDA)中,印度公司的申请就占了 25%。即使只看印度数千家制药企业中的前十家,人们也会发现类似这种市场渗透的套利策略纷繁多样,不一而足。

一些印度企业依然在继续仿制那些即将过专利保护期的药品,或者是仿制那些在某些地方仍在保护期内,而在其他不规范市场中却可以销售的专利药。第一种是传统非专利药竞争者所采用的方式,第二种是印度第二大制药商西普拉(Cipla)公司所采用的方式。2000 年,西普拉公司发布了非专利抗艾滋药,使得每位病人每年的治疗费用从 11 000 美元下降到 400 美元。据估计,在非洲所使用的抗艾滋药物中,西普拉公司的产品就占了 1/3。如果其他国家政府根据 WTO 条文规定,宣布进入国家紧急状态,在无须专利权人同意的情况下允许制造或销售非专利抗艾滋药(如 2007 年 1 月底泰国发生政变,他信宣布国家进入紧急状态),那么西普拉公司肯定还会获得更多的市场。[34]

还有一些印度企业开始和西方企业进行合作。合作方式有两种,一是取得西方企业专利药品的授权许可(通常是在印度制造和销售这些药品),二是为西方企业制造原料药(API,也称活性医药成分、医药中间体。——译者注),然后由它们销往印度国外。例如,印度第八大制药企业尼古拉斯·皮拉玛公司(Nicholas Piramal)就同时采用了以上两种合作方式。为了保持和巩固与其合作伙伴的合作关系,皮拉玛坚决杜绝药品出口,以及与大型医药公司的摩擦。目前,它已经经好几家西方企业专利授权许可,在印度制造和销售这些引进药品,而且它还专门为这些西方企业定向制造药品并与它们进行研发合作(见下文)。

然而,其他一些印度制药企业,如印度最大的兰伯西(Ranbaxy)公司,已经走在前列,开始注重创新。[35] 就像其他大多数印度企业一样,兰伯西公司也开始扩大非专利药品的海外销售,目前其海外销售额占总销售额的 80%。除此之外,兰伯西公司近年来还想方设法挑战极限,打擦边球。为了能在美国法律规定的 6 个月的独家销售期内大赚一笔,兰伯西公司极尽钻营之能事,力争成为专利过期药品的第一家仿制企业。这种方法已经招致了被仿制企业的大量诉讼,兰伯西公司不时会败诉〔如它在仿制辉瑞制药公司世界畅销的专利降胆固醇药品立普妥(Lipitor)时,即败下阵来〕,但有时也会获得丰厚回报〔如仿制降胆固醇药斯伐他汀(Simavastatin)〕。另一类创新方式就是改进专利到期药品(如新型给药系统),开发出所谓的品牌超通用名药或超仿制药(处方或释药途径不同于原创专利药。——译者注)。1999 年,兰伯西公司将自己开发的超仿制抗生素药环丙沙星注射日剂许可给拜耳公司在世界范围内制造和销售。最近,兰伯西公司又开始改进仿制专利吸入式给药装置和透皮贴剂。由于超仿制药的审批过程较为烦琐,所以一旦获批,公司就可以在美国享受三年的独家销售权。

兰伯西公司以及其他大型印度公司所采用的另外一种更为重要的创新方法是,投资开发全新原创药品。据估计,目前印度共计有三四十种新化学合成药物的研发处在相对领先水平。但是,西方国家研发一种

第六章

新药的成本(包括失败成本)估计超过 10 亿美元。在印度所有的制药公司中,除兰伯西公司之外,没有一家公司的年营业额能够比及这个数字。因此,大部分印度企业〔如第三大制药商阮氏公司(Dr. Reddy's)〕目标十分明确,即将那些有潜力的候选药物通过授权出售给其他公司,以此来降低临床试验和市场销售的成本和风险。

对外授权也给企业提供了多种以价值链活动而不是药物制造活动为重心的相关策略:

➢ 研发承包:除了制造承包之外,许多印度企业也承揽西方制药商的研发任务。这种策略方法主要是利用医药行业最大的套利交易差异:辉瑞制药公司估计,印度化学家的小时工资为 5 美元,而美国科学家则超过 50 美元。所以,2007 年初,印度尼古拉斯·皮拉玛公司与美国礼来公司签订了一份合同,由前者负责后者新药临床试验方案的全球设计和实施,以及前期临床事务。

➢ 临床试验:新药必须经过慎重挑选的病例的临床试验通过才能上市——临床试验是新药试验中的最后阶段,也是最昂贵的阶段。这些临床试验也吸引了医药行业套利者的极大关注。目前,有 40% 多的临床试验都是在贫穷国家完成的。[36] 其中,印度备受青睐,原因有三:其一,印度有大量的病例可供临床实验;其二,这些病例中多数都是初诊病例(即没有使用过大量药物);其三,印度医生都讲英语。[37]

➢ IT 赋能服务:印度是 IT 赋能服务外包目的地的首选,2005 年其外包服务占全球离岸外包活动总量近一半的比例。[38] 因此,医药行业部门对此兴趣甚浓。药品开发期间,在数据录入、数据库管理、试验研究设计、客户支持服务和数据分析等方面需要进行大量的数据处理和信息支持,医药行业部门可以利用 IT 赋能服务的潜在优势,消化激增的数据处理和信息支持成本。

上述这些策略远非全部内容。人们可以根据增长模式(自然增长模式或并购模式,后一种模式近来受到了许多印度企业的青睐)、专业化范围、地理中心等来进一步分析和研究套利策略。人们还可以通过分析阿育吠陀(Ayurveda)、悉达(Siddha)和尤那尼(Unani)等印度传统医学体系,研究套利的文化和地理依据及套利策略的多样性。至此,人们应当已经清楚地认识到了潜在的套利策略的多样性了。

对于上述这些套利策略,西方大型医药公司的应对措施也是多种多样的。我们可以以世界第五大制药企业诺华(Novartis)公司为例来说明这个问题。2005年,为巩固其世界最大两家非专利药品制造商的地位,诺华出资83亿美元收购了德国的赫素(Hexal)公司,同时尝试将非专利药与品牌药捆绑到一起,为医疗保健服务供应商提供一站式服务。[39] 就印度而言,诺华公司进入该国市场,成为当地第五大外国制药商。同时,诺华公司还在印度开展临床试验,进行软件开发,并于2006年在孟买附近成立了一个非处方药全球研发中心。但是,诺华公司已经将大笔资源投入到了中国——许多西方大型医药公司认为中国比印度潜力更大。2006年末,诺华公司宣布在中国上海投资1亿美元成立一个研发机构,其初期的研究重点是治疗由感染引发的癌症——此类癌症在中国确诊的癌症病例中占有很高的比例。与此同时,诺华公司还身先士卒,积极利用法律来维护自己的利益。2007年1月,诺华公司就印度政府拒绝向其白血病药物的改版药格列卫(Glivec)授予专利权的决议,向印度法院提起诉讼。对此,无国界医生组织(Médecins Sans Frontières)的一位官员评论道:"诺华公司是想挤垮发展中国家的医药行业。"[40] 很显然,套利不仅给那些跟随仿制者,也给大型医药公司带来了许多机会。

第六章

套利分析

由于套利策略多种多样,所以分析方法也不尽相同。不过,增值计分卡的分析架构仍然能够用于套利分析,而且增值计分卡还有助于具体指出哪些能做,哪些不能做。人们需要记住的关键一点是,套利能够影响增值计分卡中所有的价值构成因素,而不仅仅是其中的第一个 D 所代表的"降低成本"。

扩大市场规模

套利可以在多方面影响到企业的市场规模。有时,企业可以利用套利机会开创全新的业务,比如冬季北半球的切花业务(cut-flower)。另外有些时候,如果市场不存在套利机会,其他企业可能会被迫转行——在许多发达国家,高科技企业的许多业务主管却抱怨很难找到合适的技术人才,对此他们尤感痛心——这样,企业的市场规模也会随之扩大。

另一个稍有不同的扩大市场规模的方法是获得市场准入。由此,我们可以重新回顾一下诺华公司在上海建立大型研发实验室的决策案例。虽然诺华此举的动机之一可能是成本套利,但分析家们认为其中最主要的动机是改善和促进与中国政府主管部门的关系,因为它们能够影响其国民购买何种药品(中国对进口药品实行注册和统一招标采购。——译者注)。[41]因此,在评价诺华公司上述举措时,除了考虑成本因素之外,更重要的是还要考虑其对公司未来市场规模的扩大带来的积极影响。否则,如果一切只以成本为判断标准,那么一些原本有意义的决策就会遭到否决。

套利对企业市场规模的所有这些影响,共同验证了最近一项调查研究的发现,即继降低成本动因之后,企业常常将市场规模的扩大作为离岸经营的第二大动因。[42] 在评价这些影响的相对重要性时，无须恪守套利增加市场份额的观点。

当然，除了套利对企业扩大市场份额的可能影响之外，检验套利依据是否可以扩展也非常重要。对于套利依据的扩展约束问题，坐落在美国马萨诸塞州剑桥市的合伙企业 GEN3 为我们提供了一个很好的案例。GEN3 的核心业务是，利用受过 TRIZ 理论（TRIZ 是俄文的英文音译缩写，意为推动科技创新的发明。——译者注）（这是苏联时期的一种严谨的问题解决方法）培训的俄罗斯专家，为美国大型公司提供创新咨询服务。[43] 2005 年末，GEN3 在俄罗斯拥有近 100 名雇员，其中近一半都是哲学博士或科学博士，而且满足企业所要求的五年以上的实践经验。也许，这样的人才有可能增加到几百位，但继续无限制增加是不可能的。由于市场规模方面的限制，GEN3 必须采用一种更为高端的商业模式，而不能像印度软件服务企业那样承揽大量低端外包业务（每年都有几十万的新技术人员进入印度软件服务业）。目前，印度软件服务企业的雇员工资为人均 5 万—7 万美元，而 GEN3 的雇员人均工资为 10 万美元，未来要达到 20 万美元（虽然 GEN3 俄罗斯员工的人均薪金水平比印度还要稍低一些）。

降低成本

尽管降低成本通常是解释套利相关行为的最常见原因，然而对这些套利相关行为的分析往往概念上很简单，操作起来却是困难重重。其中一个常见的问题就是各种相关成本的流失。GEN3 的例子表明，该问题非常容易误导人：在该案例中，如果 GEN3 接受过必备的 TRIZ 培训的雇员能带来较多的利润，其他咨询企业也会去抢夺这些雇员资源，这样一来，雇员的成本就一定会大幅飙升。其他常见的相关问题包括未能对汇率的可能变化作出调整（比如，相对于西方货币而言，人民币的价值可

第六章

能被大大低估了,这表明如果根据目前的汇率来估算未来的话,那么中国的成本优势就很有可能被高估),以及未能对生产率差异作出调整(许多中国和印度的企业的效率还仅仅是西方企业的几分之一)。即使是一些非常权威的预估也会遭遇到同类问题。例如,经合组织(OECD)最近发布的报告声称,中国的研发水平已经超过日本。这一研究"发现"是这样得出的:因为根据官方汇率,中国科学家和工程师的成本只是日本的四分之一,所以为什么不把中国的研发投入再乘以 4 呢![44]

然而,尽管由于这些原因的存在,劳动力套利可能没有乍看起来那么有优势,但认识到那些常常会被忽视的积极因素也很重要。我们可以看一看以下这类计算(课堂上遇到此类计算时我常常蹙眉以对):"印度软件人员的成本是美国的 1/3(假定),但每年上升 15%,因此印度软件产业的成本优势 8 年后将消失殆尽。"作为一种反对套利的观点,这种计算遗漏了下面几个关键因素:

> 转行的机会成本(参见"扩大市场规模")。

> 发达国家成本和劳动力供给压力更大的可能性——在此基础上,人们会预测,在未来几年内,由印度和其他 IT 人才成本较低国家所引发的总体的劳动力过剩状况将会加剧,而不是缓解(见图 6-2)。

> 印度生产率加速提高和成本加速降低的可能性。如 20 世纪 90 年代,印度软件服务业由本地开发发展到离岸开发,结果生产率得以提高,成本也得以降低。

> 实际上对印度竞争者更有利的质量差异,如下一小节所讨论的内容,在本例中。

图6-2 全球IT劳动力的发展变化〔每小时的劳动力成本与全职雇员数量(千人)〕

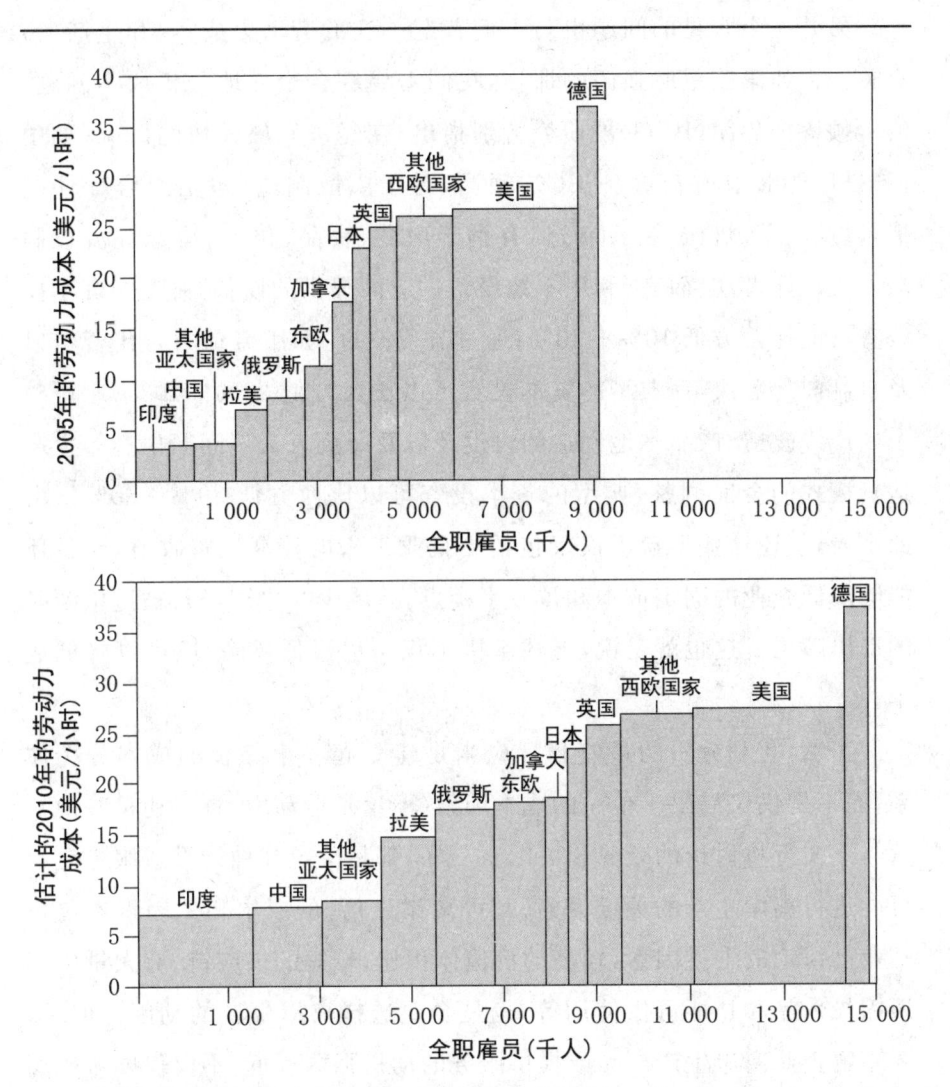

资料来源:根据行业数据和咨询公司报告汇编而成。

从更广泛的意义上来说,在这里我们不能仅仅停留在单纯的劳动力成本比较上,而应该更深入地分析上述所列的各种积极因素和消极因

第六章

素，这一点对于套利影响的分析非常重要。假如不全面考虑这些因素，就等于假定它们恰好相互抵消，而这只有在偶然情况下才可能出现。

另外一个常见的问题也与人们普遍关注的劳动力成本（和生产率）有关。正如第三章所强调的那样，我们需要综合全面地分析成本问题。波士顿咨询集团（BCG）的研究特别指出，在经济发展较快的国家（如中国）设厂能够节省资金。[45] BCG 预测，对于离散制造（包括组合配件制造，以及汽车、机械、装备制造，有别于医药、食品、化工、冶金等流程制造。——译者注）而言，利用本地设备供应商提供的设备，典型的资本投资有可能比西方低 10%—30%；通过流程改进，如用劳动力替代资本以及自制或外购决策，典型的资本投资可以比西方低 20%—40%；通过整个生产线改造、产品本地制造的再设计以及每周五天不间断生产等生产运营模式的全面调整，典型的资本投资可以比西方低 30%—60%。由此来看，上述这些得益不仅仅包括给企业带来的较高投资收益，而且还能够降低企业的固定成本和盈亏平衡点，并减少在生产经营被迫中断时的退出障碍。这也就是说，上述举措不仅可以降低风险，还可以降低成本。

当然，套利分析的最终目标应当是建立起一个综合的成本分析体系，而不是仅仅局限于单一的成本因素（不论是劳动力、资本还是其他）。这与下文行将讨论的差异相关因素一样，都是决定某种产品或服务是否可能进行离岸生产的关键因素。"可离岸生产"的成本相关因素不仅包括业已讨论的上述因素，较高的价值体积比、较短的供应链、有大量生产所需投入品和技能可供使用等，也是企业选择离岸生产的动因。但是，要理解企业离岸生产产品或提供服务的动机强弱程度，不仅仅要考察离岸生产可行还是不可行，更重要的是要全面综合分析企业的成本，这通常要优于此类单一成本因素分析。

举一个具体的例子来说，印度软件服务公司的发展速度及赢利能力为什么能够远远超过印度制药公司呢？其中部分原因就是软件产业比制药产业劳动力密集度大，雇员相关成本占据其收入的一半或更多。较为全面的答案是，印度软件企业（每位员工）的总成本只是西方国家竞争者的 1/3 或更少（印度软件企业正尽力从西方竞争者手中抢夺业务），而印度制药企业的成本可能要达到西方非专利药品公司的 2/3 或更多。更为全面的答案还需要考虑制药行业经济套利的行政障碍。[46]

差异化

虽然套利对差异化或购买意愿的影响所受的关注比套利对成本的影响要小得多，但是也不容忽视，同样值得重视。例如，文化套利通常可以提高基于原产国效应的购买意愿。当然，正如第三章已经提醒我们的那样，根据具体情形，这种原产国效应也会产生负面效应。

经济套利的案例更加证明了差异化套利分析的重要性。虽然经济套利常常会降低购买意愿与成本，但是其中也存在显著的例外。软件服务便是其中之一。与西方竞争者相比，印度软件企业的产品价格和成本都较低，但是这似乎反映出商誉黏性而不是质量差异。事实上，有证据表明，有些较大的印度软件企业（比如在编译数据方面首屈一指的印度最大的软件服务企业 TCS）所提供的软件维护服务不仅质量较高，而且成本也较低，特别是与一些更为知名的西方同类企业相比更是如此。[47]事实证明，虽然印度 IT 劳动力只占全球所有 IT 劳动力的 1/10 左右，但是其软件开发中心却占经全球最高守规水平认证的软件开发中心的一半。这个案例以及 TCS 于 2007 年第一季度举行的市场营销活动开幕式（旨在宣扬其双重竞争优势，即高质量和低成本），突出强调了下列观点的重要性：

➤ 不要认为价格高就代表质量或长期购买意愿高。

➤ 真正深入分析买方经济学。在这次市场营销活动中，TCS 着重

第六章

指出质量较差的软件虽然购买成本较低,但考虑到改进成本,其最终总成本却可能很高。据估计,对一个普通的大型企业而言,这种改进成本占其 IT 总支出的一半或更高的比重。

➢ 主动向购买者指出购买质量较高软件的好处,而不是简单地假定购买者会自己盘算是否经济。

若用成本来划分的话,离岸生产经营的差异相关因素就有可能标记出来:当某种产品或服务专用化程度相当高,或需求变化非常大,或在当地设立经营机构或提供服务的要求很高,或购买决策者为公共机构而不是私人时,企业就不太可能离岸生产经营这种产品或服务。但是,通常来讲,企业最好建立一套综合的理想定量分析框架来分析自己相对于其他企业的生存能力(客户购买意愿与购买成本之间的差异大小),而不能仅仅根据上述这些标记区别来分析。

提高行业吸引力或议价能力

除了可能降低成本或提高购买意愿之外,套利还可以提高行业吸引力,提高行业内企业的议价能力。有鉴于此,在不到三年的时间里,IBM 公司的印度职员总数已经从 9 000 人增加到了 5 万人,此举的目的不仅是为了提高其自身的经济效益,而且还可以通过削弱印度竞争者唯一的也是最重要的劳动力优势,给印度竞争者施加压力。

此外,如果认为套利对行业吸引力或议价能力的提高总是起到一种不可替代的作用,未免有些轻率。所以,尽管全球跨国公司纷纷将许多研发中心转移到中国和印度(在中国主要是电子和电信,在印度主要是软件和工程),然而知识产权保护一直是它们主要关注的焦点。对在中国设有研发中心的跨国公司的一项研究表明,它们已经找到了好几种方法来解决这一问题。其中一个特别重要的方法就是利用公司的全球网络,将研发活动进行分解,使得中国所承担的项目的价值高度依赖于公司全球网络中别处所承担的项目,或者更多的是依赖公司特有的专门技术。[48]同样值得注意的是,这种策略对当地企业并不适用,这也许是它们研发开支较少,研发收益也较低的原因。

但是,将研发活动分解的方法并不是一个完美的解决方案。比如,思科公司自从就一直声称,中国的华为技术有限公司在各地窃取了它的交换技术。但是,这一方法概念的确给我们提供了两条战略教训。首先,在前文引用的研究中,那些把自己的中国研发中心做得特别好的企业,似乎都有着较强的内部联系,这提醒我们,利用制度的漏洞以及更传统的方法也可以培育和形成企业的竞争优势。其次,我们应当清楚,外部环境并非一成不变的:企业战略可以——理论上也应该——影响外部环境因素。

正常化风险

套利存在着大量的风险,包括市场风险和非市场风险。就前者而言,我们可以看一看跨国供应链中所存在的所有(更大的)风险:陌生且不太可靠的供应商风险和汇率波动风险;边界存在基础设施瓶颈和其他瓶颈的可能性;如前文中国香港利丰集团羽绒服的案例中,根据多个国家细分的与供应链相关的综合风险等等。

然而,就如何应对此类风险,利丰集团的供应链网络也给我们提供了许多洞见。据报道,2001年9月11日恐怖分子袭击美国之后,利丰集团用了不到三周的时间重新调整了那些对时间敏感的业务活动,这些业务活动涉及从巴基斯坦到其他被认为政治上更安全的国家中的合作伙伴。很显然,为了应对像汇率的剧烈波动这样的变动利丰集团长期以来都在进行动态套利。这种举措出现在一个更大的战略背景之下,即产量和材料受限于较长的订货至交货的时间,以及提前锁定的稳定需求,但是对市场波动高度敏感的有关配饰的决策则被尽可能地拖延。

第六章

有一种特殊类型的套利风险与套利的政治敏感性有关,这在劳动力套利中表现特别明显,但并不仅仅限于劳动力套利。需要注意,这种风险并非仅限于外部环境因素:比如,IBM离岸经营时,其高层管理人员不仅必须在公共场合保持谨慎,而且在公司内部也应如此。在这方面,成功的套利者为我们提供了几条建议。首先,保持谨慎:强调把企业生存和发展作为目标,不要(仅仅)把降低成本作为目标;慎重采用比母国宽松的健康、安全和环境标准。其次,充分利用各种方法拓展企业套利行为的自由空间,如游说、与天然同盟合作(包括与竞争者的合作)、投资创造就业机会等等。最后,制定一些能够快速适应政治环境变化的战略。

企业应当权衡套利策略的政治风险与反向策略可能的政治风险。在此,我们可以参考一下前一节提到的诺华公司向印度法院提起诉讼的案例。同增值计分卡中其他价值组成成分一样,我们在选择方案时应当采用比较的视角来分析风险。

创造知识(以及其他资源和能力)

增值计分卡的最后一个组成成分是创造知识(以及其他资源和能力),在此我将予以简述。如前所述,套利策略既能够产生正面影响,也能够产生负面影响。就正面影响而言,尽管由于开始售价较低,再加上准备成本以及急速扩张产生的内部混乱,IBM和埃哲森在印度扩张的举措可能会对其经营收益产生短期负面影响,但它们的扩张举措可能会有助于提高其长期能力。就负面影响而言,有一家大型投资银行原来将自己许多分析任务外包给印度,现在也开始认识到,除非大幅调整自己的招聘和晋升政策,否则这种做法将会使自己的高级分析师在几年内大量流失掉。

本部分有关套利分析重要性的讨论,特别是将增值计分卡应用于套利分析,应该已经阐明了人们常常把套利想象得过于狭隘的原因。单个的 CAGE 套利依据都可以根据增值计分卡的不同价值组成成分进行分析。此外,前一节的制药行业案例表明,涉及多个套利依据的复杂案例进一步拓展了使用增值计分卡进行套利分析的可能。

套利管理

与第四章和第五章一样,本章详述了在套利战略中利用差异的潜力,旨在拓展人们对如何处理差异的认识。但是,在套利战略管理过程中,会产生许多挑战。有些挑战,如套利产生的风险,特别是政治风险,前文已经讨论过了。此外,值得特别注意的是套利策略的可持续性,以及与价格、成本等市场差异相比较而言,它们是如何受到企业资源特别是管理能力影响的。

首先,从套利中获得持续性的竞争优势是一个非常有价值的目标,但套利并不一定会产生持续性的竞争优势。看一看沃尔玛的案例就可以窥其一斑了。即使套利没有给沃尔玛带来持续性的竞争优势,但只要套利能够避免其因相对于其他竞争者的成本劣势(沃尔玛所追求的低成本战略的最大障碍)而败北,套利仍不失为沃尔玛的良策。

乐高和美加竞争的案例更为清晰。乐高公司在处理套利机会时,选择了将生产全部外包给合同制造商 Flextronics 公司。这也就是说,乐高公司并不是将套利作为竞争优势或劣势的来源,而是侧重其品牌、客户关系以及创新能力等无形资产优势。与之不同,沃尔玛一直侧重于提高其零售业务终端的效率,因此它倾向于选择通过培育独特的管理能力,来管理可能是世界上最大的跨国采购业务。这个比较凸显了第二个值得重视的主题:利用套利来构筑可持续竞争优势通常要求企业致力于各种能力的培育,而这一培育过程即使不用十几年,至少也需要数年才

第六章

能完成。相反，如果企业没有自己的核心能力，那么在与其他竞争者竞争时顶多能够打个平手，不会有更好的表现。

  本章涉及的其他一些案例也体现了同样的主题。诚然，巴西航空工业公司受益于廉价的巴西劳动力，但是它把这种廉价劳动力（理论上所有的公司都可以获得这种劳动力）转换成竞争优势来源的能力，取决于它在当前巴西动荡的环境中所形成的经营一家世界级飞机制造公司的能力。兰伯西公司在医药领域的创新早在十年前就很成功，当时我第一次把该公司写入教学案例，并邀请了该公司总裁到我的哈佛 MBA 课堂上将公司创新介绍给同学们。

  有关将公司各种能力转化成现实的更为详细的案例，我们可以再看一看印度最大的软件服务企业 TCS。TCS 的套利方法正好与沃尔玛相反：TCS 在国内廉价购买（即聘用印度国内软件开发人员），然后将产品或服务高价出售到国外。但是，TCS 所开创的这种套利模式已经不再是独树一帜了。实际上，从印度第二大企业 Infosys（本章的引语即来自该公司创始人）到最小的人力计件外包（即为降低成本，将非技术性的重复性工作交由他人完成，按件计费。——译者注）公司，几乎所有的印度软件出口公司都在使用这种模式。这样做的结果是，印度软件开发人员成本急剧上升。那么，在劳动力成本大幅飙升的条件下，TCS 是如何成功保持其骄人业绩的呢？

  图 6-3 记录了自 20 世纪 80 年代以来，TCS 的雇员人均产值、成本以及净利润。从 2005 年到 2006 年，TCS 的雇员人均成本比最初增长了三倍多。为了维持业绩，TCS 不得不以更快的速度提高雇员人均产值：在此期间，人均产值增长了四倍，超过了成本的增长速度。结果，人均利润也随之翻了好几番！如果人们考虑到，在此期间的现场开发，已经发展到目前更有效率的印度海外离岸开发，那么 TCS 的人均产值则更令人瞩目：因为这尽管会让人均绝对利润有所提高，却会使人均产值减少

30%—40%。

图 6-3 TCS 的发展变迁

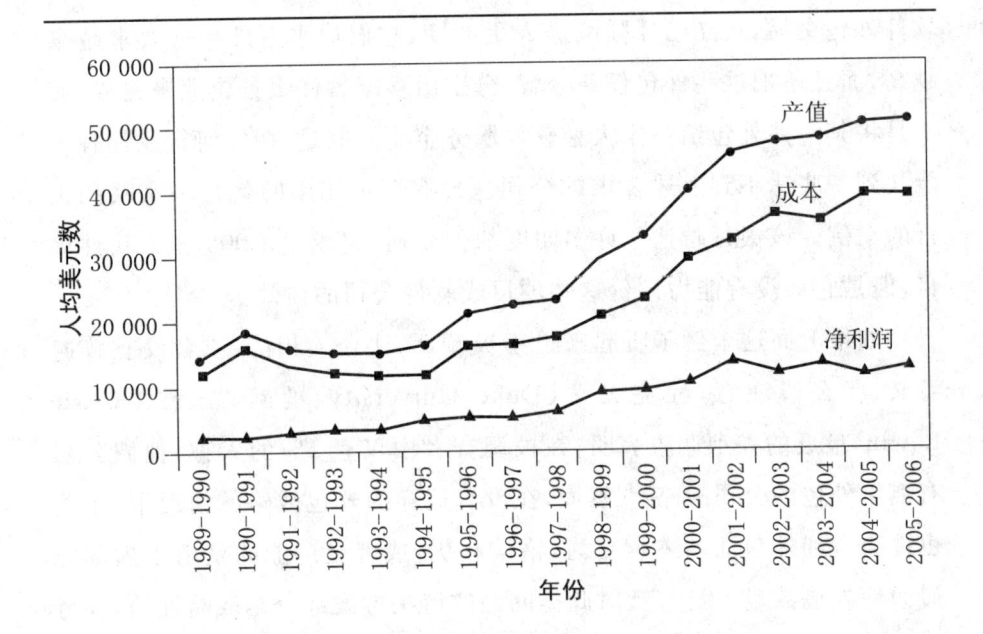

这些数据说明了什么问题？除了将业务转移到国外，TCS 正逐渐到国外承揽一些规模较大、更为复杂、人均产值更高的项目，这种变化似乎正在引领着印度软件业的发展方向。由于 TCS 的人均产值（以及前文讨论过的其他方面的质量优势）仍与埃哲森和 IBM 全球服务公司这些企业相去甚远，所以很显然 TCS 的改进空间很大，仍需再接再厉。TCS 的中期目标是把人均产值再提高 25%—30%。但是，不论过去业绩如何，TCS 要实现这些目标必须具备一定的企业能力，这种能力不能再依赖印度软件开发人员相对廉价的优势。

在软件服务业中，需求方和供给方都需要具备上述类似的企业能力。为了把自己的一些或全部软件服务要求顺利传达给离岸外包公司，

第六章

客户公司必须具备详细描述这些要求的能力(这比在公司总部内部描述这些要求的能力要高),以及跟踪观察产出成果的能力。那些先进成熟的公司也认识到了这一事实,因为有些20世纪90年代所完成的较大的软件外包交易,现在已经陆续进入更新期,它们似乎对外包的要求越来越高,而且还把这些外包任务分解,分别由多家软件服务企业来完成,而不是将其一并外包给一家大型软件服务企业。但是,在任何行业都有可能找到一些达不到上述要求的公司。最有警示作用的就是一家欧洲银行的案例。该银行聘请了许多印度软件公司,完成了1 000多个软件项目,但是它却没有能力评价这些项目或软件公司的绩效。

　　如果上面这个例子听起来过于极端,无法令人相信,或者没有普遍意义,那么请注意,杜克大学(Duke University)的阿里·莱文(Arie Lewin)最近的一项调查表明,在被调查者中仅有1%的人称,他们公司有离岸外包的公司战略。[49]然而,在没有这样的外包战略的情况下,企业也许会看到外包活动恣意妄为,错误频仍,或者更可能的是由于内部障碍而使外包数量不足。针对此类问题的解决方案部分是战略性的,部分是组织性的,其中包括这样一些机制,比如设立套利内部奖、项目经理和总经理激励机制,以及总经理鼎力支持等。

　　现在,我们来总结一下本节的内容:有效开发和培育企业套利的能力要求企业持续不断地努力,但并不是任何企业在任何时间都会坚持不懈。换言之,企业也许必须在套利和其战略中的其他因素之间进行权衡。有时,企业可能还要混合和匹配利用3A战略中的适应战略、集群战略和套利战略——回想一下TCS就曾经在其核心套利战略的基础上重复利用了一定程度的区域集群战略。不过,同时实施所有这三种战略,甚至是其中两个,都注定会产生矛盾和冲突。

　　若举一个警示性的案例,我们可以看一看世界最大的电脑制造商之一的中国台湾宏基公司,该公司就曾一度没有权衡好套利与其他战略因素之间的关系。宏基公司很早就开始接受合同委托,生产个人电脑,并在套利活动中赢利颇丰。但是20世纪90年代早期,公司开始将宏基电脑推向各国市场,特别是发达国家,致力于将宏基打造成全球品牌(并将其作为集群的依据)。然而,事实证明,这种双轨发展方式问题多多。虽然自身品牌产品销售量大幅增长,可是它也在遭受损失。宏基的外包委托商担心自己的商业机密流失,被用于宏基自身品牌电脑的销售,以及自己品牌电脑与宏基品牌电脑之间的交叉补贴(委托商与宏基公司之间存在竞争关系,它们可以彼此利用从对方获得的信息、技术与商业秘密等。——译者注)。2000年,IBM取消了一份大额订单,使其在宏基外包合同制造总额中的比例从2000年第一季度的53%降低到2001年第二季度仅有的26%。此时,事情到了紧要关头。宏基最终作出了一些艰难的抉择。其外包合同制造业务继续专心服务于先进国家的那些客户,同时将自己的电脑业务逐步与外包合同制造业务分离,设立了一个名为纬创(Wistron)的独立公司专门生产和销售自己品牌的电脑。与此同时,宏基重新致力于其自己品牌的电脑在东亚地区特别是大中华区的销售。尽管调整后的战略也存在着自身的挑战,但不论怎样,新战略看起来显然要比旧战略好得多。

在MBA课堂上,讲到这里时我通常会向同学们演示一张PPT幻灯片,上面带有一张有争议的知名动物,即鹿角兔(jackalope,美国传说中的一种动物,长着兔身鹿角。鹿角兔是一种很害羞的动物,能模仿多种动物和人的声音,藉此迷惑猎人,躲避猎人的追捕。——译者注)(见图6-4)。有关这种动物(有可能居住在美国西部,也有可能不居住在美国西部。它能惟妙惟肖地模仿人的歌声,来引诱牛仔致其毙命。它所产的奶是一种强效的春药)的问题,我不再探究争论的结果。[50]此处,我借用鹿角兔只是为了说明,让一个动物(或一个组织)在某一时点上成为多种形象(身份)的复合体,结果只会弄巧成拙。内部相容是一个好战略(或

第六章

组织)的最基本要求。头上带有一排鹿角的野兔可能连头都抬不起来,更不用说在路上奔跑了。

图6-4 鹿角兔

现在我要把鹿角兔的隐喻当做一个"占位符",来深入讨论当今全球战略中最具挑战性的问题之一:3A战略中的适应战略、集群战略和套利战略可能在何种程度上混合和匹配使用?第七章将详细讨论这个问题。

结 论

"全球化综述"概括总结了本章得出的具体结论。更广泛地说,套利进一步丰富了我们利用各国之间差异的战略工具。然而,如宏基公司案例所示,套利决策不能不考虑公司战略中其他因素的决策。下一章将更深入地探讨这个问题。

全球化综述

1. 套利是指利用各国之间的差异,而不是把它们视为需要调整或破除的约束条件。

2. 几乎没有哪一家公司能够无视套利机会。

3. 套利的依据可能有多种:文化的、行政的、地理的以及经济的依据,即使公司只利用其中一个或两个套利依据,它也会遇到许多套利策略的变种。

4. 套利可以提高增值计分卡中所有构成因素的价值,但同时也存在许多风险,需要予以管理。

5. 即使套利不会给企业带来持续性的竞争优势,企业仍然值得去从事套利活动,不过如果重视套利机会的话,企业通常需要长期致力于企业能力的开发与培育。

6. 即使是从事套利活动的公司,其套利方式通常也存在很大的改进空间。

7. 套利决策不能不考虑公司战略中其他因素的决策。

第七章　管理差异

3A 战略三角形

　　20 世纪末的跨国公司与 100 年前的国际公司毫无相似之处，这些国际公司又与 18 世纪的大型贸易公司截然不同，而现在新出现的全球一体化企业这种商业组织形式又向前跨越了一大步。
　　——IBM 公司董事长兼 CEO　萨姆·帕米萨诺，"全球整合的企业"，2006 年

　　把萨姆·帕米萨诺的话与第一章开篇处特德·莱维特的话对比一下，我们会发现，莱维特对市场全球化感到兴奋不已，而帕米萨诺感兴趣的却是产品和服务生产的全球化（这一点我曾向他本人核实过）。在《外交事务》(Foreign Affairs)杂志（引语即摘自于此杂志所载文章）中，帕米萨诺指出，在 2000 至 2003 年间，外国企业在中国一个国家就建了大约 60 000 家制造工厂，而且他还讨论了 IBM 是如何寻求利用其扩张过程中的机会的。

　　我认为帕米萨诺不是在为某个公司的战略开脱，甚至也不是为套利所带来的机会大唱赞歌而寻求借口，而是他的话触及了一些更根本性的问题。他既关注市场的全球化又关注生产的全球化，这预示着全球战略有了新的内容，而这些新内容将会改变我们所了解的各种战略类型，并对如何从中选择合适的战略提出了新的挑战。本章首先解释了全球战

第七章

略类型变化的原因,然后进一步讨论了企业为应对 AAA 战略变化(如管理差异)而采取的更为积极的响应措施,最后本章总结了从全球战略和全球组织中所得到的一些经验。

重新定义全球战略的必要性

图 7-1a 和图 7-1b 对比分析了市场全球化所引发的战略问题与同时考虑生产全球化所引发的战略问题。图 7-1a 关注的是市场的全球化。在市场全球化范围有限时,企业非常适合采用适应战略;当市场全球化范围非常广阔时,企业就应当更重视集群战略;而当市场全球化范围介于两者之间时,适应战略和集群战略呈现出此消彼长的关系,企业则必须在两者之间权衡,这也就是全球战略著作中通常所关注的战略选择问题。[1]

图 7-1 市场全球化和生产全球化

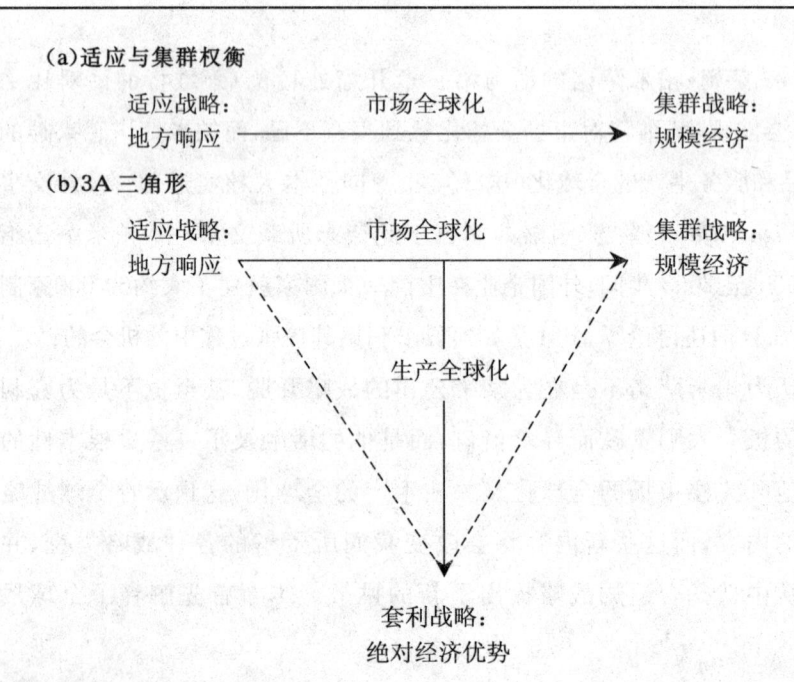

(a)适应与集群权衡

适应战略:　　　　市场全球化　　　　集群战略:
地方响应　　───────────▶　　规模经济

(b)3A 三角形

适应战略:　　　　市场全球化　　　　集群战略:
地方响应　　───────────▶　　规模经济

生产全球化

套利战略:
绝对经济优势

在图 7-1a 的基础上,图 7-1b 概括总结了将生产全球化考虑进来所带来的影响。很显然,这将使原来的适应—集群战略权衡关系转变成适应—集群—套利(3A)战略三角制衡关系。[2]同时,我们还可以清晰地看出,图 7-1b 大大增加了企业利用跨国差异方法的可选范围。

但是,生产全球化并不只是扩大了战略选择范围那么简单,它同时也衍生出了一套新的制衡关系。有关跨国公司的经济学著作告诉我们,利用跨国差异的纵向跨国公司与在每个主要市场中从事许多相同活动的横向跨国公司(综合利用适应战略和集群战略),在经营与组织形式特征上差别迥异。[3]表 7-1 指出了 3A 战略之间的差异。

表 7-1 3A 战略的差异

特征	适应战略	集群战略	套利战略
竞争优势:究竟为什么要全球化?	通过专注于某一国家,适应地方市场(同时利用部分规模经济)	通过国际标准化实现规模经济和范围经济	通过国际专业化获得绝对经济优势
协调:如何跨国进行组织?	按照国家进行组织;侧重调整,体现地方特色	按照业务、区域或客户进行组织;强调跨国规模经济的横向联系	按照功能进行组织;侧重纵向联系,包括跨组织边界的联系
布局:海外机构选址在何处?	为了避免文化、行政、地理或经济差异的不利影响,选择与母国相似的国家		为了利用某些差异因素,选择在差别较大的国家经营
控制:要避免什么?	过分多样化或复杂化	过分标准化或过分强调规模	缩小范围
变革阻碍:企业内部谁在抵制?	久居其位的公司海外机构领导	强权的总部、事业部、区域部或者是财务部门领导	纵向组织节点上的关键职能部门
企业外交:会产生哪些外部问题?	在强调适应地方的条件下,相对谨慎和稳健	出现同质化或霸权,以及对同质化或霸权的抵制(特别是美国公司)	供应商、分销渠道、中间商的盘剥和更换;很可能受到政治干扰

第七章

从根本上讲，3A战略涉及在跨国经营过程中，企业对不同优势来源的追求，并进而关系到不同企业组织形式的选择。如果一家企业侧重于适应，那么我们通常会建议它采用基于国家的组织结构。如果集群是企业的首要目标，那么各种形式的跨国分组的组织结构可能更为有效，例如全球业务单元或产品事业部、区域组织以及全球客户部等。而重点在套利的企业，通常最好采用一种垂直或职能型组织机构，这样可以在组织内部随时跟踪产品或工作计划。显然，一家企业不能同时并行采用这三种组织结构。虽然有些企业组织结构（例如矩阵式组织结构）同时兼容多种形式，但是这是以增加企业管理复杂性为代价的。

鉴于3A战略之间存在的这些（以及其他）差异，企业在选择战略时常常需要确定以哪一个A为重点，或者说如何利用国家差异。图7-2总结了3A战略三角形所隐含的不同全球战略类型，并按照目标递进的

图7-2 全球战略阶段

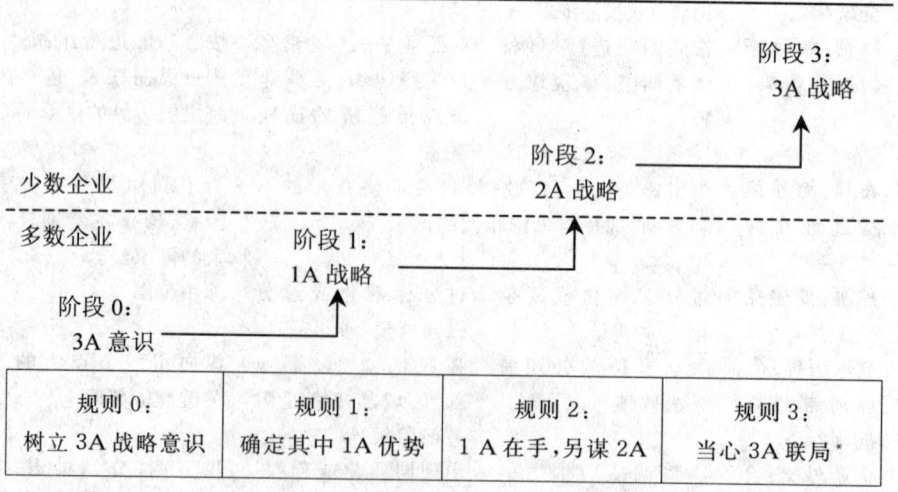

			阶段3: 3A战略
		阶段2: 2A战略	
少数企业			
多数企业	阶段1: 1A战略		
阶段0: 3A意识			

规则0: 树立3A战略意识	规则1: 确定其中1A优势	规则2: 1A在手,另谋2A	规则3: 当心3A联局*

* 这是借用的一个赌马术语，即三重彩，投注者须猜中一场赛事中前三名马的正确名次才算中彩。同样,在此,企业既要选对3A战略,又要对其作出正确的排序。——译者注

方式将其排列成四个阶段,它们旨在列出所有可能的全球战略类型,但这并不意味着所有跨国公司在发展过程中都必须依次历经这四个阶段。随后几节内容将会逐一讨论全球战略的这四个阶段。

阶段0:3A意识

如果想让3A战略发挥点滴的作用,企业必须首先认识它们。这项要求好像太不值一提,但是从本书所提到的一些案例来看,很多企业都没有做到这一点,个中原因千差万别。新涉足全球市场的公司往往将其在国内的成功模式照搬到国外,期望不费吹灰之力直接集群。然而,当它们发现集群的同时适应也不可或缺之时,通常已经蒙受了巨大损失。除非它们进入全球市场的目的是为了利用套利机会,否则在全球化初期它们很可能会忽略这些机会。而一些有经验的公司也可以以史为鉴:一家靠收购发展起来的跨国公司或者有着长期"联邦制"传统的跨国公司,可能不会对真正的集群战略给予足够的重视。同样,原产地也至关重要。与欧洲竞争对手相比,美国公司通常更乐于采用集群战略和套利战略,但是却很少关注适应战略。而中国和印度的优秀企业则往往更擅长套利战略,而不是集群战略和适应战略。

避免这种不当偏好的一个方法是,利用3A战略三角形使企业认识到自己可能追求的所有战略目标,以及达到这些目标可用的方法和子方法。在这种情形下,了解每一种方法及其特殊性是非常有益的。也就是说,着重了解第四章到第六章(见表7-2)所介绍的(通常被忽略的)各种方法是很有意义的,而且要是能够再结合有趣的案例,将讨论分析细化到每一个子方法层,效果就更好了。

第七章

表 7-2 全球战略方法

适应战略： 适应差异	集群战略： 克服差异	套利战略： 利用差异
➢ 改变 ➢ 专注 ➢ 外部本地化 ➢ 设计 ➢ 创新	➢ 区域集群 ➢ 其他国家组群 ➢ 非国家组群 • 业务或产品 • 全球客户 • 客户行业 • 渠道	➢ 文化 ➢ 行政 ➢ 地理 ➢ 经济

增强 3A 意识的第二个方法是，用 3A 战略三角形构建一个全球化计分卡。虽然使用全球化计分卡有利有弊，但是它却为改进衡量企业全球化实践现状提供了巨大的空间：大多数企业似乎都缺乏系统化的全球化绩效测评系统，它们只是依据海外收入百分比，保证海外业务赢利能力在可接受的范围内，或者最起码不是一直亏损就行。

图 7-3 是一个关于全球化计分卡的简化案例。该计分卡是为一家金融服务公司设计的。该公司专门从事资本市场相关业务，而不是从事由收购衍生的零售金融服务业务。图 7-3 中的计分卡各组成成分既有定量指标也有定性指标，公司全球化方案都是帮助完成这两项指标的，而且全球化的进程是利用价值创造（与增值计分卡原理相同）以及这些经营方案来测度的。

请注意，虽然图中的全球化计分卡涵盖了所有的 3A 战略，但是该企业对不同 A 的侧重程度是不均衡的。它反映了这样一个清晰的观点：在企业所在行业、企业收购成长史以及公司战略给定的条件下，集群战略是该企业全球化过程中的优先战略，而且在集群战略和其他战略特别是适应战略之间存在着制衡关系。

图 7-3　全球化计分卡

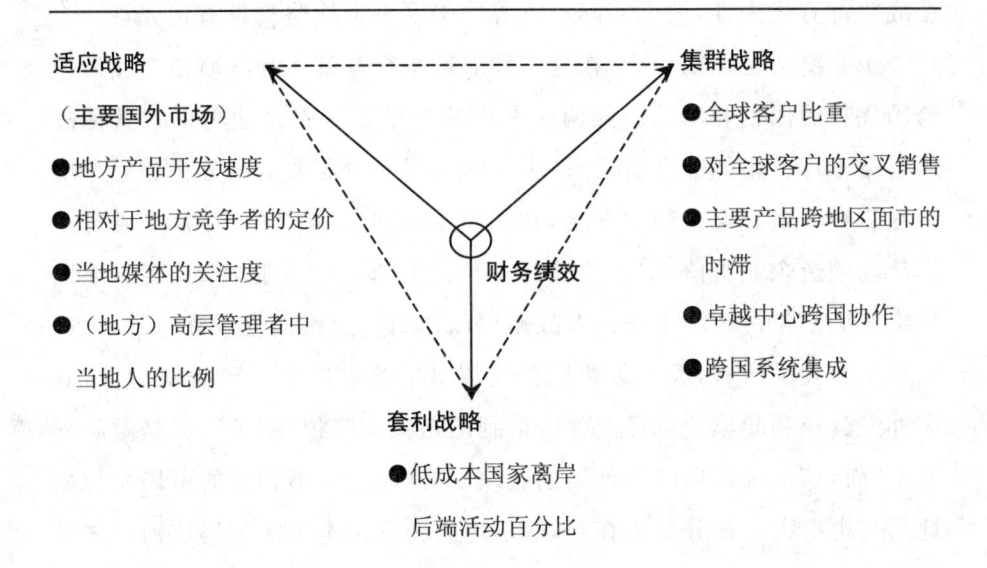

适应战略
（主要国外市场）
- 地方产品开发速度
- 相对于地方竞争者的定价
- 当地媒体的关注度
- （地方）高层管理者中当地人的比例

集群战略
- 全球客户比重
- 对全球客户的交叉销售
- 主要产品跨地区面市的时滞
- 卓越中心跨国协作
- 跨国系统集成

套利战略
- 低成本国家离岸后端活动百分比

财务绩效

最后一点可能也应该是具有普遍意义的。对跨国公司而言，树立所有 3A 战略意识是必不可少的，很多公司（特别是那些发展滞后的公司）在每一种战略的认识上都存在着提升的空间。不过，很多公司还需要给 3A 战略排序，这一点将在随后予以讨论。

阶段 1：1A 战略

与简单生硬地推行所有 3A 战略相反，表 7-1 所列出的 3A 战略之间的差异要求企业必须对这三种战略进行优先级排序。有关竞争战略的著作长久以来一直强调，这三种战略之间的差异通常会迫使企业选择击败竞争对手的方式，而不是简单地利用这三种战略全面出击，而且如果贸然全面出击失败的话，那么企业将会招致严重冲突和高额协调成本。[4] 正如第六章讨论的那样，宏基公司即遭遇到了这种冲突。在宏基开始利用集群战略建立自有品牌的同时，它却丧失了依据套利战略进行贴

第七章

牌生产的业务客源。而理解协调成本的最佳办法是要认识到,如果每一个战略都有优先性,那么实际上就等同于哪一个战略都没有优先性。[5]

企业要清楚地认识到,在这三种战略中究竟哪一种战略是企业形成跨国优势的依据和基础。强调这一点并不是意味着企业可以将其他战略忽略不计。正如前文所指,许多跨国公司至少需要全面分析和思考所有这三种战略。但是问题在于,在通览这三种战略之后,若希望通过跨国活动创造企业价值,那么企业每一位高管都应当头脑清晰,能够准确确定3A战略中究竟哪一个A战略可以作为企业跨国竞争优势的来源。

正如我们所言,大多数跨国公司以3A战略其中一种战略为重,其海外经营获利颇丰。虽然此处所谈到的这些战略很"明了",但是做起来并不"简单"。沃尔玛的海外店铺业绩不佳(与美国不相似的市场尤为如此),其中很大一部分原因在于,沃尔玛将在美国本土沃尔玛店铺行之有效的运营模式,不加改变地强行应用到海外店铺时,难以适应当地市场。在相同的产品领域(如美容护理产品),联合利华敌不过宝洁,其主要原因是(尽管联合利华近来采取了一系列措施)在为获得跨国规模经济和范围经济而实施集群时,联合利华仍存在不少困难。除了这些失败案例之外,我们还可以看一个成功的案例。在支线喷气式飞机业务领域,巴西航空公司的能力就胜过庞巴迪公司一筹,这完全可以归因于巴西航空公司对劳动力套利战略的运用。可是,即便是廉价劳动力成本优势显而易见,实际上巴西航空公司在巴西之外开展世界级的航空业务也绝非易事。

那些全球化较为成功的公司,可能已经凭借某一特定战略形成了自己独特的全球化方法和能力,但是那些经验不足或不甚成功的公司有时还需要在3A战略中选择自己的目标战略。在这种情况下,3A战略三角形同样适用。其中一个方法就是,确定某一企业各类支出的强度,并以此作为3A战略选择的粗略依据。广告费用销售收入比表示适应的重要性,研发费用销售收入比代表集群的重要性,而劳动力支出销售收入比则彰显了(劳动力)套利的重要性。[6]

更具体地讲,我建议利用图7-4所示的3A战略三角形校正图(本图以美国制造业数据为基础)来定位企业战略选择。如果一个企业的某项支出强度的得分高于中间值,即图中实线刻度,则与其相应的战略就值得关注。如果得分接近或超过虚线(虚线代表第90百分位数,即90%的企业会低于这个数值),则与其相应的战略可能非常危险,不容忽视。

图7-4　企业支出强度

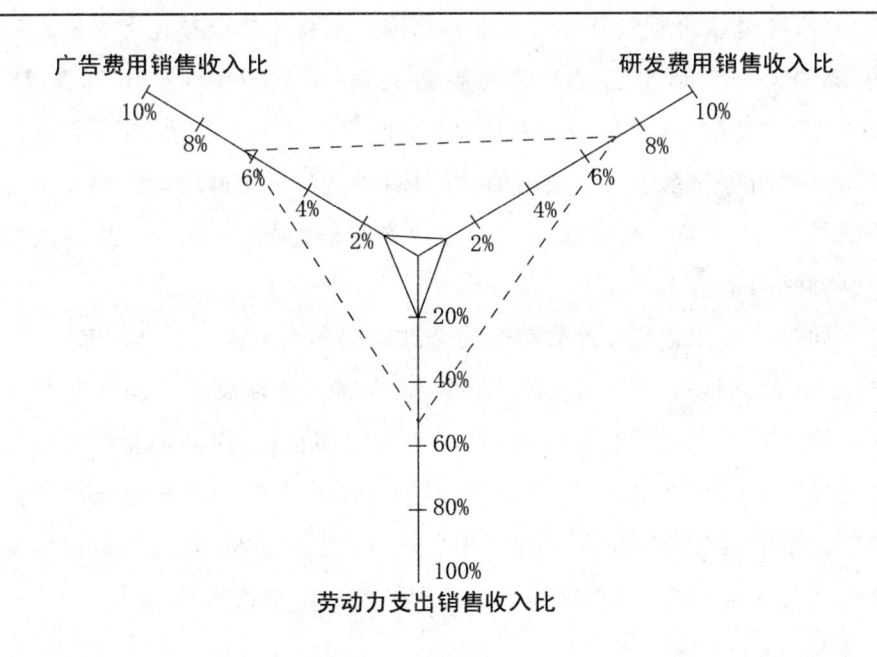

企业选择目标战略的另一个相关的办法是,根据刚才所讨论的支出强度或者更广泛的其他因素(见图7-7),利用3A战略三角形绘制出企业相对于其他竞争对手的位置。这种方法有助于企业更深入地了解企

第七章

业应该重点关注哪个战略或哪些战略,这一点在企业与劲敌竞争时尤为重要。

阶段2:复合(2A)战略

虽然单纯的1A战略是企业全球战略中最常见的一种战略形式,但是也有许多全球领先的跨国公司(我曾有机会与其讨论3A战略三角形)似乎都强调2A战略,而不止是1A战略。这种复合2A战略实际上可能是指企业同时在两种战略方向上击败竞争对手,或者是指企业比竞争对手更能掌控2A战略之间的平衡。如果按照后一种意思来理解的话,我们就可以把2A战略视为将适应战略与集群战略之间的主要制衡关系(市场全球化所涉及的传统重心),推广到将生产全球化考虑进来后的3A战略三角形中三对儿主要制衡关系(可比较图7-1a和图7-1b)。这三对儿2A战略分别对应3A战略三角形的三条边,并分别强调了每一种制衡关系中两个战略的共同焦点:适应—集群战略强调各国之间的相似性,适应—套利战略强调各国之间的差异,而套利—集群战略则强调跨国整合。

同时还要注意到,2A战略会使全球战略的类型由三个增加到六个。如果2A之间区分一个主次的话(即Aa),那么全球战略的类型则会进一步增加到九个。就如何实现2A战略的宏伟目标,许多企业都有过沉痛的教训。前车之覆,后车之鉴,我们最好看一看那些领先企业是如何做的。本节其余内容将专门讨论四个此类企业的案例,这些案例内容都是我从与这些企业的CEO和其他经理们的讨论中得来的(见图7-5)。

图 7-5　领先企业的战略演变

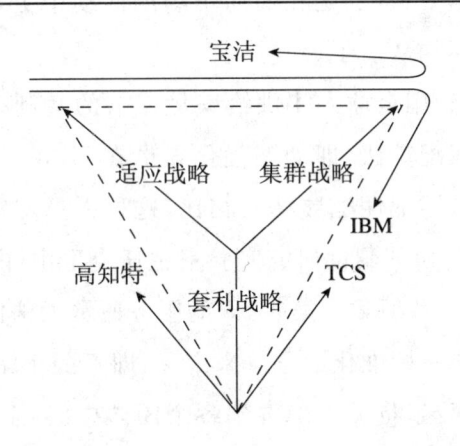

```
              宝洁
          ╱────────╲
         ╱          ╲
        ╱  适应战略  集群战略 ╲
       ╱              IBM    ╲
     高知特                  TCS
        ╲   套利战略       ╱
         ╲              ╱
          ╲            ╱
```

IBM。在 IBM 公司的大部分历史中，IBM 采用的都是适应战略，通过在每个目标国家设立一个迷你型 IBM 公司来服务于海外市场。除了研发和资源配置，每一个迷你型 IBM 公司的活动内容基本与总部公司毫无二致，并且还要尽可能地适应当地的差异。在 20 世纪 80 年代至 90 年代间，由于逐国适应战略会缩减国际规模经济，所以 IBM 公司开始不满于现状，于是它在多个迷你型 IBM 公司的基础上重置了区域组织结构。IBM 公司将各个国家集群成若干区域，目的是为了增强各国迷你型 IBM 公司的协作，并进而在区域和全球范围内创造更大的规模经济。

不过，IBM 公司近来也已开始利用跨国差异。IBM 公司开始重视套利（并非公司领导层的用词）的最明显迹象是它在新兴市场利用工资差异的举措，以及在此大规模发展的计划。在 3 年时间内，它在新兴市场中的员工增加了三倍多，特别是其印度公司，在此期间内公司总人数由最初不足 1 万人增加到现在的 5 万人。大多数新员工都被安排到了 IBM 全球服务部门（IBM Global Services），这是 IBM 公司发展最快但也是利润最低的部门，据估计其作用不是为了提高价格，而是为了帮助

第七章

IBM降低成本。依此来看，IBM公司采用的是集群—套利战略，不过适应战略依然至关重要，特别是在面向市场的活动中更是如此，但是适应战略的重要性已不如从前了。

在IBM公司利用全球人才供给满足需求的套利举措中，特别有趣的是一种复杂的匹配算法，即动态优化人员在IBM公司所有机构中的配置。比如与机械零部件配置模式相比，这种人员配置模式非常复杂，晦涩难懂。IBM公司苏黎世研究实验室主任克里山·内森（Krishan Nathan）道出了其中一些原委。第一，人的服务通常无法储存。第二，人所起的作用不能用统一标准化的方法来定义，即不能用序号编码及相关技术特征来描述。第三，将员工配置到各个团队中时，企业必须注意可能产生的"化学反应"问题，在最糟糕的情形下，它们会使团队功效小于个体功效之和。第四，鉴于第三个原因及其他原因（如员工发展），人员配置岗位期限和顺序必须满足一些其他辅助标准。内森还提出了最终的配置模式，如"75%来自全球、25%来自地方"。虽然这只是一种想象而非实际状况，但是有一点很明显，那就是企业利用人员优化配置手段是为了更有效地套利，而为了达到这个效果，企业需要进行大规模权力转移，而如何有效安排这种权力转移是企业组织所面临的更大范围的挑战。

宝洁。跟IBM一样，宝洁公司最初也是通过在各国建立迷你型宝洁公司努力适应当地市场的，但是随着公司的发展，宝洁公司的战略也在发生变化。特别是，它停止了在欧洲集群的活动，建立了职能—职能矩阵式组织结构，并且整个20世纪80年代企业都在持续使用这种组织结构。但是，事实证明，这种业务—地域矩阵式组织结构并不奏效。1999年，新任CEO德克·贾格尔（Durk Jager）对组织结构发起了大刀阔斧的改革，建立了以全球业务单元（GBU）为最终利润责任中心的组织结构，并辅以区域市场开发部门（MDO）来实际管理销售部门（与GBU

共管)和产品上市推广。

这一重大变革旨在提高企业集群程度,其结果是矩阵中各部门怨声载道,混乱不堪,其中包括关键的 GBU—MDO 对口部门也是如此。在此情形之下,上任仅仅 17 个月之后,贾格尔便被迫离开宝洁。在其继任者 A. G. 拉夫雷的领导下,宝洁转危为安,并取得了较大的成功。拉夫雷说,他沿袭了贾格尔所构建的组织结构,但在此基础上增加了一些"布线"(wiring)。在经过数月的沟通与商议后,他设计了一系列决策表,就如何制定不同决策提出了具体方案,厘清了 GBU 与 MDO 的决策分工,基本保留了 GBU 原来的利润责任制(而且其决策权不在决策表之列)。不过,在公司组织系统内部仍不乏些许灵活性:公司制药业务拥有单独的分销渠道,所以从公司 MDO 部门结构中独立了出来,而且在新兴市场中,由于市场开发面临着严峻的挑战,所以公司在各国业务经理的管理中沿用了全球事业部的利润责任制。GBU 和 MDO 拥有共同 IT 系统,其员工拥有共同的职业发展机会,这都有助于将那些下属部门紧紧联系在一起。在公司组织结构的顶部是一个精心分层的审查系统,其中首先是增长目标,其余依次是战略、创新和品牌,最后是实施计划和未来两年的预算。

拉夫雷还解释道,虽然宝洁仍然会尽力适应一些重要市场,但宝洁的最终目标是通过 GBU 集群来击败竞争对手,包括那些基于国家的跨国公司以及当地公司。他接着解释道,对于宝洁而言,套利也很重要(主要是通过外包),不过套利战略仍位居适应战略和集群战略之后:"如果套利危及消费者利益,我们就不会外包。"所以,与 IBM 接近 25% 的比例相比,宝洁的套利活动〔多年以来,公司通过全球业务共享服务部将 IT 服务外包给了惠普,将员工服务外包给了 IBM,将设备管理外包给了仲量联行(Jones Lang LaSalle)〕只涉及公司 2.5% 的员工。其中一个显而易见的原因就是,快速消费品企业的劳动力套利范围虽然在不断扩

第七章

大,但是整体上与诸如 IBM 全球服务部之类的企业还存在较大差距。

TCS 和高知特。我们在前文已经讨论过 TCS 的集群举措及其核心套利战略。正如其 CEO 拉马德拉伊(S. Ramadorai)所言,集群和套利对于 TCS 的未来发展都不可或缺。可是,虽然表面采用与 IBM 相同的 2A 战略,但是 TCS 却相对将重心偏向于套利战略,这也符合其最初的战略规划要求。从 TCS 与 IBM 的战略比较中,我们可以看出,就看似相同的 2A 战略而言,其定义与实施还存在着变更的余地。同时,这个比较还表明,跟宝洁的案例(以集群战略为主,以适应战略为辅)一样,在 2A 战略中区分主次实际上是大有裨益的。

然而,对于某一特定企业而言,即使不分主次,其成功之路也不止一条。就这一点,我们将用另一个印度 IT 服务企业高知特公司的案例来说明。近年来高知特发展迅速,已经成为印度第四大竞争者,它主要在海外进行软件开发。高知特一直重视套利战略和适应战略,而不是套利战略和集群战略,所以它不惜重金投资全力打入海外地方市场,并在其主要的美国市场中将自己打造成当地企业形象,藉此高知特就可以视具体情形以印度企业或美国企业的身份开展业务。

高知特公司成立于 1993 年,当时是美国邓白氏公司下属的一家合资企业〔与印度 IT 企业萨蒂扬(Satyam)公司合资〕。与纯粹的印度企业相比,它的权力分配更加均衡:创始人库马尔·马哈德瓦(Kumar Mahadeva)负责美国客户业务,而拉克什米·纳拉亚南(Lakshmi Narayanan,当时任首席运行官,现任董事会主席)负责印度离岸软件开发。不久,公司又进一步将这种分工配合深化,建立起了"双头制"组织结构,亦即对于同一个项目而言,总是有两位齐头并肩的领导,其中一位在印度,一位在美国。他们责任共担,按劳等额取酬。高知特新任 CEO 弗朗西斯科·德索萨(Francisco D'Souza)回忆说,公司花了两年时间才落实这种组织结构,但花了更长的时间才把人们的思想观念扭转过来——当时公司才有 600 位员工，而今却达到了 25 000 人。虽然双头制很重要，但是从更广泛的角度来看，它只不过是高知特重视套利战略与适应战略的制衡关系，以及解决公司管理层所称全球离岸开发与销售关键整合难题（低效的开发与销售协作常常会导致"踢皮球"现象的产生，见图 7-6）的其中一项举措。

图 7-6　高知特的套利—适应战略

招聘	开发	营销
●较严格的招聘过程 ●招聘更多的 MBA 和咨询顾问 ●文化适应培训项目（在印度）	●双头制结构 ●共同拟订所有计划（印度和海外） ●更贴近客户 ●向项目现场派驻启动团队 ●广泛传播和利用技术	●印度和美国定位 ●在关键营销岗位使用美籍员工 ●特级客户关系经理 ●主动向少数大客户开展营销

总而言之，上述所有案例都表明，采用复合 2A 战略仍然具有较大的挑战性。有关这种挑战的组织因素，我们将在本章最后一节进一步予以讨论。

阶段 3：3A 联局战略

最后，我们来看一看一家企业欲在适应战略、集群战略和套利战略所有这三个方面都击败竞争对手的情形。在这种情形下，企业要获得成功不是说不可能，但的确非常罕见。在表 7-1 所列的战略差异中，若各战略之间的冲突无关大碍，或因较大的规模经济或结构优势可以忽略这些冲突，再若竞争对手存在其他劣势约束，则在这种条件下，企业就很有可能获得成功，或者说不成功的可能性不大。

第七章

我们可以以通用医疗集团（GE Healthcare，简写成 GEH）的医学影像业务为例，来阐释上述这些观点，以及其所奉行的 3A 战略或近似 3A 战略。医学影像行业正在飞速发展，全球市场高度集中在 GEH、西门子医疗系统集团（SMS）和飞利浦医疗系统公司（PMS）这三大巨头手中。据估计，其销售收入占整个世界市场的比重分别约为 30%、25% 和 20%。[7] 这么高的全球集中度似乎与图 7-4 所描述的制造业企业战略最明显的特征有关：医学诊断影像设备制造的研发强度稳居行业前 10%。具体来说，这三家竞争企业的研发费用销售收入比都超过了 10%，而一些规模较小的竞争企业的这一比例甚至更高，其中许多企业都面临着利润被挤压的困境。这些数据表明，近年来通过集群建立全球规模对于医学影像设备行业特别重要。

作为三大巨头中的老大，GEH 一直以来也是赢利最高的。如下所示，这首先反映出 GEH 实施的集群战略是成功的：

➢ 规模经济：GEH 的研发总费用、销售总收入都比 SMS 和 PMS 高，其服务人员规模也比它们大（占 GEH 集团员工总数的一半），但是其研发费用销售收入比却比它们低，其他支出比率与它们大抵相当，而且 GEH 大型生产厂的数量也比它们两家少。

➢ 收购能力：由于经验丰富，GEH 的收购效率比其他两家企业都高。在杰弗里·伊梅尔特（Jeffrey Immelt）的领导（在他担任通用电气 CEO 之前）下，GEH 完成了将近 100 桩收购。在他担任通用电气 CEO 之后，GEH 继续大量收购，其中包括 2004 年以 95 亿美元收购安玛西亚（Amersham）公司（此次收购使 GEH 的业务范围从医疗设备制造领域扩展到医药领域），以及 2007 年初以 81 亿美元收购雅培公司（Abbott Laboratories）旗下的两项医疗诊断业务（进一步扩大了 GEH 的医药生产能力）。

➢ 范围经济：安玛西亚和雅培收购案反映出，GEH 有意将通用的传统物理和工程技术与生物化学技术结合起来。除此之外，GEH 还通过通用金融服务公司（GE Capital）为客户购买设备提供融资服务。

除了集群战略大获成功之外，GEH 甚至在套利战略上也遥遥领先于其他竞争者。在伊梅尔特的领导下，特别是最近，集团迅速将生产业务迁移至低成本生产基地，实现了"全球生产企业"的转型。这些转型行动是受棒球运动中的"投手—接球手"关系启发，在此概念的指导下完成的。这个概念最初是由通用电气其他部门提出的，意思是指既有工厂的"投手团队"与新工厂的"接球手团队"通力合作，直到新工厂的业绩达到甚至超过前者水平。GEH 的目标是直接从低成本国家采购的原材料达到集团原材料直接采购总量的 50%，并且将自己 60% 的生产能力分配到这些低成本国家。据报道，截至 2005 年，GEH 已经完成了上述多半目标。

另外，为了推行适应战略，GEH 投入巨资建立了各国市场专门的营销机构，它们与开发和制造一体化后端相对松散地联结在一起。这些营销机构的目标十分明确和严格，援引一位集团高管的话来说就是"比德国人还德国"。为了提高客户吸引力，GEH 还在销售设备的同时注重提供相应的配套服务，比如对放射医师进行培训，为成像处理提供咨询等。诸如此类客户贴身服务，GEH 显然需要根据各国具体情况量身订制。

前面我们已经勾勒出了 GEH 缜密的全球战略概况，但我还必须补充一点，即其全球战略内部仍存在着制衡矛盾，特别是适应潜力大但收入偏低的市场（如中国和印度）的特别要求与全球一体化之间的矛盾。杰弗里·伊梅尔特最近在一篇文章中写道：

在去年的一次会议上，我们与医疗保健业务部门负责人乔·霍根（Joe Hogan）一起评估了该部门的价值型产品（即性价比较高的产品。——译者注），并追加了 2 000 万美元的投入，将那些物美价廉的产品设备从生产线中分离出来,转交给中国地区机构负责。这就是我们排除障碍的方式,即由母公司来排除。次年,这些产品的销售额就从原来的6 000万美元飙升到了2.6亿美元。在这些产品设备的最近一次情况通报会上,我们研究讨论了外部障碍问题,即如何设计易于组装的产品组件,从而可以在印度进行成套组件的设计和生产,然后在中国组装,以此来逃避关税。[8]

同时还值得补充的是,GEH并不是在所有战线上都遥遥领先。SMS就更加专注于成像业务,并被认为是影像学领域的技术领先者。这也就是说,至少在一个方面,SMS的集群战略还是卓有成效的。这个案例提示我们,同一行业中即使有多家竞争者同时奉行某一特定战略,可是通过采用截然不同的途径,它们都有可能获得成功。

而且,GEH能够同时采用3A战略,其中部分原因在于它能够将其中一种战略(适应战略)与其他两种战略分隔开来,单独实施适应战略。解决企业多任务管理能力有限的方法有多种,本例只是这一系列方法中的一种。当在重点使用2A战略特别是3A战略时,企业尤其需要这些方法。分隔可能是一种更好的整体方法,而不需要将各种殊异的活动都嵌入到一起,比如嵌入到矩阵式结构中。拉夫雷对我解释道,宝洁之所以能够在奉行套利战略的同时兼顾适应战略和集群战略,其原因是公司已经有意将这些功能分隔配置到三个部门中〔全球事业部、市场开发部和全球事业共享服务部(GBSS)〕,并且还构建了一种组织结构,使其能够尽量减少部门交涉并进而减少摩擦。

宝洁是侧重通过其GBSS部门外包来有效地外部化套利的,而这也照应了我们在第四章所讨论的适应战略中的一种子方法(外部本地化)。在第四章所介绍的其他子方法中,有些也同样适用于解决企业有限管理能力的优化配置问题。鉴于制衡冲突和各种不可分割任务的存在,某些特定任务更适于整个企业组织上下齐心协力方能完成,除此之外,让企业组织各部门各自履行不同的职能、各司其职,实际上会有效提高企业内部适应变化的能力。

最后,在某种程度上,GEH之所以能够取得这么好的业绩,还因为其竞争敌手自身存在劣势约束。与GEH相比,SMS和PMS除了自身存在着许多规模以及其他组织结构性劣势之外,SMS特别是PMS在某些方面行动非常迟缓,例如在将生产业务转移到低成本国家时,它们就没有GEH那么迅速。鉴于上述所有这些原因,我们万不可把GEH的案例推广到其他所有企业,盲目认为任何企业都可以使用3A联局战略。如果你发现自己有这种倾向,那么请特别注意阅读一下下面的内容:"3A联局战略:提高竞争胜算概率"。

3A联局战略:提高竞争胜算

尽管我建议企业在与劲敌竞争时不要在3A战略上全面出击,但是经验表明,斗志昂扬的经理们常常会以此为目标,虽然实际可同时适用3A战略的案例少之又少,但这些经理们却不择条件频繁使用3A战略。与其把企业的资源押在3A战略上,还不如在竞争中在3A联局上作些文章更为保险。

喜欢赌马的人都知道,三联局(三重彩)是指赌马者不仅要猜中同一场比赛中哪三匹马会赢,而且还要猜中每匹马的名次。仅选对所有三匹马还不够,一般认为在三重彩中赢钱的人都有赛场内幕消息。

在其他条件特别是马匹能力不变的情况下,在三场比赛中选出每场的获胜者比三重彩风险更大。因为在三重彩比赛中,若一匹马能跑第一,则它同样也能跑第二、第三。

如表7-2所示,由于3A之间存在着冲突或制衡,所以企业要想在

第七章

3A战略上全面战胜竞争对手,其困难比在三场比赛中都选中每场的获胜者要大得多。或者我们可以借用第六章所提到的一个不同的哺乳动物的比喻,企业在3A战略上全面出击,其结果很可能就会成为四不像的"鹿角兔",不伦不类。

3A 战略三角形和战略制定:一个竞争计划案例

前一节内容已经利用3A战略三角形阐释了全球战略的类型。这个三角形也可以用于企业确定首要战略的决策,这一点我们已经在讨论企业支出强度(见图7-4)并根据其确定企业1A战略选择时提到过,但是企业需要在更大的战略选择范围内寻求更多的选择方法。

此处所用的是医学诊断影像三大巨头中最小的一家PMS的案例。如第四章所述,飞利浦长期以来一直奉行一种高度分权的适应战略,企业权力都集中在各个国家市场的经理们手中。1996年新任CEO废除了"地域—产品"的矩阵式组织结构中的地域一支,并以全球产品事业部为中心强化了集群战略,至此上述高度分权状况才有所改观。对于其下属业务公司PMS而言,有人认为飞利浦重视适应战略的传统并没有改变,而且仍然是与GEH或SMS竞争的竞争优势来源。但是,与SMS的技术优势以及GEH的服务质量优势相比,PMS的所有竞争优势都显得微不足道了。虽然GEH和SMS的优势在全球各地都是如此,但它们在各国当地市场的确能锁定客户需求。

在20世纪90年代后半期,为了效仿GEH和SMS推行集群战略,PMS赋予了全球产品事业部至高的权力,但仍然无济于事,而且就连它其余的适应优势也大部分被其集群劣势给抵消掉了。PMS的研发费用绝对额比GEH少1/3,比SMS少1/4,但它相对于母公司的规模却比其他两家要大得多（其母公司的规模比其他两家的母公司小得多，因此PMS母公司的收购基金的规模明显小于GEH或SMS的收购基金的规模）。此外，为了改善自己原来技术老化的X射线影像业务，在1998至2001年间的收购热潮中，PMS收购了六家独立公司，从而组建成了现在的公司。在一家没有多少收购经验可资借鉴的公司里，这些收购居然成功了，这多少令人有些惊讶。但是，这些收购也明显存在着负面的滞后效应，其中最严重的是，PMS在2004年为以往的收购支付了7亿多欧元，这几乎花光了当年所有的账面利润。

过去PMS一直都把主要精力放在了不同收购企业的整合上（直到最近才有所改变），这也在一定程度上导致了其在套利战略上进展不力。虽然其母公司是在中国投资的最大跨国公司之一，但是直到2004年9月，它才在中国成立了（合资）生产企业。该企业所生产的产品于2005年在中国面市，2006年开始出口。从总体上来看，PMS从低成本国家采购的水平与GEH2001年的水平相当，同时也落后于SMS的水平。

以上对PMS的3A战略定位分析非常有用，将它们组合在一起，我们就可以得到一张竞争图（见图7-7）。虽然企业在每条战略线上的位置都有些许误差，但是我们却可以从中知晓竞争对手在战略空间中的实际战略位置，并且可以更直观地看到企业如何在不同战略之间进行权衡取舍。对于企业决定把精力放在哪里、不放在哪里，这两点都非常重要。

那么，PMS如何利用这张竞争图（或宽泛地说，3A战略三角形）制定自己的战略呢？针对PMS的短处和劣势，就如何缩小与其他两家竞争者之间的差距，具体操作建议如下：继续改进PMS不同部门之间的协作方式（集群），加速将生产业务转移至低成本国家（套利）。可是，PMS似乎不太可能在每种战略上都有把握战胜规模比自己大的竞争对手（除非它能成功引入破坏性技术，但这说起来容易做起来难）。然而，在企业范围内提高对集群和套利的重视程度，同时也会降低基于适应的1A战

第七章

略的发展空间。

图 7-7 医学诊断影像企业 3A 竞争图

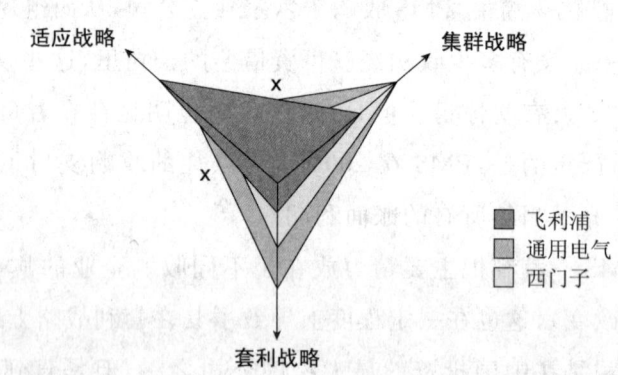

对于 PMS 而言，最明显的两个战略选择方案是"适应—集群"和"适应—套利"这两套 2A 战略，如图 7-7 中"X"所标示。适应—集群战略与 PMS 的现行战略最为相近。然而，请注意它（适应—集群战略）不可能解决位居第三的 PMS 所面临的集群相关问题，所以它最好在地方市场响应方面能有所长。或者说，PMS 可以放弃创造竞争优势的想法，其赢利水平能够达到行业平均利润率即可（即这三家巨头的平均利润率，其实这也是个不低的数字，因为这三家巨头的定价可用"大腕"来形容）。但是，无论采用哪一种方式，PMS 都不应当效仿其他两家竞争对手，大规模进入全新的业务领域，因为这样做只会进一步扩大而不是缩小其集群劣势。

PMS 的第二套 2A 战略选择方案是适应—套利战略，其目标不能仅仅局限于在低成本地区生产，而且还要对产品进行重新设计和彻底简化，从而大幅降低成本，进军中国和印度等大型新兴市场。不过，由于飞利浦公司向来不是以低成本取胜的，所以这套战略选择方案有违其传统做法。况且，GEH 已大大压缩了 PMS 采用该套战略的机会空间，因为

GEH 采取了"立足中国,服务中国"的产品战略,有望把中国市场产品的成本降低 50%,而与之相比,PMS 在中国市场销售的首批产品成本只能降低 20%。

最后,如果 PMS 认为这两套复合战略方案都没有吸引力(坦率地讲,这两套方案似乎都不能给 PMS 带来竞争优势),那么就只能努力去改变这场竞争游戏了。虽然在核心医学诊断影像业务领域,PMS 似乎无法克服相对于 GEH 和 SMS 的结构性劣势,但是它可以寻找其他一些领域,以扬长避短(根据 3A 战略三角形,PMS 最好横向平移到另一个新业务领域)。实际上,从近来重视家用医疗器械(如治疗心搏停止的家用除颤器)业务的动向上看,PMS 似乎也在尝试朝此方向努力(虽然进程缓慢)。正如飞利浦公司 CFO 简恩·霍曼(Jan Hommen)所言,在家用医疗器械这个领域,PMS 比 SMS 和 GEH 都有优势:"在消费类电子产品和家用电器业务上,我们已经积累了大量的经验,掌握了大量的知识和信息,知道如何为消费者提供便利服务。"[9] 由于 PMS 这个"入户"策略主要是利用当地国家的品牌和分销资源,所以这项新战略可以被视为是新市场中的适应战略(并带有些许集群战略成分)。

三条组织原则

前面几节内容已经指出了全球战略的类型,并为企业提供了相应的战略选择工具以及几个具体的战略选择方法。除此之外,此处还需要补充三条实现既定战略目标的组织原则。

扩大整合范围

从诞生到现在,跨国公司至少已经有几百年的历史了。在此过程中,跨国公司的整合任务量也与日俱增。在早期跨国公司(如较大的贸

第七章

易公司)的经营环境中,信息流动缓慢而且信息量稀少,公司总部相应也较小。以哈德孙湾公司(the Hudson's Bay Company,北美最早的商业股份公司,也是全世界最早的公司之一。——译者注)为例,其在19世纪初仅在总部聘用了20名有薪管理人员。[10] 到19世纪末,为了应对远程整合和控制的挑战,有些跨国公司已经发展成了多功能和多部门的组织结构形式,不过以今天的标准来看,其总部仍然偏小。例如,高度一体化的石油巨擘洛克菲勒的美孚石油公司,在1911年公司被解散前夕其总部管理人员也不过是1 000人。自那以后,那些领先的跨国公司身先士卒跳出了1A战略(最初的套利战略)的窠臼,并且在日新月异的信息技术的带动下受益良多。结果,这些公司一改以前强调总部对各国经营机构资源配置以及监控的作用,使其现在的跨国整合范围大大超越了上述作用范围,并且还出现了大量跨组织边界的整合实践。然而,许多企业的整合观念仍十分淡薄,更不用说学术研究了。

创新整合机制

企业整合范围能够有效扩展,有赖于企业创新协调机制的鼎力佑助。在此,我们可以回顾一下本章前面所讨论的几个领先企业的案例。除了人力资源供应链之外,IBM还设计了"交易中心",将其多种业务集群于此,而且它还改变了以前对全球职能总部设置等问题的看法,例如它最近就将其首席采购官从纽约州的萨默斯(Somers)地区派到了中国的深圳。这些都表现了IBM在整合机制创新方面的创造力。前文提到过的其他例子还有宝洁的分层审查系统、TCS的全球—区域—地方开发交付网络、高知特的双头制结构和通用电气的"投手—接球手"理念。只要留心,此类案例我们还可以从当今新闻中找到很多很多。例如,思科公司选择在班加罗尔建立思科全球化中心东方区(Cisco Globalization Center East,与美国的思科全球化中心西方区相对,该中心已经于 2007 年 11 月落成并投入使用。——译者注），并宣布任命了一位首席全球化官（chief globalization officer）。这些举措是思科在印度次大陆建立全球技术开发中心计划行动的一部分，目的是为了与中国华为这样的同类竞争对手展开更有效的竞争。[11]（实际上，思科计划在印度设置与总部类似的所有主要业务职能部门，而且公司的目标是在 2010 年之前将其 20% 的高层主管派往印度工作。）所有这些案例的意义在于，在新的挑战面前，企业需要寻求新的对策，而这些领先跨国公司正是创新对策的良好样本。

行动方案

让我们再次回到本章前文所提到的 IBM 的案例。虽然 IBM 近年来在业务经营（特别是 IBM 全球服务业务）中应用套利战略大获成功，但是在印度软件服务竞争者自己发起的低成本竞争游戏中，IBM 似乎不太可能击败它们，因为它的雇用成本大概要比印度当地企业高出 50%—75%。不过，IBM 也有自己的过人之处。虽然最近剥离了一些业务，但是在行业内，其产品（服务）范围仍然是最广的，涉及硬件、软件和 IT 服务。与前文 PMS 寻求新市场机会类似（当然要彰显自己的强势之处），IBM 的一个选择就是通过提供横跨这三个业务部门的解决方案，实现"一站式 IBM"的目标愿景。来自 IBM 总部的最新报告显示，它好像已经启动了集群行动，而这个行动正与上述这些计划建议不谋而合；与此同时，它也在快速推进套利战略。萨姆·帕米萨诺已经在公司几百名高级主管中组建了一批整合价值小组，（相对而言）自下而上地改变公司组织结构，而这种改变要比自上而下向部门经理灌输式的改变更彻底。同时也要注意到，如果企业现在实施的是复合 2A 战略的话，那么这种战略重点的相对变动在短期内成功的概率就特别大。

最后一条组织原则，实际上本节所讨论的所有这三条组织原则，都

第七章

是为了说明一个更大的问题。至于如何组织和整合一个复杂的全球化企业,至今还无人能够提出最佳方法,即使在企业战略目标或所追求的其他目标都非常明确的情况下,结果也是如此。但是,从那些领先跨国公司的行动计划、选择实施行动计划的方法以及它们仍面临的难题中,我们却可以总结和借鉴到许多有价值的经验。

结 论

"全球化综述"总结了本章所得出的具体结论。特别是最后几条,如果看起来有些不着边际的话,那也是故意而为之。因为本书的目的是为了拓宽人们对全球战略的认识,而本章已经实现了部分目标〔本章指出,全球战略有多种多样,其中纯1A战略有三种,每一种还都有若干变体,而复合(2A或3A)战略的种类最起码也不逊于此〕。此外,就某一具体的1A战略或2A战略(有时甚至是3A战略)选择而言,人们都可以设想出许许多多的组织方式和实施方法。这也是企业认真对待半全球化会对其制定战略大有帮助的原因。

全球化综述

1. 自20世纪80年代以来,人们对全球化的关注热潮已经开始从市场全球化转向了生产全球化。

2. 虽然时下生产全球化(或更宽泛地说是套利)的热潮会渐渐退去,但是我们却首次认识到了所有可选的全球战略方案。

3. 这种战略方案可以用3A战略三角形来描述。除了能够帮助人们认识到各种各样的全球战略之外,3A战略三角形还可以用于构建全球化计分卡,并排定战略优先级。

4. 对于每一位期望通过跨国经营创造价值的公司高管而言,他们头脑应当清楚3A战略中哪一个A可以作为形成公司跨国竞争优势的基础。

5. 就3A战略选择问题,我的主要建议是:首先至少确定其中一个A,有了这个A才有可能去选择其他的A,但是在采用复杂的3A联局战略时需要谨慎。

6. 3A战略三角形的应用与扩展有助于企业在3A战略中作出选择,其方法包括认真权衡3A之间的制衡关系,绘制出企业各项支出强度及竞争地位。

7. 为了有效利用适应战略、集群战略或套利战略,特别是一些组合战略,一般都要求企业拓展整合观念,创新一系列整合机制。

8. 至于如何组织和整合一个复杂的全球化企业,至今还无人能够给出最佳方法,但是我们却可以从众多领先跨国公司那里学到不少经验。

第八章　迈向美好的未来

现在开始制定战略

> 即使你没有选错轨道，老坐在那儿也会被碾死。
>
> ——阿瑟·戈弗雷和威尔·罗杰斯

20世纪80年代，全球化的争论充斥各国市场。进入21世纪之后，全球化的争论似乎越来越集中于生产领域。除了这种全球化争论内容的巨大变化之外，话题的改变也表明，时至今日，全球化的拥趸对全球化的看法也在随着时间而悄然变化。同样，他们对全球化的未来的看法与观点也发生了类似的变化。

在决定针对全球化战略要做什么以及开始要做什么时，陷于这些争论常常是毫无助益的，有时还是一种障碍。本章首先简要评述了全球化未来的预言，然后针对全球化未来发展的改进途径提供了几条建议，最后提出了企业推行全球化战略伊始需要审查全球化战略的五步骤框架。

全球化的预言

全球化预言往往囿于其生成时代而不可自拔。例如，卡尔·博兰尼

第八章

（Karl Polanyi）等人（1957），以及卡尔·W.多伊奇（Karl W. Deutsch）和亚历山大·艾克斯坦（Alexander Eckstein，1961），在第二次世界大战结束后全球化还没有完全复兴前就著书立说，他们在著作中强调，早在第一次世界大战之前国际化的各种手段已明显减少，并宣称这种趋势在短期内是不可能逆转的。[1]

与那些著名的思想家所作出的预言相反，跨国经济活动在"二战"后风起云涌，并且因跨国经济活动突破了战前记录水平而引发了人们对国际化的不同反应：乐观主义者强调国际经济一体化已经达到了新的高度，而悲观主义者则坚称国际经济一体化几乎不可能回复到近一个世纪前的水平。20世纪80年代后期柏林墙的倒塌、亚洲特别是中国的快速增长以及最近生产全球化的迅猛发展，使乐观主义者深受鼓舞。但是，也许是因为乐观主义者惯于居安思危，所以正如本书所言，我们看到他们郑重提示，全球化的步伐（即跨国一体化增长率）可能正在减缓。

我上述的预测并非绝对，因为全球化并非仅限于过去表现的好坏，而且还需要考虑其他几个因素：

➢ 以商业周期中的标志事件或其他高频率事件为依据，宣告长期以来全球化的强劲势头已经开始转向或放缓，是值得怀疑的。

➢ 对企业组织作出精确预测已非常复杂，更不用说对国家或整个世界经济了，况且有些预测无中生有。

➢ 与那些全球化势头转向或放缓的可疑预测相比，认为世界处于半全球化状态（与完全地方化或完全一体化大不相同）的观点更适于作为制定企业战略的依据。

为了详细说明最后一点，我们可以设想某人正在驾车穿越美国，现在正行驶至中西部地区。该人只是准备远离海岸一段时间，所以不在意车速快慢,甚至不在意改变路线方向。我们可以将类似的观点应用于半全球化的讨论。如果两次世界大战之间以及两次世界大战期间的国际化经历预示着各种可能的话,那么展望未来,跨国一体化水平也可能提高、停止,甚至是遭遇急剧逆转。但是,在目前状况不变的条件下,跨国一体化水平的提高似乎不太可能在短期内达到"各国之间的差异可以忽略不计"的状态。或者,跨国一体化水平的降低可能导致跨国联系被遗忘。所以,人们无须作出精确预测,来预言半全球化状态具有普适性,能够在未来持续下去。对全球化经营抱有类似稳定性的态度似乎比未来前景摇摆不定的猜测更可取,特别是因为大多数全球化战略是不可能立即改变的。

总之,我中意的一个预测就是,半全球化很可能持续到下一个十年、二十年,或更久——尽管随着未来时间的发展,半全球化的置信区间很显然能够扩展至未来。如果我的半全球化判断对预防全球化两极观点(即完全地方化或完全一体化)能有些许作用的话,那么我的预测就是有意义的。然而,对于改进自己公司未来全球化道路应该做些什么,读者也许还想寻求一些具体的建议和方法。对此,我将就企业未来全球化战略的路径尝试性地提出一些建议。

路径探索

如果未来充满着不确定性,那么从今天到明天以及更远的未来,你会如何改进公司所选择的战略路径呢?更具体而言,在全球化背景下,当你们公司按照一个战略方向行驶遭遇沙漠、死胡同或者停滞不前时,你们会如何改进通常所用的权宜之计呢?

1. 即便你确信世界终究会一体化,你也应预料到该过程的震荡与波折。即使你仍坚信近乎完全的一体化的愿景迟早会实现,你也要认识

第八章

到从现在的状况到完全一体化的道路不可能是一帆风顺、平坦笔直的。其间十有八九会有冲击和周期循环,甚至有可能会再经历一次持续数十年的停滞或倒退(类似的情况以前曾经发生过!)。对于托马斯·弗里德曼以及其他作者近来视为21世纪价值创造中心的"金砖四国"(BRIC,即巴西、俄罗斯、印度和中国四个新兴经济大国)来说,这种波动尤其值得考虑。但是,即使是人们认为应该谙熟新兴市场的公司也在这个问题上遭遇了失败。作为大多数主要市场中投资银行业务的领导者,美国高盛(Goldman Sachs)投资发展银行是华尔街第一家向苏联解体后的俄罗斯投资的大银行,也是宣扬"金砖四国"投资机会的发起者,但是其股票和债券包销业务在2005年俄罗斯的投资银行中仅排名第24位。[2]为什么如此之低?因为1998年俄罗斯出现了金融危机和债务拖欠之后,高盛和其他许多投资银行一样,退出了俄罗斯,数年之后高盛才重在俄罗斯立足。需要注意的是,此类战略常常逼迫公司在经济周期高点买入,低点卖出,这绝非经济成功之道。

2. 也要关注其他"可预见的意外事件"。"可预见的意外事件"是马克斯·巴泽曼(Max Bazerman)和迈克尔·沃特金斯(Michael Watkins)发明的一个术语,用来描述这样一种情况:"领导者们拥有他们所需要的所有数据和洞察力,来认识到一些重要问题发生的可能性和不可避免性,但是他们却无法拿出有效的预防措施。"[3]震荡只是"可预见的意外事件"的一种表现。就全球整体环境而言,仍然有许多可预见的或者至少是可能发生的意外事件随时都会发生,如全球变暖,中东、印度和美国的各种不同危机,全球清偿危机(即流动性危机),普遍反全球化的政治经济冲击等等。[4]由于全球治理存在差异,所以人们就更加认为此种意外事件冲击将会产生持久性的影响。你们公司已对多少此类冲击作好了应对准备呢?我建议在考虑其他可能的选择之前,最起码你们应弄清楚一种或更多去全球化情景,并分析它们对你们公司全球化战略的影响。

3. 将预测能力应用于行业或公司层面的分析。冲击、周期、趋势对行业和公司的影响都因行业和公司的不同而大相径庭。如果将其影响全部一视同仁地对待,那么分析结果的有效性就会大大降低。企业应关注风险,应更普遍地关注最有可能影响其所在行业或其自身的趋势,以及这些趋势实际上是如何影响行业或企业自身的。因此,即使是像全球变暖这样影响深远的问题会产生哪些效应,其答案也取决于站在谁的视角上看这个问题。在金融投资者、建筑企业、汽车制造商或者清洁能源潜在供应商看来,全球变暖的影响各不相同。根据不同情形,其他风险或趋势也可能影响更大,因此值得优先考虑。比如,当我最初开始与印度软件企业 TCS 合作制定未来的有效战略时,我们认为,在公司业务性质不变的条件下,从研究禽流感的影响开始最有意义。

4. 认识到对结果有广泛影响的业务的重要性——包括那些与全球化未来有关的业务。前面的讨论似乎已经表明结果与企业决定开展何种业务无关。但是对于许多关键不确定性因素而言,情况显然并非如此。我们可以看一看较明显的全球化进程本身的例子。反全球化人士所提出的一些担忧包括如下几个方面:

➢ 当许多发达国家利润占国民收入的比重在数十年来保持较高水平时,其国民收入中工资的比重却在持续下降。

➢ 这些发达国家中许多国家缺少全球化的安全网络(例如,美国估计每年从贸易中获利 1 万亿美元,但却要在再培训上花费 10 亿美元)。[5]

➢ 双轨世界的产生。小额贷款的发起人穆罕默德·尤努斯(Muhammad Yunus)在其接受 2006 年诺贝尔和平奖时的演说中说到,如果全球化"是一条所有人都可以自由出入的高速公路的话,那么它的车道将会被经济强国的巨型卡车给占满……孟加拉国的人力车将无道可行"。[6]

第八章

对于全球化得益的分配这样基本性的问题,许多公司避而不谈、充耳不闻,这是既不道德也不切实际的。特别是对公共言论和行为,我向偏好深度整合的公司作如下五个建议(注意,并不是所有的公司都必须这么做):

➤ 谨慎用词。小布什前经济顾问格雷格·曼基(Greg Mankiw)发现,外部采购常常招致消极抵触。全球化也是如此。用美国民意测验专家弗兰克·伦茨(Frank Luntz)的话说,全球化"使老工人望而生畏"。[7](伦茨建议在言语中可以用自由市场经济取代全球化,尽管有人质疑这种做法在欧洲大陆不会取得如意的效果。)

➤ 对于全球化的整体经济效益的描述应尽量具体而非抽象。如麦肯锡全球研究院(McKinsey Global Institute)通过计算得出,美国每1美元的外部采购可获得1.12美元的回报。类似这样的研究发现,要比用经济学教科书里所描述的市场均衡过程的分析更有用。[8]

➤ 摒弃那些没有科学依据的全球化"权威"的观点和言论。如本书第一章以及我的其他著作中所讨论和不予采信的无稽之谈——它们认为全球一体化程度的提高必然导致全球集中度的提高。

➤ 支持职业再培训计划以及社会保险。历史表明,如若没有此类计划,对自由贸易的支持往往都是昙花一现。

➤ 强调把(产品或服务)升级和提高生产率作为公共政策与公司方针的重点。对于国家与公司财富增长而言,这些政策在长远看来都是至关重要的。

5. **不要只聚焦于未来而不顾眼前现实**。对公司全球战略而言,不论未来全球化的发展方向和趋势是顺风还是逆风,全球化的未来必然会影响到那些战略的成败。虽然全球化的未来至关重要,但是也不应该忽略其他相关影响因素,包括那些眼前的现实条件。本书一直都在重复,目前的全球化战略实践还存在着巨大的改进空间。利用这种潜在改进空间的一种方法就是现在开始行动起来。图 8-1 给出了开始行动的五个步骤,但是这五个步骤的先后次序并不是固定不变的。[9]

图 8-1 重新定义全球化战略:开始行动的五个步骤

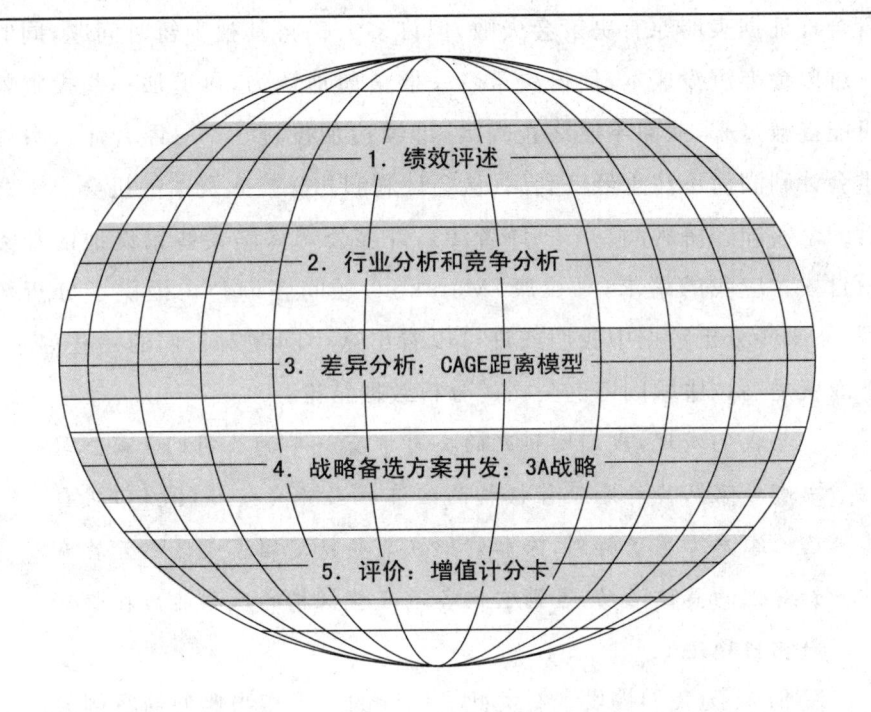

1. 绩效评述
2. 行业分析和竞争分析
3. 差异分析:CAGE距离模型
4. 战略备选方案开发:3A战略
5. 评价:增值计分卡

现在开始制定战略

就如何利用本书所形成的观点,来设计更好的全球化战略的问题,前几章已经零星地提出过一些建议。不过,为帮助读者学以致用,在本书最后一章概括总结一下这些建议似乎大有裨益。此处所述的五步骤框架首先从背景分析开始,然后提出战略备选方案并评估这些战略备选

第八章

方案。由于背景分析部分在前文没有用一整章内容来论述，所以下文将对此稍作详细讨论。

1. 绩效评述。作为制定或者重新制定全球战略的背景，有必要回顾一下全球化经营机构长期以来是如何运作的。至少，有必要将公司业绩按照地理维度进行分解（尽管分解的依据与第五章所讨论的集群依据数量同样多）。因为一系列可能的原因，如普遍存在的投入升级心理（尽管合理证据表明原有决策会失败，但许多人仍将其视为暂时问题，同时又难以舍弃沉没成本，使得决策者一厢情愿地认为，再追加一些投资就可能挽救过来，从而不愿终止决策，继续追加投资。——译者注）、只注重会计利润而不注重经济利润（从会计利润扣除投入资本的机会成本之后的余额即经济利润。——译者注），许多公司深陷某些错误地区却无力自拔。应我的请求，马拉康（Marakon）顾问咨询公司提供了分析数据，从这些分析数据中我们或许可以看出这个问题对我们的一些启示。下面就是马拉康顾问咨询公司的分析数据结论：

> 我们发现，我们所研究的公司中有一半的公司（16家公司中有8家），其外地经营机构的经济收益为负……（我们）从自己的客户那里了解到，除非它们在某些特定国家或区域开展有针对性的具体活动，否则它们各地经营机构的赢利能力在长期内相当稳定。

图8-2为我们提供了有关此类问题的一个相当典型的案例。值得注意的是，2005年，该公司大约有20%的收入经济收益为负。如果这个结果不甚理想的话，那么还有比这更令人沮丧的呢。与其相比，全球化的排头兵公司丰田汽车的情况有过之而无不及：丰田汽车的这一比例为25%，而不止20%。

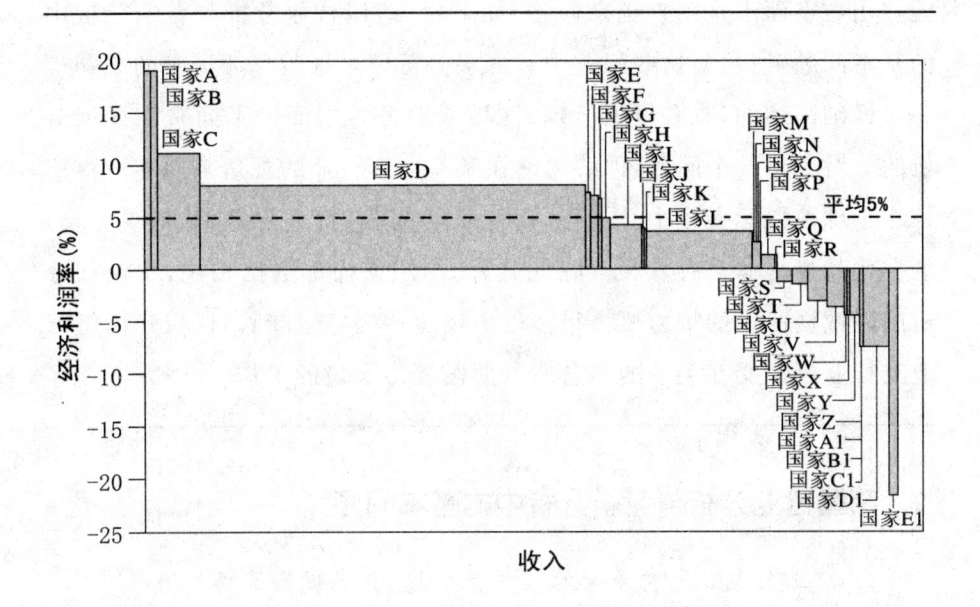

图8-2 基于国家的经济收益：快速消费品公司

该案例更重要的意义在于，我们在考察全球化战略时，关键不是去看国际收入、增长率，甚至是会计利润的高低，而是要有一个以价值为中心的思维。最好的做法是，全球化绩效管理的步子要迈得更大一些，并根据图7-3建立全球化计分卡。这是因为，了解与认识你既往的做法，一般会帮助你确定下一步应当做什么。

2. 行业分析和竞争分析。行业分析和竞争分析是本章中制定全球战略方法的不可或缺的组成部分，实际上它也贯穿于其他五个步骤的内容之中，在讨论其他几个步骤的内容时我们会提到它。此处应当强调的是，有关公司所在行业以及行业内部交互关系存在几个基本问题，在没有回答这些问题之前就开始行动就是一种有勇无谋的表现。我们在制定全球化战略（例如提高全球集中度或标准化水平）时，尤其要注意这个问题，因为平常头脑中的有些直觉认为应该如此，依直觉行事结果却大错特错。

第八章

有关行业分析和竞争分析的九个基本问题（对于这些问题，你应当能够用数字而不是用直觉来回答）如下栏"跨国行业分析与竞争分析中的基本问题"所示。这些问题中有许多是可以根据时点和历时的不同进一步详细阐述的，或者根据全球、区域或地方等层面的不同来作详细分析的。对于每一个问题，你必须站在某一特定行业的视角来回答。鉴于许多全球性指标变化十分缓慢，研究长时间段内（常常是10年或更长）的变化就显得非常有意义。除此之外，与国家内部数据相比，比较和分析国际数据所需的精力要多得多。上述这些内容意味着，仅仅是提供行业及行业内部交互关系的完备背景就需要做大量的工作。

跨国行业分析与竞争分析中的基本问题

1. 前三大或五大竞争者的销售集中度：真的提高了吗？
2. 领导地位以及领导地位或市场份额的变化：有真正的领导者或核心吗？如果有的话，头把交椅轮转了多少回？
3. 跨国贸易占世界产量的比例、对外直接投资占固定资产形成总额的比例、国际合资公司或战略联盟（相对跨国并购）的比例：这些正常的跨国一体化指标如何合计？
4. 跨国标准化水平，最明显的就是产品标准化水平：真的提高了吗？
5. 实际价格降幅：实际价格的下降对生产率提高的最低目标意味着什么？
6. 行业效益，特别是经济效益：尤其是跨国效益差别有多大？
7. 效益和规模的关系（如果有的话）：效益取决于全球规模、区域规模、国家规模，还是工厂规模或消费者规模？
8. 经济利益在供应商、竞争者、互补者以及购买者之间的分配：钱在哪里？

9. 广告(或营销)、研发、劳动力(以及资本和专业化投入):这些种类的支出哪一种在你们行业内所占比重特别大？这类支出流向的行业类型是什么？

---

3. CAGE距离框架下的差异分析。步骤1和步骤2,就尽职调查(交易完成之前对收购目标、公司供应商或其他潜在业务伙伴的财务状况和经营状况所作的详细调查。——译者注)而言是最基本的,同时它们也是普遍适用的,因为它们没有真正地摒弃本书所提出的半全球化观点。半全球化观点吸引了人们对各国之间差异的关注。第二章引入了一个多维框架(CAGE)来分析两国或多国之间差异的不同程度,了解半全球化的前景即是第二章的主题。第二章在突出强调基于距离的差异区分方法的同时,秉持两个目标:

➢ 讨论不仅仅局限于承认跨国差异的存在和重要性,而且要应用于各国和各行业的分析验证。

➢ 将双边或多边因素加入到最常见的基于单边国家特征(忽视了与母国的距离)的国家分析中去。

如果你认为这两点现在似乎已经过时的话,可以参考一下实践,甚至是成熟的实践现状。最近,在维也纳举行的一次活动中,与几位知名实践界业内人士座谈全球化问题时,我获得了一个启发,即听众(实践界业内人士)天生渴望地方(市场)响应。他们向我们提出的一个问题是,"奥地利企业应该如何评价东欧"。座谈小组一致认为,东欧的确很有意思,当然,去那儿的时候需要处处留意。然而,将CAGE距离模型应用于东欧国家的分析意义更为深远,它将人们的注意力引向东欧国家:东欧国家广泛使用德语;它们曾是奥匈帝国的一部分;与奥地利直线距离

第八章

很近,而且地界接壤,多瑙河可以直接通航等等。除此之外,CAGE模型适用条件较为宽松,还能够用于东欧国家人均收入差异以及东欧国家之间存在的其他较大差异的分析。

第二章还强调指出,差异或距离分析的更大价值在于将其应用于行业的分析。换言之,差异或距离分析的目标就是用半全球化的视角来审视行业的发展前景。因此,对于特定行业而言,重要的是找出那些对行业影响最大的跨国差异,更理想的是将行业的差异或距离敏感性进一步量化。企业所选择的战略——以下两个步骤的内容——应当与企业选择关键差异维度的方式保持步调一致。当然,在处理差异维度时,虽然企业考虑所有差异维度因素制定战略绝少能够成功,但是企业依然有机会选择不同的方法:从普通的近邻优先战略到与之相反的战略,比如海尔推崇的"先难后易"战略。不论怎样,全然忽略差异或距离显然不是个好主意。

4. 围绕3A战略进行战略备选方案开发。第四章到第七章的内容讨论了战略备选方案的开发问题。这几章提出了3A战略,并讨论了如何在战略备选方案菜单中利用差异。除此之外,这几章内容还涉及许多程序性内容,其中有些内容值得在此再次强调一下。首先,有两个或更多备选方案可供评选,比只有一个方案可供选择要好多了。其次,战略备选方案不是自然产生的:它们需要开发和论证。再次,改进备选战略方案所获得的关注最起码不应比提高其评价获得的关注少。

改进战略备选方案是本书不断重复的一个主题。对此,本书竭力想介绍的一种方法是,拓展全球战略思维,牢记以下几种战略因素的多维性和变化:

> 各国之间的多维度(CAGE)差异,以及差异的不同之处;
> 受跨国战略行为影响的多种价值因素;

> 应付跨国差异的战略类型(与子类)。

此外,就如何改进战略备选方案,第三章有关制定战略方案的价值创造的讨论,以及第四章(及我的个人网站 www.ghmawat.org)有关适应性思维定式的讨论都给出了相应的观点。在上述这些讨论内容中,有许多虚构的——也有许多真实的——全球战略制定的具体案例。结论是什么呢?结论就是寻求一种全新和改进的方法来制定全球战略总不会是徒劳无益的。

5. 利用增值计分卡评价战略备选方案。评价战略备选方案时,第三章提出的增值计分卡的六项内容,有助于分析战略方案的内涵价值。表3-2列出了一长串增值计分卡应用指南(总共28条),供分析这些价值构成因素之用。该表虽然结构完善,内容详尽,但是它不应该取代和混淆这样一个基本点:用以价值为中心的观点来审视全球化问题是至关重要的。

此外,如果这一劝诫有些许裨益的话,那么我们还有必要回顾一下实践现状。许多公司依然将全球化视为本质上与收入相关的问题,而其他公司关注的则是会计利润而非经济利润(资金成本净值)。所以,以价值为中心的观点仍然只是例外,而不是规律性的共识。甚至还有极少数公司将全球化战略决策纳入公司财务规划系统,似乎取得了不错的成绩。即使如此,这些公司仍没有摆脱基于收入的全球化窠臼。

同时关注价值与前文所述的对创造性的需要似乎是本书结论的合适注解。从本书中我们应充分认识到,与极端抽象的完全跨国一体化和完全地方化截然不同,半全球化丰富了全球战略的空间,值得人们各抒创见。不过,我们同时也要认识到,半全球化意味着跨国活动还存在着巨大的障碍,这些障碍的存在使得企业在制定全球战略时,尤其有必要以价值为中心。

注 释

引言

1. 关于全球足球的权威著作是 David Goldblatt 的 *The Ball Is Round*（London：Viking，2006）。Gerald Hödl 的文章"The Second Globalisation of Soccer"（San Francisco：Funders Network on Trade and Globalization，16 June 2006）（文章参见 www.fntg.org/news/index.php?op=view&articleid=1237&type=0）和 Franklin Foer 的著作 *How Soccer Explains the World：An Unlikely Theory of Globalization*（New York：HarperCollins，2004）也分别讨论了足球的全球化问题。

2. Koi A. Annan, "At the UN, How We Envy the World Cup," *International Herald Tribune*, 10–11 June 2006, 5.

3. Geoffrey Wheatcroft, "Non-Native Sons," *Atlantic Monthly*, June 2006.

4. 同上。

5. Alan Beattie, "Distortions of the World Cup, a Game of Two Hemispheres," *Financial Times*, 12 June 2006, 13.

6. 本段及下一段有关赛场成功的数据都来自 Branko Milanovic, "Globalization and Goals: Does Soccer Show the Way?" *Review of International Political Economy* 12 (December 2005): 829–850 和 Branko Milanovic 于 2006 年 8 月 13 日所发的有关 2006 年世界杯目标差异的电子邮件。

注释

7. Deloitte, Sports Business Group, "Football Money League: The Reign in Spain," (Manchester, UK: Deloitte 2007), 详见 http://www.deloitte.com/dtt/cda/doc/content/Deloitte%20FML%202007.pdf.

8. Robert Hoffmann, Lee Chew Ging, and Bala Ramasamy, "The Socio-Economic Determinants of International Soccer Performance," *Journal of Applied Economics* 5, no. 2 (November 2002): 253–272.

9. Mike Kepp, "Scoring Profits?" *Latin Trade* (magazine), December, 2000.

10. Uwe Buse, "Balls and Chains," *Spiegel Online*, 26 May 2006.

11. "Blatter Launches Fresh Series of Blasts," ESPN SoccerNet, 13 October 2005, 参见 http://soccernet.espn.go.com/news/story?id=345694&cc=5739。

第一章

1. 原文参见 Theodore Levitt, "The Globalization of Markets," *Harvard Business Review*, May-June 1983, 92。

2. 可参见 *Wikipedia*, s.v. "Global strategy," http://en.wikipedia.org/wiki/Global_strategy。

3. 可参见 Richard Landes, "Millenarianism and the Dynamics of Apocalyptic Time," in *Expecting the End: Millennialism in Social and Historical Context*, Kenneth G. C. Newport 和 Crawford Gribben 主编 (Wilco, TX: Baylor University Press, 2006)。

4. 当然,这源于 Thomas Friedman 的著作 *The World Is Flat* (New York Farrar, Straus and Giroux, 2005)的影响,该书在畅销书榜单中停留的时间比此前所有全球化相关著作的总和还要多几个星期。Friedman 的这本书很难一口气读完,因为这本书有 450 多页,这还不包括表、图、脚注和参考文献目录。不过,大家可以参阅我的文章"Why the World Isn't Flat," *Foreign Policy* (March-April 2007),也可以参阅他人与弗里德曼的书面交流(*Foreign Policy*,May-June 2007)。

5. Times TV,Mumbai,10 August 2006.

6. 2006年的初步估计表明,2006年的并购浪潮已经将FDI投资于总固定资产增量的比率提高到了12%左右。

7. 一般而言,与国界无关的完全一体化意味着国际化水平或多或少地会低于100%,至于低多少则取决于该活动中份额最大国家所占的份额。因而,不考虑重复计算,若(名义)GDP的分配恒定,在完全一体化的条件下,全球贸易占GDP的比重大概为90%左右(100%减去各国GDP赫芬达尔集中度,感兴趣的读者可以计算推理。)。其他与贸易相关的标准化比较将在第二章讨论。

8. 贸易核算的一个问题是其核算的是收入而不是附加值,例如将汽车零部件从美国运送到加拿大,然后再将汽车整车从加拿大运回美国,虽然收入增加了,但附加值却没有增加,因而存在重复计算问题。

9. U. N. Conference on Trade and Development,*World Investment Report*,2005(New York and Geneva:United Nations,2005)。

10. Pankaj Ghemawat,"Semiglobalization and International Business Strategy," *Journal of International Business Studies* 34,no. 2 (2003):138–152.

11. 例如,Thomas Friedman面对图1-1时便以此为托词。参见我们之间在 *Foreign Policy* 杂志(2007年5—6月刊)上关于"Why the World Isn't Flat"的交流。

12. UNESCO,International Organization for Migration,*World Migration 2005:Costs and Benefits of International Migration*(Geneva:International Organization for Migration,June 2005)。

13. Alan M. Taylor,"Globalization, Trade, and Development: Some Lessons from History,"载于R. Devlin and A. Estevadeordal编著的 *Bridges for Development:Policies and Institutions for Trade and Integration*(Washington,DC:Inter-American Development Bank,2003)。

14. 值得注意的是,贸易经济学家仍继续努力解释贸易量如此之小的

注释

原因,而不是贸易量如此之大的原因,这在第二章中将有详细论述。

15. 莱维特强调的偏好趋同的动力因素也不再为人们所推崇,参见 John A. Quelch and Rohit Deshpande 编著的 *The Global Market: Developing a Strategy to Manage Across Borders*(New York: Jossey-Bass, 2004),特别是第 115—145 页上我的文章"Global Standardization vs. Localization: A Case Study and a Model"。

16. 参见 Kenneth G. C. Newport and Crawford Gribben 编著的 *Expecting the End: Millennialism in Social and Historical Context*(Waco, TX: Baylor University Press, 2006)。

17. Frances C. Cairncross, *The Death of Distance: How the Communications Revolution Will Change Our Lives*(Boston: Harvard Business School Press, 1997), 4.

18. 这种计算是基于以下这些人的猜测数据:明尼苏达州立大学的 Andrew Odlyzko 2005 年底关于美国的互联网流量的数据;RHK/Ovum 市场顾问公司关于美国占世界互联网流量份额的比重的数据;美国市场调研公司 TeleGeography 的 *Global Internet Geography* 关于跨国互联网流量总额的数据。有关 Odlyzko 教授的方法论及其至 2002 年年底的应用的讨论,参见"Internet Traffic Growth: Sources and Implications," *Optical Transmission Systems and Equipment for WDM Networking II*, ed. B. B. Dingel, Proc. SPIE, vol.5247, 2003, 1-15。2005 年年底的数据来源于 2007 年 3 月 22 日与他的一次电话交谈。

19. National Association of Software and Service Companies, "The IT Industry in India: Strategic Review, 2006"(New Delhi: NASSCOM, December 2005). 从印度第二大 IT 服务公司信息系统技术公司(Infosys)CEO 南丹·尼莱卡尼(Nandan Nilekani)那里,Thomas Friedman 获得了世界是平的的灵感。但是,南丹向我指出,尽管印度软件程序员目前能够在印度为美国提供远程服务,但坦白地说,这在一定程度上是因为美国对印度软件服务产品的投资。我对此的理解是,这表明障碍依然存在,而且原产国至关重要——甚至对我们平常认为无国界的资金而言也是如此。

20. 本段中 Google 在俄罗斯的战略特征参考了 Eric Pfanner, "Google's Russia March Stalls," *International Herald Tribune*, 18 December 2006, 9, 11。

21. Jack Goldsmith and Tim Wu, *Who Controls the Internet? Illusions of a Borderless World* (New York: Oxford University Press, 2006), 149.

22. Jeffrey Sachs and Andrew Warner, "Economic Reform and the Process of Global Integration," *Brookings Papers on Economic Activity*, 25th Anniversary Issue (1995).

23. Francis Fukuyama, *The End of History and the Last Man* (New York Free Press, 1992).

24. Samuel Huntington, *The Clash of Civilizations and the Remarking of World Order* (New York: Simon & Schustel 1996).

25. Steve Dowrick and J. Bradford DeLong, "Globalization and Convergence," paper presented for National Bureau of Economic Research Conference on Globalization in Historical Perspective, Santa Barbara, CA, 4-5 May 2001.

26. "The Future of Globalization," *The Economist*, 29 July-4 August 2006, 封面。

27. Dani Rodrik, "Feasible Globalizations," in *Globalization: What's New?* ed. M. Weinstein (New York: Columbia University Press, 2005).

28. Irene Angelico 导演的纪录片 *The Cola Conquest* (Ronin Films, Canberra, Australia, 1998)。

29. 同上。

30. Roberto C. Goizueta 于 1997 年 8 月 25 日在蒙特卡洛召开的世界罐装饮料商大会上的讲话，参见 http://www.goizuetafoundation.org/world.htm。

31. RobeHo C. Goizueta, quoted in Chris Rouch, "Coke Executive

注释

John Hunter Calling It Quits," *Atlanta Journal and Constitution*, 12 January 1996.

32. Sharon Herbaugh, "Coke and Pepsi Discover New Terrain in Afghanistan," Associated Press, 26 November 1991.

33. The Coca-Cola Company, Annual Report, 1997.

34. "Coke's Man on the Spot," *BusinessWeek Online*, 3 May 1999, 参见 www.businessweek.com/1999/99_18b3627119.htm。

35. Douglas Daft, quoted in Betsy McKay, "Coke's Daft Offers Vision for More Nimble Firm," *Wall Street Journal*, 31 January 2000.

36. Douglas Daft, "Back to Classic Coke," *Financial Times*, 27 March 2000.

37. Douglas Daft, "Realizing the Potential of a Great Industry," remarks at the *Beverage Digest* "Future Smarts" Conference in New York, 8 December 2003, posted in the "Press center/viewpoints" section of the Coke Web site: www2.coca-cola.com/presscenter/viewpoints_daft_bev_digest2003_include.html.

38. 其他对于围绕着增长进行的大肆宣传的讨论参见 Pankaj Ghemawat, "The Growth Boosters," *Harvard Business Review*, July 2004。

39. Bruce Kogut, "A Note on Global Strategies," *Strategic Management Journal* 10, no. 389 (1989): 383–389.

40. Pankaj Ghemawat and Fariborz Ghadar, "Global Integration ≠ Global Concentration," *Industrial and Corporate Change*, August 2006, especially 597–603.

41. Reid W. Click and Paul Harrison, "Does Multinationality Matter? Evidence of Value Destruction in U.S. Multinational Corporations," working paper no. 2000-21, Board of Governors of the Federal Reserve System, Washington, DC, February 2000; and Susan M. Feinberg, "The Expansion and Location Patterns of U.S. Multinationals," working paper Robert H. Smith School of Business, University of Mary-

land，College Palk，2003.

42. Orit Gadiesh，"Think Globally，Market Locally," *Financier Worldwide*，1 August 2005.

第二章

1. David Orgel，"Wal-Mart's Global Strategy：When Opportunity Knocks," *Women's Wear Daily*，24 June 2002.

2. 为了下文论述方便，除非特别说明，我都把波多黎各视为与美国迥然有异的国家，即海外"国际"国家。

3. 有关万有引力模型的进一步讨论，参见 Edward E. Leamer and James Levinsohn，"International Trade Theory：The Evidence," *Handbook of International Economics*，vol. III，ed. G. Grossman and K. Rogoff（Amsterdam：Elsevier B. V.，1995）。

4. 此处给出的估计数据来源于我与拉吉夫·马里克（Rajiv Mallick）合作撰写的文章。尽管绝对数值仍然很大，但是这些数据与其他地方给出的数据（见 Pankaj Ghemawat，"Distance Still Matters：The Hard Reality of Global Expansion," *Harvard Business Review*，September 2001）相比就小多了，其中后者数据又来源于杰弗里·弗兰克尔（Jeffrey Frankel）和安德鲁·罗斯（Andrew Rose）的一篇早期未发表论文，即 Jeffrey Frankel and Andrew Rose，"An Estimate of the Effects of Currency Unions on Growth"，unpublished paper，University of California，Berkeley 2000。我们的估计数据较低，主要是为了反映我们更多地考虑到许多观测数据缺省的情况，而且我们的研究范围严格限在各个不同国家，而不是不同政治体制国家。

5. 我把"殖民地"因素算进来是因为美国和加拿大这两个国家都曾是英国的殖民地。

6. John F. Helliwell，"Border Effects：Assessing Their Implications for Canadian Policy in a North American Context," in *Social and La-*

注释

bour Market Aspects of North American Linkages, ed. Richard G. Harris and Thomas Lemieux (Calgary: University of Calgary Press, 2005), 41-76.

7. 欲了解每一种交易形式的案例,可分别参见 Prakash Loungani et al., "The Role of Information in Driving FDI: Theory and Evidence," paper presented at the North American Winter Meeting of the Econometric Society, Washington, DC, 3-5 January 2003; Richard Portes and Helen Rey, "The Determinants of Cross-Border Equity Flows," Journal of International Economics 65 (February 2005): 269-296; Juan Alacer and Michelle Gittelman, "How Do I Know What You Know? Patent Examiners and the Generation of Patent Citations," Review of Economics and Statistics, forthcoming; and Ali Hortacsu, Asis Martinez-Jerez, and Jason Douglas, "The Geography of Trade on eBay and MercadoLibre," working paper, University of Chicago, 2006.

8. Gert-Jan M. Linders, "Distance Decay in International Trade Patterns: A Meta-analysis," paper no. ersap679, presented at 45th Congress of the European Regional Science Association, Vrije Universiteit, Amsterdam, 23-25 August 2005, 见于 http://www.ersa.org。如欲了解更多有关国际贸易区域化的案例,可参见本书第五章的内容。

9. 有关国家分析框架更详细的评论,请特别参阅我网站(www.ghemawat.org)上的"Note on Country Analysis"栏。

10. 参见 Geoffrey G. Jones, "The Rise of Corporate Nationality," Harvard Business Review, October 2006, 20-22;更详细的讨论参见 Geoffrey G. Jones, "The End of Nationality? Global Firms and Borderless Worlds," Zeitschrift fur Unternehmensgeschichte 51, no.2 (2006): 149-166。

11. Jan Johanson and Jan-Erik Vahlne, "The Internationalization Process of the Firm: A Model of Knowledge Development and Increasing Foreign Market Commitments," Journal of International Business

Studies 8, no. 1 (1977): 22–32.

12. 可参见"Marketing Mishaps," *NZ Marketing Magazine* 18, no. 5 (June 1999):7。

13. 可参见 Bruce Kogut and Harbir Singh, "The Effect of National Culture on the Choice of Entry Mode," *Journal of International Business Studies* 19 (1988), 411–432; Luigi Guiso, Paola Sapienza, and Luigi Zingales, "Cultural Biases in Economic Exchange," unpublished paper, University of Chicago, 2005; Jordan I. Siegel, Amir N. Licht, and Shalom H. Schwartz, "Egalitarianism and International Investment," working paper no. 120–2006, European Corporate Governance Institute (ECGI) Finance Research Paper Series, Brussels, 21 April 2006。

14. 本节内容得益于我与任职波士顿咨询集团(BCG)及香港大学的托马斯·浩特(Thomas Hout)对中国与印度的对比研究。

15. "Dim Sums," *The Economist*, 4 November 2006, 79–80.

16. "Extending India's Leadership in the Global IT and BPO Industries," NASSCOM-McKinsey Report, New Delhi, December 2005.

17. Raymond Hilland L. G. Thornas III, "Moths to a Flame: Social Proof, Reputation, and Status in the Overseas Electricity Bubble," mimeographed working paper, Goizueta Business School, Emory University, Atlanta, May 2005.

18. Donald J. Rousslang and Theodore To, "Domestic Trade and Transportation Costs as Barriers to International Trade," *Canadian Journal of Economics* 26, no. 1(February 1993):208–221.

19. 关于星空电视台的案例详情见 Pankaj Ghemawat and Timothy J. Keohane, "Star TV in 1993," Case 9–701–012 (Boston: Harvard Business School; 2000, rev. 2005) and Pankaj Ghemawat, "Star TV in 2000," Case 9–706–418 (Boston: Harvard Business School, 2005);更详细的分析见 Pankaj Ghernawat, "Global Standardization vs. Localization: A Case Study and a Model," in *The Global Market: Developing a*

Strategy to Manage Across Border, ed. John A. Quelch and Rohit Deshpande (New York:Jossey-Bass, 2004), 115-145。

20. Rupert Murdoch, quoted in the *Times* (London), 2 September 1993, reprinted in *Los Angeles Times*, 13 February 1994; 举例见"Week in Review Desk," *New York Times*, 29 May 1994。

21. 可参见 Stephen Hymer, *The International Operations of National Firms* (Cambridge, MA: MIT Press, 1976); and Srilata Zaheer, "Overcoming the Liability of Foreignness," *Academy of Management Journal* 38, no.2 (1995):341-363。

22. Subramaniam Rangan and Metin Sengul, "Institutional Similarities and MNE Relative Performance Abroad: A Study of Foreign Multinationals in Six Host Markets," working paper, INSEAD, Cedex, France, October 2004。

23. 后续更详细的分析见 Pankaj Ghemawat, "Distance Still Matters: The Hard Reality of Global Expansion," *Harvard Business Review*, September 2001, 137-147。

24. 敏锐的读者可能已经注意到,我正在补充衡量市场规模或收入的指标。

25. Jeremy Grant, "Yum Claims KFC Growth Could Match McDonald's," *Financial Times*, 7 December 2005, 19.

第三章

1. 我们可以对照一下此领域内的知名作家的著作:Christopher A. Bartlett and Sumantra Ghoshal, *Mannging Across Borders: The Transnational Solution* (Boston: Harvard Business School Press, 1989)。正如 Christopher A. Bartlett 和 Sumantra Ghoshal 在书中所言,"对于我们研究的所有公司来说,迎合20世纪80年代需求的主要挑战不是制定战略,而是超越企业组织单一的一元业务能力,摈弃那些反对树立一个全新的、更

综合的和动态的跨国经营形象的管理偏见。"如果你不理解这句话,那么我来解释一下。这句话是说,他们认为跨国战略的目标和内容(即为什么和做什么)是显而易见的,但是组织形式却是未知的(即如何做)。我认为这是本末倒置,因为具备一定常识的人都知道,广义的组织结构应该视战略而定,更别说是组织学的学者了。更多的讨论详见本书第七章的内容。

2. 一定最近的一项研究显示,在 1996 年到 2000 年期间,排名前 20 名的管理学学术期刊刊登的文章中,有 6% 的文章是有关国际化的内容,而在这其中又有 6% 的文章是关于跨国公司战略和政策的。参见 Steve Werner, "Recent Developments in International Management Research: A Review of the Top 20 Management Journals," *Journal of Management* 28, no. 3 (2002): 277–306。援引 Werner 自己的话来说,"除了战略联盟和进入模式战略之外,跨国公司战略的研究可谓是寥若晨星"。

3. 参见 C. Northcote Patkinson, *Porkinson's Law and other Studies in Administration* (Boston: Houghton Mifflin, 1956)。

4. Raymond Hill and L. G. Thomas III, "Moths to a Flame: Social Proof, Reputation, and Status in the Overseas Electricity Bubble," mimeographed working paper, Goizueta Business School, Emory University Atlanta, May 2005.

5. 可参见 Steven Prokopy, "An Interview with Francisco Garza, Cemex's President—North American Region & Trading," *Cement Americas*, 1 July 2002,载于 www.cementamericas.com/mag/cement_cemex_interview_francisco/。

6. 如欲了解更多详细(但不难理解)的内容,可参阅我编写的战略教科书 *Strategy and the Business Landscape*, 2nd ed. (Upper Saddle River, NJ: Prentice Hall, 2005),特别是书中第二章和第三章。

7. 参见 Michael E. Porter, *Competitive Strategy* (New York: Free Press, 1980)。

8. 参见 Michael E. Porter, *Competitive Advantage* (New York: Free Press, 1985);以及 Adam M. Brandenbuger and Harborne W.

注释

Stuart Jr., "Value-Based Business Strategy" *Journal of Economics & Management Strategy* 5, no. 1. (1996): 5-24。

9. Christopher Hsee et al., "Preference Reversals Between Joint and Separate Evaluations of Options," *Psychological Bulletin* 125, no.5 (1999): 576-590.

10. Janet Adamy, "McDonald's CEO's 'Plan to Win' Serves Up Well-Done Results," *Wall Street Journal Europe*, 5-7 January 2007, 8.

11. 这个观点源自布鲁塞尔自由大学索尔韦商学院的 Paul Verdin 教授所作的调查。他宽仁尚义，不吝将调查结果提供给我。

12. 可参见 Richard E. Caves, *Multinational Enterprise and Economic Analysis*, 3rd ed. (Cambridge: Cambridge University Press, 2007), ch. 1。

13. 有关于原产国影响，本书第二章已稍作详细介绍。

14. Wendy M. Becker and Vanessa M. Freeman, "Going from Global Trends to Corporate Strategy," *McKinsey Quarterly* 3（2006）: 17-28。

15. 应用增值计分卡分析戴姆勒—克莱斯勒合并失败的案例，详见我的网站：www.ghemawat.org。

16. 20世纪后25年，汽车行业的区域集中度也呈现出同样的态势，但是西欧除外——那里最初的集中度水平很低，然后从这个时期开始增长，但增长到现在还是相对较低。

17. 关于此种观点，详见 Timothy G. Bunnell and Neil M. Coe, "Spaces and Scales of Innovation," *Progress in Human Geography* 25, no.4（2001）569-589。

18. 资生堂的例子出自 Yves L. Doz, José Santos, and Peter Williamson, *From Global to Metanational: How Companies Win in the Knowledge Economy*（Boston: Harvard Business School Press, 2001), 65-67。

19. 关于持续性的问题，参阅我对知识模仿（可持续性所面临的四个威胁之一)的障碍的简短论述：Pankaj Ghemawat, "Sustainable Advantage," *Harvard Business Review*, September-October 1986, 53 – 58。更全面最新的观点见 Pankaj Ghemawat, "Sustaining Superior Performance," in *Strategy and the Business Landscape*, 2nd ed. (Upper Saddle River, NJ: Prentice Hall, 2006), ch. 5。评述性内容参见 Pankaj Ghemawat, *Commitment* (New York Free Press, 1991), ch, 7。创新型内容参见我的网站 www.ghemawat.org。

第四章

1. 即使是资深的出口商往往也不能完全适应国外市场，案例请参见 Douglas Dow, "Adaptation and Performance in Foreign Markets: Evidence of Systematic Under-Adaptation," *Journal of International Business Studies* 37 (2006): 212 – 226。

2. David Whitwam and Regina Fazio Maruca, "The Right Way to Go Global: An Interview with Whirlpool CEO David Whitwam," *Harvard Business Review*, March 1, 1994.

3. 自从 1983 年 Ted Levitt 关于市场全球化的论文发表以来，人们对市场是否正在走向全球化的学术争论一直特别关注。除了大型家电行业已有的学术研究之外，我还一直在写有关于这个行业的笔记，并记录了两家较大竞争者的案例，而且我还采访了另外两家较大竞争者的管理层。

4. 实际上，由于很难清楚地估算出这些企业的市场及相关销售额的大小，所以最好把这 10 家企业看成是世界前 12 强中的 10 家，而不是严格意义上的前 10 强。

5. Charles W. F. Baden-Fuller and John M. Stopford, "Globalization Frustrated: The Case of White Goods," *Strategic Management Journal* 12 (1991): 493 – 507.

6. John A. Quelch, quoted in Barnaby J. Feder, "For White Goods, a World Beckons," *New York Times*, 25 November 1997.

注释

7. Conrad H. McGregor, "Electricity Around the World," World Standards Web site, http://users.pandora.be/worldstandards/electricity.htm.

8. Larry Davidson and Diego Agudelo, "The Globalization That Went Home: Changing World Trade Patterns Among the G7 from 1980 to 1997," unpublished paper, Indiana University Kelley School of Business Administration, Bloomington, IN, November 2004.

9. J. Rayner, "Lux Spoils Us for Choice," *Electrical and Radio Trading*, 4 March 1999, 6.

10. 本地化方法下的另一个子方法是市场导向的调控,至少在某些情况下,它已被证明(与微观调控方法相比)效果更好。参见 Srilata Zaheer, "Overcoming the Liability of Foreignness," *Academy of Management Journal* 38 (1995):341-363。

11. Martin Lindstrom 与作者的私人交流,2006年11月24日。

12. Ted Friedman, "The World of the World of Coca-Cola," *Communication Research* 19, no.5 (October 1992):642-662.

13. 参见 Donald F. Hastings, "Lincoln Electric's Harsh Lessons from International Expansion," *Howard Business Review*, May 1999, 163-178; and Ingmar Bjorkman and Charles Galunic, "Lincoln Electric in China," Case 499-021-1 (Paris: INSEAD, 1999)。

14. 2007年2月26日,与前林肯电气总裁会谈。

15. Kayla Yoon, "Jinro's Adaptation Strategy," paper prepared for International Strategy course, Harvard Business School, Boston, fall 2005; "Localizing the Product and the Company Is the Key to Success in the Japanese Market," *Business Update of Osaka* 1 (2003), 载于 www.ibo.or.jp/e/2003_1/index.html。请注意,虽然公司由于财务管理不善和欺诈近来已经易手,但是真露品牌仍然在市场上表现不俗。

16. 此外,真露专注于日本和东南亚市场(还包括散居在美国的韩国人),反映了市场细分方法;它对日后成为其商业合作伙伴的一家日本经销商极度倚重,反映了真露的本土化战略方法,这两点会在后文讨论。

17. Simon Romero, "A Marketing Effort Falls Flat in Both Spanish and English," *New York Times*, 19 April 2004.

18. Warren Berger, "The Brains Behind Smart TV: How John Hendricks Is Helping Shape the Future of a More Intelligent World of Television," *Los Angeles Times*, 25 June 1995, magazine section 16.

19. Yasushi Ueki, "Export-Led Growth and Geographic Distribution of the Poultry Meat Industry in Brazil," Discussion Paper 67, Institute of Developing Economies, JETRO, Japan, August 2006.

20. Bruce Kogut and Harbir Singh, "The Effect of National Culture on the Choice of Entry Mode," *Journal of International Business Studies* 19 (1988): 411–432.

21. 根据证券数据公司(Securities Data Company)整理的数据,自20世纪90年代中期以来,跨国合资企业的数量已经减少了4/5,与此同时跨国并购的数量却风起云涌,其中部分原因大概就是很多公司认识到战略联盟中存在的这些成本和风险。

22. 下文内容来源于 Anton Gueth, Nelson Sims, and Roger Harrison, "Managing Alliances at Lilly," *IN VIVO* (Norwalk, CT: Windhover Information, Inc.), June 2001;以及2006年11月7日与埃森哲的 Dominic Palmer 的电话交谈。

23. 当然,这次联盟并非一帆风顺。有关这次联盟几乎功亏一篑,最终又破镜重圆的详细内容,请参阅 Leila Abboud, "How Eli Lilly's Monster Deal Faced Extinction—but Survived," *Wall Street Journal*, 27 April 2005。

24. Jeffrey L. Bradach, *Franchise Organizations* (Boston: Harvard Business School Press, 1998).

25. 可参阅 Eric von Hippel, *Democratizing Innovation* (Cambridge, MA: MIT Press, 2005)。

26. Steve Hamm, "Linux Inc.," *Business Week*, 31 January 2005,

注释

60－68.

27. Erik Brynjolfsson, Yu (Jeffrey) Hu, and Michael D. Smith, "Consumer Surplus in the Digital Economy: Estimating the Value of Increased Product Variety at Online Booksellers" *Management Science* 49, no. 11 (November 2003).

28. Chris Anderson, *The Long Tail: Why the Future of Business Is Selling Less of More* (New York Hyperion, 2006).

29. 2004年10月12日,作者与John Menzer的交谈。

30. Martin Lindstrom, "Global Branding Versus Local Marketing," 23 November 2000, at vwww.clickz.com.

31. Jeremy Grant, "Golden Arches Bridge Local Tastes," *Financial Times*, 9 February 2006, 10.

32. Carliss Y. Baldwin and Kim B. Clark, *Design Rules: The Power of Modularity*, vol.1 (Boston: Harvard Business School Press, 2000).

33. Pankaj Ghemawat, Long Nanyao, and Gregg Friedman, "Ericsson in China: Mobile Leadership," Case 9－700－012 (Boston: Harvard Business School, 2001; rev. 2004).

34. Nicolay Worren, Karl Moore, and Pablo Cardona, "Modularity Strategic Flexibility and Firm Performance: A Study of the Home Appliance Industry," *Strategic Management Journal* 23 (2002): 1123－1140.

35. Richard Waters, "Yahoo Under Pressure After Leak," *Financial Times*, 19 November 2006.

36. 有关基于整合全世界不同地方知识的创新的案例,可参见Yves Doz, Jose Santos, and Peter Williamson, *From Global to Metanational: How Companies Win in the Knowledge Economy* (Boston: Harvard Business School Press, 2001)。

37. Roberto Vassolo, Guillermo Nicolas Perkins, and Maria Emilia Bianco, "Disney Latin America (A)," Case PE－C－083－IA－1－s, IAE (Buenos Aires, Argentina: Universidad Austral, March 2006).

38. 2001年5月1日,作者对James Murdoch和Bruce Churchill的电话采访。

39. 星巴克连锁店引以为豪的第一个名字并不是Starbucks,而是Il Giornale(意大利语,意思为日常,即现今星巴克CEO霍华德·舒尔茨自己最初于1985年开的"每日咖啡"店。当1987年舒尔茨听闻星巴克要出售时,出资400万美元成为星巴克大股东和CEO,将星巴克发展成为美国的意大利式咖啡屋。——译者注),所以人们可以认为星巴克实际上是意大利文化帝国主义在大行其道,只不过是一种改观的意式文化。参见Howard Schultz and Dori Jones Yang, *Pour Your Heart into It How Starbucks Built o Company One Cup at a Time*(New York:Hyperion,1997)。

40. Sarah Schafer,"Microsoft's Cultural Revolution:How the Software Giant Is Rethinking the Way It Does Business in the World's Largest Market," *Newsweek*,28 June 36。

41. Amyn Merchant and Benjamin Pinney,"Disposable Factories," *BCG Perspective* 424(March 2006)。

42. 飞利浦公司的案例出自Pankaj Ghemawat and Pedro Nueno,"Revitalizing Philips(A)," Case N9-702-474(Boston:Harvard Business School,2002);以及Pankaj Ghemawat and Pedro Nueno,"Revitalizing Philips(B),"Case 9-703-502(Boston:Harvard Business School,2002)。

43. 可参见Charles Handy,"Balancing Corporate Power:A New Federalist Paper," *Harvard Business Review*,November-December 1992,59-68。

44. 高级经理发展研究国际联盟的调查,报导见B. Dumaine,"Don't Be an Ugly-American Merger," *Fortune*,16 October 1995,225。

45. Thomas B, Murtha, Stefanie Ann Lenway and Richard P. Bagozzi,"Global Mind-Sets and Cognitive Shift in a Complex Multinational Corporation," *Strategic Management Journal* 19, no. 2(1998):97-

114.

46. 例如，可参见 P. Christopher Earley and Elaine Mosakowski, "Cultural Intelligence," *Harvard Business Review*, October 2004, 139 – 146。

47. 下文内容来源于 Samsung, *Samsung's New Management* (Seoul: Samsung Group, 1994); Youngsoo Kim, "Technological Capabilities and Samsung Electronics, International Production Network in East Asia," *Management Decision* 36, no. 8 (October 1998): 517 – 527; B. J. Lee and George Wehrfritz, "The Last Tycoon," *Newsweek* (international edition), 24 November 2003; 以及 Martin Fackler, "Raising the Bar at Samsung," *New York Times*, 25 April 2006。

48. "Interbrand /*Business Week* Ranking of the Top 100 Global Brands," *Business Week*, 7 August 2006.

第五章

1. Robert J. Kramer, *Regional Headquarters: Roles and Organization* (New York: The Conference Board, 2002).

2. John H. Dunning Masataka Fujita, and Nevena Yakova, "Some Macro-data on the Regionalisation/Globalisation Debate: A Comment on the Rugman/Verbeke Analysis," *Journal of International Business Studies* 38, no. 1 (January 2007): 177 – 199.

3. Susan E. Feinberg, "The Expansion and Location Patterns of U.S. Multinationals," unpublished working paper, Rutgers University New Brunswick, NJ, 2005.

4. Alan Rugman and Alain Verbeke, "A Perspective on Regional and Global Strategies of Multinational Enterprises," *Journal of International Business Studies* 35, no. 1 (January 2004): 3 – 18.

5. 按销售总收入降序排列，这 10 家"三极区域"公司分别是 IBM、索尼、飞利浦、诺基亚、英特尔、佳能、可口可乐、伟创力（Flextronics）、克里斯汀·迪奥（Christian Dior）和路易威登（LVMH）。

6. 这段引言出自 http://www.toyota.co.jp/en/ir/library/annual/pdf/2003/president_interview_e.pdf。

7. 如欲了解戴尔公司生产网络更多的细节，请参阅 Kenneth L. Kraemer and Jason Dedrick, "Dell Computer: Organization of a Global Production Network," Center for Research on Information Technology and Organizations, University of California at Irvine, December 1, 2002，以及 Gary Fields, *Territories of Profit*（Palo Ato: CA: Stanford University Press, 2004）。

8. 索尔韦商学院的 Paul Verdin 教授是那些认为关注区域战略（而非区域总部）具有重要意义的学者之一，可参阅 Paul Verdin et al., "Regional Organizations: Beware of the Pitfalls," in *The Future of the Multinational Company*, ed. Julian Birkinshaw et al.（London: John Wiley 2003）。

9. Philippe Lasserre, "Regional Headquarters: The Spearhead for Asia Pacific Markets," *Long Range Planning* 29, no.1（1996）: 30-37.

10. Hellmut Schutte 提供了另一种分类方法，参见 Hellmut Schutte, "Strategy and Organization: Challenges for European MNCs In Asia," *European Management Journal* 15, no.4（1997）: 436-445。Sohutte 将区域总部分成与战略发展和执行（包括 Lasserre 的搜索和战略激励功能）有关的由公司总部领导的区域总部，以及由公司区域经营机构领导的区域总部（旨在通过协调和整合来提升公司经营效率和效果）。

11. Michael J. Enright, "Regional Management Centers in the Asia-Pacific," *Management International Review*, Special Issue, 2005, 57-80.

12. 戴尔曾认为这种区域中心的重复（即都拥有自己的区域总部、制造工厂、营销团队和IT基础设施）不会出现在技术开发中，因为把这项开发功能集中在公司总部奥斯汀具有巨大的全球规模经济。但是，现在它也开

注释

始将某些特定的开发活动向亚洲转移。

13. Department of Trade and Industry, as reported in the *Economist*, 4 November 2006, 113.

14. Nick Scheele, "It's a Small World After All—Or Is It?" in *The Global Market: Developing a Strategy to Manage Across Borders*, ed. John A. Quelch and Rohit Deshpande (San Francisco: Jossey Bass, 2004), 146-157, especially p.150 for the quote.

15. 欲了解福特公司及"福特2000"计划的背景,请参阅 Douglas Brinkley, *Wheels for the world* (New York: Viking, 2003), 以及注释14中提到的那篇文章。

16. Karl Moore and Julian Birkinshaw, "Managing Knowledge in Global Service Firms: Centers of Excellence," *Academy of Management Executive* 12, no. 4 (998): 81-92.

17. 可参见 David B. Montgomery, George S. Yip, and Belen Villalonga, "Demand for and Use of Global Account Management," Marketing Science Institute Report 99-115 (Stanford, CA: Stanford Graduate School of Business, 1999), 以及 David Arnold, Julian Birkinshaw and Omar Toulan, "Implementing Global Account Management in Multinational Corporations," Marketing Science Institute Report 00-103 (Stanford, CA: Stanford Graduate School of Business, 2000)。

18. Thomas Friedman, "Anyone, Anything, Anywhere," *New York Times*, 22 September 2006.

19. Eleanor Westney, "Geography as a Design Variable," in *The Future of the Multinational Company*, ed. Julian Birkinshaw et al. (London: John Wiley, 2003), 133.

第六章

1. 成本节约额估计值与零售店终端调查结果的详细数据,可参见我的个人网站 www.ghemawat.org,网页上载有我与 Ken A. Mark 合作的文章"Wal-Mart's International Expansion," Case N1 – 705.486（Boston：Harvard Business School,rev. 2005）。

2. 乐高集团公司简介（2004）,www.lego.com/info/。

3. 就资本而言,这种观点非常有理有据,因为大多数金融理论都假设金融市场中没有套利机会,亦称做"一价定律"（在自由贸易条件下,在统一的市场范围内,无论是国内市场,还是国外市场,同一件商品无论是在什么地方出售,扣除运输费用外,价格都相同。——译者注）。但是,即使在金融市场中,人们也能找到这条定律明显的例外。例如,美国存托凭证的交易价格便与其在其他国家发行的普通股价格相差较大。

4. Andrew Yeh, "Woman Breaks Mould to Top List of China's Richest People," *Financial Times*, 11 October 2006, 3.

5. 泰国曼谷康民国际医院网站 www.bumrungrad.com。

6. "Health Tourism," *Esquire*, August 2006, 63 – 64.

7. Louis Uchitelle, "Looking at Trade in a Social Context," *International Herald Tribune*, 30 January 2007, 12.

8. Haig Simonian, "Swiss Query Tax Deals for Super-Rich Foreigners," *Financial Times*, 30 January 2007, 3.

9. 2006 年 9 月,智利国家航空（LAN）公司桑坦德投资智利会议,参见 www.lan.com/iles/about_us/lanchile/santander.pdf。

10. Lynette Clemetson, "or Schooling, a Reverse Emigration to Africa," *New York Times*, 4 September 2003, available at www.nytimes.com/2003/09/04/education.

11. "Remittances Becoming More Entrenched：The Worldwide Cash Flow Continues to Grow," on Limits to Growth Web page, www.limitstogrowth.org/WEB-text/remittances.html; and "Moldova：Unprecedented Opportunities, Challenges Posed By $1.2 Billion Aid Package," *RadioFreeEurope/RadioLiberty Reports*, 5 January 2007, www.rferl.org/reports/pbureport.

注释

12. Petet Czaga and Barbara Fliess, "Used Goods Trade: A Growth Opportunity," *OECD Observer*, April 2005, www.oecdobserver.org/news/fullstory.php/aid/1505/Used_goods_trade.html; and http://commercecan.ic.gc.ca/scdt/bizmap/interface2.nsf/vDownload/ISA_3745/$file/X_5392834.DOC.

13. 欲了解有关这些问题更详细的讨论,请参见 Pankaj Ghemawat, "The Forgotten Strategy," *Harvard Business Review*, November 2003, 77。本部分内容很大一部分即摘自这篇文章。

14. Pankaj Ghemawat and Thrun Khanna, "Tricon Restaurants International: Globalization Re-examined," Case 700-030 (Boston: Harvard Business School, 1999).

15. Robert Plummer, "Brazil's Brahma Beer Goes Global," *BBC News*, 4 December 2005, available at http://news.bbc.co.uk/2/hi/business/4462914.stm.

16. Rick Krever from Deakin University Melbourne, quoted in Kylie Morris, "Not Shaken, Not Stirred: Murdoch, Multinationals and Tax," ABC online, 2 November 2003, www.abc.net.au/news/features/tax/page2.htm.

17. 有关跨国犯罪的一个非常有趣的观点,请参见 Moises Naim, *Illicit: How Smugglers, Traffickers, and Copycats Are Hijacking the Global Economy* (New York: Doubleday, 2005).

18. "Attractions of Exile," *Financial Times*, 11 October 2006.

19. 可参见 Jonathan Fahey, "This Is How to Run a Railroad," *Forbes*, 13 February 2006, 94-101.

20. 此利润是息税折旧及摊销前利润(EBITDA),即公司未支付利息、税款,并未计提折旧和摊销之前的利润。利润数据为2005—2006年数据。

21. Michael Y. Yoshino and Anthony St. George, "Li & Fung (A): Beyond 'Filling in the Mosaic' 1995-1998," Case No. 9-398-092 (Boston: Harvard Business School, 1998).

22. Gene Grossman and Esteban Rossi-Hansberg, "The Rise of Offshoring: It's Not Wine for Cloth Anymore," paper prepared for Federal Reserve Bank of Kansas City symposium, The New Economic Geography: Effects and Policy Implications, Jackson Hole, WY, 24–26 August 2006, available at www.princeton.edu/~grossman.

23. 数据来源：Pankaj Ghemawat, Gustavo A. Herrero, and Luiz Felipe Monteiro, "Embraer: The Global Leader in Regional Jets," Case 701-006 (Boston: Harvard Business School, 2000)，以及加拿大工资数据。

24. "Chinese Jet Expects to Snare 60 Percent of Domestic Market," *China Post* (Taiwan), April 6, 2007.

25. Ashraf Dahod, "Starent Network," presentation at the Cash Concours (Tewksbury, MA), 5 October 2006.

26. Arie Y. Lewin, Silvia Massini, and Carine Peeters, "From Offshoring to Globalization of Human Capital," unpublished draft, (Duke University Durham, NC) January 2007.

27. 下一节有关印度医药产品的内容部分来源于一份未公开的研究：J. Rajagopal and K. V Anantharaman of the Global Life Sciences & Healthcare practice of Tata Consultancy Services (Bangalore, India)，经他们允许获准在此使用。下文其他资料来源另有注释。

28. "Billion Dollar Pills," *The Economist*, 27 January 2007, 61–63.

29. F. M. Scherer, quoted in Shereen El Feki, "A Survey of Pharmaceuticals," *The Economist*, 18 June 2005, 16.

30. Robert Langreth and Matthew Herper, "Storm Warnings," *Forbes*, 13 March 2006, 39.

31. 可参见 Eva Edery, "Generics Size Up the Market Opportunity," March 2006, www.worldpharmaceuticals.net/pdfs/009_WPF009.pdf。

注释

32. "Billion Dollar Pills."

33. Leila Abboud, "An Israeli Giant in Generic Drugs Faces New Rivals," *Wall Street Journal*, 28 October 2004.

34. 此种机会不仅仅出现在新兴市场。2005年末，美国政府曾威胁，如果掌握治疗禽流感药品专利权的企业不扩大生产设施的话，那么它将取消对这些药品的专利保护。

35. 有关兰伯西公司十几年前制定的基本战略的介绍，可参见 Pankaj Ghemawat and Kazbi Kothavala, "Repositioning Ranbaxy," Case 9-796-181 (Boston：Harvard Business School, 1998).

36. Abraham Lustgarten, "Drug Testing Goes Offshore," *Fortune*, 8 August 2005, 67-72.

37. 印度对临床试验管制环境宽松有时也是利用套利的一种优势。

38. National Association of Software and Service Companies, "The IT Industry in India：Strategic Review, 2006" (New Delhi：NASSCOM, December 2005).

39. Andrew Jack, "Patently Unfair?" *Financial Times*, 22 November 2005, 21.

40. Amelia Gentleman, "Patent Rights Versus Drugs for Poor at Issue in India," *International Herald Tribune*, 30 January 2007, 10. 其他有关大型医药公司为打击将来的药品仿制商所采用的策略，可参见 Pankaj Ghemawat, *Strategy and the Business Landscape* (Upper Saddle River, NJ：Pearson Prentice Hall, 2006), 100-103.

41. James Kanter, "Novartis Plans Lab in Shanghai," *International Herald Tribune*, 6 November 2006, 11.

42. Arie Y. Lewin and Carine Peeters, "The Top-Line Allure of Offshoring," *Harvard Business Review*, March 2006, 22-24.

43. 详细的案例分析参见我个人网站上的文章：Pankaj Ghemawat, "GEN3 Partners：From Russia, with Rigor," 网址：www.ghemawat.org.

44. 参见"China Overtakes Japan for R&D," *Financial Times*, 4 December 2006, 1。感谢 Tom Hout 为我提供了这个有趣的例子。

45. Jim Hemerling and Thomas Bradtke, "The New Economics of Global Advantage: Not just Lower Costs but Higher Returns on Capital," (Boston: Boston Consulting Group, December 2005).

46. 软件企业的比较数据来源于软件行业多年的研究数据;制药企业的比较数据是根据早期的研究推测而来:Rajesh Gatg et al., "Four Opportunities in India's Pharmaceutical Market," *McKinsey Quarterly* 4 (1996):132-145。

47. 参见 Pankaj Ghemawat, "Tata Consultancy Services: Selling Certainty," case available on my Web site, www.ghemawat.org。

48. Minyuan Zhao, "Doing R&D in Countries with Weak IPR Protection: Can Corporate Management Substitute for Legal Institutions?" *Management Science* 52, no.8 (2006):1185-1199。

49. 参见 Offshoring Research Network (ORN), http://offshoring.fuqua.duke.edu/community/index.jsp。

50. 我所发现的有关鹿角兔的最详细解释(索引文献可追溯到16世纪),参见 Chuck Holliday and Dan Japuntich, "Jackalope Fans, Take Note," updated 22 August 2005, ww2.lafayette.edu/~hollidac/jackalope.html。

第七章

1. 大概40年前,这类文献基本都是从公司内部一致性压力与不同国家环境所造成的分裂性压力之间的矛盾展开讨论的。例如,John Fayerweather 的 *International Business Management: A Conceptual Framework* (New York: McGraw Hill, 1969)与 C. K. Prahalad and Yves L. Doz 的 *The Multinational Mission: Balancing Local Demands and Global Vision* (New York: Free Press, 1987)就详细阐释了全球一体化与地方响

注释

应能力之间这一老生常谈的矛盾权衡关系。

2. 直到近来,在3A战略中,只有人们广泛关注的套利战略利用了不同国家之间的知识差异。请比较 Christopher A. Bartlett and Sumantra Ghoshal,*Managing Across Borders：The Transnational Solution*（Boston：Harvard Business School Press, 1989; 2nd ed. 1998）。虽然知识套利很有趣,但是正如我们前文所看到的,从整体上来看,套利战略还包括更多内容。

3. 有关此类著作的精彩综述,参见 Richard E. Caves,*Multinational Enterprise and Economic Analysis*, 3rd ed.（Cambridge：Cambridge University Press, 2007）。

4. 可参见 Michael E. Porter,*Competitive Strategy*（New York：Free Press, 1980）, ch. 2,以及 Michael E. Porter,*Competitive Advantage*（New York：Free Press, 1985）, ch.1。

5. 有关冲突、妥协和协调成本的深入讨论（从多业务角度而不是从多地域角度探讨）,参见 Pankaj Ghemawat and Jan W. Rivkin, "Choosing Corporate Scope," in *strategy and the Business Landscape*, 2nd ed., by Pankaj Ghemawat（Englewood Cliffs, NJ：Prentice Hall, 2001）。

6. 注意,广告费用销售收入比与研发费用销售收入比是跨国公司影响范围的两个最有力指标,同时还要注意广告的规模经济仍然主要局限于当地或地区水平上,而研发则可能带有更大的全球规模经济或范围经济的特征。因此,广告费用销售收入比与注重地方反应能力的适应战略有密切的关联,而研发费用销售收入比则与关注国际规模经济或范围经济的集群战略相关。而劳动力支出销售收入比则是劳动力套利的一个明显依据——尽管我们应当时刻提醒自己,套利不仅仅限于劳动力成本套利,还包括范围更大的一系列国际差异。比如,从多个方面来说,石油公司都算得上全球最大的跨国公司,它们的业务遍及原油价格存在差异的世界各地。

7. 除非特别指出,这些都是2005年的数据。数据主要是根据以下资料计算而来：Pankaj Ghemawat, "Philips Medical Systems in 2005," Case 706-488（Boston：Harvard Business School, 2006）,D. Quinn Mills and

Julian Kurz, "Siemens Medical Solutions: Strategic Turnaround," Case 703 - 494 (Boston: Harvard Business School, 2003), 以及 Tarun Khanna and Elizabeth A. Raabe, "General Electric Healthcare, 2006," Case 706 - 478 (Boston: Harvard Business School, 2006)。

8. Jeffrey R. Immelt, quoted in Thomas A. Stewart, "Growth As Process," *Harvard Business Review*, June 2006, 60 - 71.

9. Joon Knapen, "Philips Stakes Its Health on Medical Devices," *Dow Jones Newswires*, 9 June 2004.

10. 这个例子以及对美孚石油的讨论都来源于 Mira Wilkins, ed., *The Growth of Multinationals* (Aldershot, England: Edward Elgar Publishing, 1991), 455。

11. 此部分内容来源于有关思科公司的新闻稿以及文章,特别参阅了"Cisco Chooses India As Site of Its Globalization Center and Names Wim Elfrink Chief Globalization Officer," 6 December 2006, http://newsroom.cisco.com/dlls/2006/ts_120606.html, 以及 Rachel Konrad, "At Globalization Vanguard, Cisco Shifts Senior Executives to India's Tech Hub," Associated Press, 5 January 2007。

第八章

1. 参见 Karl Polanyi, Conrad M. Arensberg, and Hamy W. Peason, eds., *Trade and Market in the Early Empires; Economies in History and Theory* (Glencoe, IL: Free Press, 1957); 以及 Karl W. Deutsch and Alexander Eckstein, "National Industrialization and the Declining Share of the International Economic Sector, 1890 - 1959," *World Politics* 13 (1961): 267 - 299。

2. Heather Timmons, "Goldman Sachs Rediscovers Russia," *New York Times*, 3 February 2006.

3. Max H. Bazerman and Michael D. Watkins, *Predictable Surpri-*

注释

ses: *The Disasters You Should Have Seen Coming and How to Prevent Them*（Boston：Harvard Business School Press，2004）。

4. 欲了解更多内容，请参阅世界经济论坛所讨论的23种主要全球风险，*Global Risks 2007*（Davos，Switzerland：World Economic Forum，January 2007）。

5. 有关一般清偿危机的内在影响，可参见 Niall Ferguson，"Sinking Globalization," *Foreign Affairs* 84，no. 2（March-April 2005）：64–77。

6. Muhammad Yunus, Nobel lecture, Oslo, Norway, 10 December 2006, accessed at http://nobelprize.org/nobel_prizes/peace/laureates/2006/yunus-lecture-en.html.

7. Frank Luntz, *Words That Work: It's Not What You Say, It's What People Hear*（New York：Hyperion，2007）.

8. McKinsey Global Institute, "Offshoring: Is it a Win-Win Game?"（San Francisco, August 2003）, http://hei.unige.ch/~baldwin/ComparativeAdvantageMyths/IsOffshoringWinWin_McKinsey.pdf.

9. 尽管图中这五个步骤次序井然，但是全球化战略通常需要前前后后反复审查这五个步骤。

作者介绍

潘卡基·格玛沃特是西班牙 IESE 商学院 Anselmo Rubiralta 全球化与战略中心全球战略教授,同时也是哈佛商学院 Jaime & Josefina Chua Tiampo 工商管理教授。

目前,格玛沃特的教学和研究重心是全球化和战略。他开设了一门 30 个课时的 MBA 课程,撰写了 50 多篇有关全球化和战略的案例研究文章,其中包括荣获 2005 年度《哈佛商业评论》最佳文章"麦肯锡奖"的"全球领先的区域战略"(Regional Strategies for Global Leadership)。此外,近年来他还在《外交政策》(Foreign Policy)、《产业与企业变革》(Industrial and Corporate Change)和《国际商业研究》(Journal of International Business Studies)等其他一些杂志上发表了诸多有关全球化的论文。而且,他所编写的案例教学书是哈佛商学院十大最畅销案例书籍之一。与此同时,他还担任了《管理科学》(Management Science)杂志的战略专业编辑,并出版了多部有影响的商业及战略类著作,其中包括《承诺:战略动态》(Commitment: the Dynamic of Strategy)、《产业竞争博弈》(Games Businesses Play)以及《战略与企业宏景》(Strategy and the Business Landscape)。

格玛沃特在哈佛学院获得了应用数学学士学位,并在此期间入选了"美国大学优等生荣誉协会"。随后,他在哈佛大学获得了商业经济学博士学位。博士毕业后,他在麦肯锡从事了一段时间的咨询顾问工作,后

作者介绍

于1983年进入哈佛商学院执教。1991年,他被聘为哈佛商学院历史上最年轻的教授,2006年加入了西班牙IESE商学院,2007年当选为国际企业学会(the Academy of International Business)会员。

译 后 记

全球化也许是近年来人们使用频率最高的一个词,而且不论是学术界还是实践界大都潜移默化地认同了全球化的事实。然而在学术研究或企业经营过程中,研究人员或管理人员却频繁地受到全球化战略的困扰,时感无章可循,蹙眉顿足,不得其解。因此,不免有人质疑全球化战略究竟是学术玄虚的概念,还是跨国公司兴风的噱头。

心揣同样的疑惑,作者从似是而非的普适全球化概念分析出发,开宗明义阐明全球一体化程度虽然在提高,但远非完全的全球一体化,并指出各国之间差异的大量存在表明企业仍置身于一个半全球化的世界里。以此为基点,作者从大量的跨国差异案例中析出了本书的 CAGE 距离模型。不过,对跨国经营企业而言,这些差异或利或弊,但无论如何跨国经营必须以提升企业全球价值为目标。至于如何度量企业全球化的价值,作者进而通过西迈克斯的案例提出了增值计分卡方法。由于 CAGE 差异是客观存在的,因此在跨国经营的战略选择中,就企业如何直面诸多差异提升全球化价值,作者又提出了 3A 战略,即顺应差异的适应战略、克服差异的集群战略以及利用差异的套利战略。可是,不同行业的跨国环境毕竟是多元纷繁的,单一的 1A 战略或许不能解决全部问题,有时需要企业兼采 2A 甚至是 3A 战略,作者在此同时为企业准备了一套管理差异的 3A 战略三角形方法。至此,读者或许能够从篇首的疑惑中顿悟。

译后记

信达雅始终是翻译者的追求。我们虽时而行笔酣畅，时而万思方见天日，但译毕仍感有些许的背叛。因而，本书的翻译不求有雅，但求信达。如果读者能够体察到作者思想的原真，我们也就足以聊以自慰了。

在本书翻译过程中，我们得到了各方的鼎力相助。在此我们要感谢上海同济工程咨询有限公司总经理杨卫东先生的提携，感谢李彬编辑对我们的耐心支持，感谢张永明、陈政军、任青、王英通览本书并提出许多中肯的修改意见，同时还要感谢潘洪成、逄秋滨、郑艳芳不辞辛苦将翻译手稿转换成 word 电子文档。

谨以此纪念笔尖溜走的岁月。

译 者

2009 年岁末